बिछड़े सभी बारी-बारी

बिछड़े सभी बारी-बारी

बिमल मित्र

अनुवाद

सुशील गुप्ता

वाणी प्रकाशन

वाणी प्रकाशन

4695, 21-ए, दरियागंज, नयी दिल्ली 110 002

फ़ोन : +91 11 23273167 फ़ैक्स : +91 11 23275710

शाखाएँ

अशोक राजपथ, पटना 800 004, बिहार

कॉफ़ी हाउस कैम्पस, महात्मा गांधी मार्ग, इलाहाबाद 211 001, उत्तर प्रदेश

महात्मा गांधी अन्तरराष्ट्रीय हिन्दी विश्वविद्यालय, वर्धा 442 001, महाराष्ट्र

सुल्तानिया रोड, मोतिया पार्क, भोपाल 462 001, मध्य प्रदेश

www.vaniprakashan.com
marketing@vaniprakashan.in
sales@vaniprakashan.in

Bichhde Sabhi Bari-Bari
by Bimal Mitra
Translated by Sushil Gupta

ISBN : 978-93-5229-117-5
Biography

पेपरबैक संस्करण 2010, 2012, 2014
पेपरबैक चतुर्थ संस्करण 2021

मूल्य : ₹ 225

थॉमसन प्रेस (इंडिया) लि. में मुद्रित

वाणी प्रकाशन का लोगो मक़बूल फ़िदा हुसेन की कूची से

इधर कुछ दिनों से मन में अनेक यादें उमड़ आयी हैं। जैसे कोई नितान्त प्रिय जन अचानक चला जाए, तो पीछे छूट गये दिन, एकदम से आँखों के सामने जीवन्त हो उठते हैं।

बम्बई में गुरुदत्त की अचानक मौत की ख़बर पाकर जितना मैं सन्न हूँ उतना ही मानसिक तौर पर मैं आहत भी हूँ। आहत इसलिए हूँ, क्योंकि गुरुदत्त एक ऐसा शख़्स था जिसने मेरे मन के किसी कोने में अपने लिए स्थायी और पक्की जगह बना ली थी। वह जगह, मेरी बेहद अपनी, बेहद प्रिय थी। वह जगह अब अचानक खाली हो गयी। गुरुदत्त असमय चला गया।

ज़िन्दगी में बचपन से ही जाने कितनी-कितनी तरह के इन्सानों के संस्पर्श में आया हूँ। छोटे-बड़े, गरीब-अमीर, अख्यात-विख्यात लोग! उनमें से कोई-कोई याद रह गया, कोई-कोई विस्मृत हो गया, लेकिन गुरुदत्त को शायद कभी भूल नहीं पाऊँगा। उसने मुझे बेहद अपना बनाकर, अपने करीब खींच लिया था। उसके चरित्र और व्यक्तित्व में मुझे जिस मधुरता और कोमलता का परिचय मिला है, वह मैं शायद कभी भूल नहीं सकता।

अक्सर मेरे मन में सवाल उठता है कि गुरुदत्त की ज़िन्दगी में आखिर किस चीज़ का अभाव था? वह इतना परेशान क्यों था? वह इतनी पीड़ा क्यों झेल रहा था? वह रात-दर-रात, बिना सोये, यूँ जाग-जागकर क्यों गुज़ारता था? दुनिया में सुखी होने के लिए, इन्सान जिन-जिन चीज़ों की कामना करता है, गुरुदत्त के पास वह सब कुछ था। मान-सम्मान, यश, दौलत, प्रतिष्ठा, सुनाम, सेहत, ख़ूबसूरत बीवी, प्यारे-प्यारे बच्चे—उसके जीवन में क्या नहीं था? इसके बावजूद वह किसके लिए यूँ बेचैन, छटपटाता रहता था? आखिर ऐसा कौन-सा दर्द था?

मुझे बम्बई-प्रवास के वे दिन याद आने लगे! कितने आरामदेह, कितने ख़ुशियों से भरे दिन थे! पाली हिल के उस बंगला में बैठकर, घण्टों-घण्टों उससे बातें...गपशप! सिर्फ बम्बई ही क्यों, लोनावाला, महाबलीपुरम् का वह गेस्ट हाउस और गुरुदत्त का वह फार्महाउस भी मेरी यादों में शामिल है। उसी जाने-पहचाने इन्सान, गुरुदत्त को जितना मैंने देखा और समझा, वही लिखने के लिए आज मैंने कलम थामी है। अर्से से गुरुदत्त

को जितना मैंने देखा-जाना और समझा, यह उसी का बयान है...

सन् 1960 का ज़माना! उन दिनों मैं कलकत्ता में अपने घर में बैठा 'ख़रीदी कौड़ियों मोल' की किस्तें लिख रहा था। 'देश' पत्रिका में नियमित रूप से हर हफ़्ते 'ख़रीदी कौड़ियों मोल' उपन्यास का धारावाहिक प्रकाशन ज़ारी था।

अचानक एक दिन सुबह-सुबह एक सज्जन मेरे यहाँ हाज़िर हुए। नाम—सूर्य लाडिया! कलकत्ता के ही निवासी! बम्बई के 'गुरुदत्त फ़िल्म्स' के पूर्वी क्षेत्र के वितरक थे वे। उन्होंने जो कहा, वह सुनकर मुझे ख़ास कोई ताज्जुब नहीं हुआ, क्योंकि महीने भर पहले 'गुरुदत्त फ़िल्म्स' के मैनेजर का ट्रंककॉल मिला था, और उन साहब ने बताया था कि वे लोग मेरे उपन्यास 'साहब-बीवी-गुलाम' पर हिन्दी में फ़िल्म बनाना चाहते हैं और उस बारे में बातचीत के लिए उन्होंने मुझे बम्बई आने की दावत दी। मैंने वक़्त की कमी का वास्ता देकर उनका प्रस्ताव सविनय ठुकरा दिया था।

लेकिन सूर्य लाडिया नाछोड़बन्दा था। वे साहब किसी शर्त पर भी मेरी आपत्ति सुनने को राज़ी नहीं हुए!

उन्होंने कहा, 'आप ज़रा वक़्त निकालकर, बस एक बार बम्बई जाकर, हमारे फ़िल्म प्रोड्यूसर, गुरुदत्त साहब से मिल लें। आपको कोई तकलीफ या परेशानी नहीं होगी। आपके लिए एअर-टिकट मैं खुद ख़रीद लाऊँगा। गाड़ी से आपको एअरपोर्ट तक पहुँचा भी आऊँगा।'

उन दिनों मेरी तबीयत काफी गड़बड़ थी। रात-रात भर मुझे नींद नहीं आती थी। डॉक्टर की सलाह मुताबिक, दी गयी डायेट-चार्ट देख-देखकर, खाने-पीने का सिलसिला जारी था। बम्बई जाने के ख़याल से ही मुझे दहशत हो आयी। वे सज्जन बेहद उम्मीदभरी निगाहों से मुझे एकटक देखते रहे।

मैंने जवाब दिया, 'नहीं, साहब, मेरी सेहत इन दिनों गड़बड़ है, जो-सो खाना मेरे लिए वर्जित है। मेरे लिए बम्बई जाना मुश्किल है।'

'सुनिये, आप जो-जो खाना चाहेंगे, उस सबका इन्तज़ाम हो जाएगा। बस, आप चलने के लिए 'हाँ' कर दें।'

'क्यों? उन लोगों को यहाँ आने में क्या एतराज़ है?'

'वे लोग अगर यहाँ आये, तो काफी ख़र्च पड़ जाएगा और अगर वहाँ गये, तो गुरुदत्त साहब के घर पर ही आपको ठहराया जाएगा। गुरु साहब की पत्नी बंगालिन हैं। आप जो भी खाना चाहेंगे, वे आपके सामने हाजिर कर देंगी।'

इतना सब कहने के बावजूद जब मैं राज़ी नहीं हुआ, तो अन्त में उन्होंने कहा, 'अच्छा, तो फिर आप एक काम करें। इसका जवाब आपको अभी...फौरन देने की ज़रूरत नहीं है। आप अच्छी तरह सोच लें। शाम चार बजे तक फोन पर ही बता

दें, तो चलेगा।'

ख़ैर, यह इन्तज़ाम मुझे बुरा नहीं लगा। मैं राज़ी हो गया। असल में, मेरे न जाने की वजह बिल्कुल अलग थी। उन दिनों हर हफ़्ते मैं 'ख़रीदी कौड़ियों मोल' की किस्तें लिख रहा था। बम्बई जाने से कहीं उसमें बाधा न पड़े!

इसलिए शाम चार बजे फोन उठाते ही मैंने कहा, 'नहीं, साहब, मेरा जाना नहीं होगा।'

उन सज्जन ने जवाब दिया, 'अच्छा, तो फिर एक काम करते हैं। मैं टिकट तो कटा लेता हूँ। आप रात आठ बजे कृपया मेरे घर आ जाएँ। गुरुदत्त साहब से आप खुद ही फोन पर बात कर लें। उसके बाद भी अगर आप न जाना चाहें तो टिकट वापस कर दूँगा।'

आखिरकार, यही बात तय हो गयी।

रात आठ बजे गुरुदत्त से फोन पर बात की। आवाज़ में बेहद मिठास!

गुरुदत्त ने बिल्कुल स्पष्ट बांग्ला में मुझसे कहा, 'आप यहाँ आ तो जाएँ। फ़िल्म का अधिकार देने को अगर आप सहमत न हों, मैं आप पर ज़ोर नहीं डालूँगा।'

कुल तीन मिनट बात हुई!

पता नहीं गुरु की आवाज में क्या था?

मैं राज़ी हो गया। अगली सुबह नौ बजे मुझे घर से निकलना था। ग्यारह बजे का प्लेन पकड़ना था। बचपन से ही मैं समूचे भारत में घूमता-फिरता रहा हूँ, लेकिन सफ़र ट्रेन में ही किया। प्लेन से सफ़र पहली बार कर रहा था। मैं सोचता रहा, पता नहीं, गुरुदत्त किस क़िस्म का इन्सान होगा। पता नहीं, मुझसे किस क़िस्म के कॉन्ट्रैक्ट पर दस्तख़्त करा लेगा। मन ही मन मैं कहीं सहम भी गया था। वैसे प्लेन की उड़ान में मज़ा आया। मुझे लगा, जैसे मेरी सारी बीमारी दूर हो गयी। जैसे मैं बिल्कुल ठीक हो गया हूँ। जो आहार डर के मारे मैंने कभी नहीं खाया था, निश्चिन्त होकर मैंने गपागप खा लिया। समूचा तन-बदन तरो-ताज़ा हो आया। मेरे हाथ में 'ख़रीदी कौड़ियों मोल' की फ़ाइल थी। आसमान में उड़ते-उड़ते मैं लिखने में जुट गया। ऐसा लगा, जैसे मैं अपने घर में, अपनी मेज़ के सामने बैठा-बैठा लिख रहा हूँ!

ठीक साढ़े तीन बजे प्लेन सान्ताक्रुज़ हवाई अड्डे पर उतरा। मुझे ले जाने के लिए आदमी वहाँ पहले से ही हाज़िर था। मुझे लेकर गाड़ी पाली हिल के एक बागान-कोठी में दाखिल हुई।

उस दिन पहली बार मैंने वह कोठी देखी। कोठी के आगे-पीछे, अगल-बगल—चारों तरफ फूलों का बाग़। उसके बाद कितने ही दिन, उसी कोठी में बैठकर, गुरु के संग कितनी-कितनी रातें गुज़ारी हैं। हैरत है! वही कोठी, बाद में किसी दिन, गुरु

तोड़-फोड़कर मिट्टी में मिला देगा, यह पूर्वाभास क्या खुद गुरु को ही था? ख़ैर, यह तो एक इतिहास है...! गुरु के कितने शौक...कितनी चाहत का घर! उस घर में जो भी आता था, यही कहता था। उस घर में बैठे-बैठे, यह लगता ही नहीं था कि वह बम्बई शहर में है।

एक दिन गुरु ने ख़ुद ही बताया था, 'मेरी बहुत दिनों की चाह थी...सपना भी था कि पाली हिल पर मैं एक घर बनाऊँ...।'

सन् 1951 में गुरु जब बम्बई आया, तब किसी किराये के एक छोटे-से फ्लैट में रहता था। उन दिनों उसकी माली हालत बेहद शोचनीय थी...बेहद कड़की में था वह। आमदनी बहुत कम थी। तेल है, तो नमक नहीं, नमक है, तो तेल नहीं! रुपये इस हाथ आते उस हाथ फुर्र हो जाते थे। गरीब का बेटा! कलकत्ते से बमुश्किल मैट्रिक पास किया। उन दिनों गुरु की उम्र कुल सोलह साल थी! छुटपन में वह अपनी नानी के साथ फ़िल्म देखने जाता था कलकत्ता के भवानीपुर में 'पूर्णा' थिएटर के पास ही कहीं, गुरु का घर! नानी, नन्हे नाती की उँगली थामे-थामे, सिनेमा-हॉल में दाखिल होती थीं। उस वक़्त नाती किसी और ही दुनिया की फ़िल्म देख रहा होता। वह फ़िल्म हिलती-डुलती थी, वह फ़िल्म बातें करती थी; वह फ़िल्म गाने गाती थीं। वह बच्चा विस्मय-विमुग्ध आँखों से टुकुर-टुकुर बस देखा करता था।

एक दिन जब वही नन्हा बच्चा बड़ा हुआ, अपनी पहली फ़िल्म बनायी, तो उसे वह 'पूर्णा' सिनेमा-हॉल याद आया। वह फ़िल्म थी 'बाज़ी'! उसने हुक्म दिया, उसकी 'बाज़ी' फ़िल्म कलकत्ता में सबसे पहले पूर्णा हॉल में दिखाई जाएगी। पूर्णा सिनेमा-हॉल में शायद पहली बार हिन्दी फ़िल्म दिखाई गयी। 'बाज़ी' के प्रदर्शन के साथ-साथ, रातोंरात गुरुदत्त का नाम हुआ, हाथ में दौलत आयी।

गुरु ने कहा, 'एक दिन अख़बार में एक विज्ञापन पढ़ा, पाली हिल का यह बंगला बिकने वाला है। मैं फौरन इस बंगले के मालिक से मिला। उनसे कहा—यह बंगला मैं ख़रीदूँगा, क्या क़ीमत है इसकी?'

'इतनी सारी जगहें थीं, तुम्हें 'पाली हिल' ही क्यों पसन्द आया?' मैंने सवाल किया।

'मेरा एक दोस्त रहता था यहाँ। उसका नाम शायद आपने सुना हो। उसका नाम था—देवानन्द!'

'हाँ, उसका नाम काफी सुना है।'

'मैं उसके पास जब भी आता था, सोचता था, अगर कभी मैं अपना मकान या बंगला ख़रीदूँगा, इसी पाली हिल में खरीदूँगा।'

आखिरकार, पूरे एक लाख रुपये देकर, पाली हिल पर स्थित अड़तालीस नम्बर का यह बंगला गुरु ने ख़रीद लिया और उसे अपनी मन-मर्ज़ी मुताबिक सजा लिया। अनेक बार दोपहरी में उन ऊँचे-ऊँचे दरख़्तों तले बैठे-बैठे मुझे भी लगता था जैसे

मैं किसी और ही लोक में आ गया हूँ। वह एक ऐसा लोक है, जहाँ न किसी प्रकार की अशान्ति है, न कोई अभाव! उस बंगले में क़दम रखते ही, मेरी सेहत बिल्कुल चंगी हो जाती थी। उसी बंगले में रहते हुए, गुरु इस क़दर अशान्त, इतना छटपटाता क्यों रहता है? क्यों? क्यों? तब तक इसकी वजह मैं नहीं जान सका था। शायद इसीलिए उसने वह बंगला तोड़-ताड़कर ढहा देने का हुक्म दिया था। वह घर तोड़ डालने के पीछे भी एक अलग किस्सा था। चलो, वह बाद में बताऊँगा।

गाड़ी बगीचे के अन्दर दाखिल होते ही सामने की पोर्टिको पर मेरी नज़र पड़ी। वहाँ बहुत सारे लोग खड़े थे। उनमें से मैं किसी को भी नहीं पहचान पाया। हाँ, सिर्फ शचिन पर मेरी नज़र गड़ गयी। शचिन देव वर्मन!

शचिन'दा आगे बढ़ आये।

'अरे, बिमल, तुम? क्या हाल-चाल है भई?'

उसके बाद, सभी से मेरा परिचय हुआ। सबसे पहले, गुरुदत्त! हमने एक-दूसरे को नमस्कार किया। बदन पर अद्धी का कुर्ता और सिल्क की रंगीन लुंगी! मुँह में पान!

'ये हैं, मेरी पत्नी, गीता दत्त!'

मैंने उन्हें भी नमस्कार किया।

अद्धी का बेहद मामूली-सा कुर्ता और एक अदद लुंगी लपेटे, गाल में पान दबाये, आपकी-हमारी तरह वह शख़्स शुद्ध बांग्ला में बातें कर रहा था। यह तो बिल्कुल अकल्पनीय बात थी! सुबह कलकत्ता से निकला और शाम पाँच बजे पाली हिल पहुँच गया। बदन पर बूँद भर पसीना तक नहीं। ऐसा लग रहा था, मानो अपने ही घर की एक मंज़िल से दूसरी मंज़िल पर आ गया हूँ या फिर शायद ऐसा भी नहीं था। पूरे एक हज़ार मील दूर आकर भी, कहीं कोई थकान नहीं थी, कोई परेशानी या तकलीफ नहीं थी। जो कुछ थोड़ी-बहुत हिचकिचाहट थी, गुरुदत्त का हँसमुख चेहरा देखकर, वह भी दूर हो गयी। किसी इन्सान की मुस्कान इस क़दर ख़ूबसूरत हो सकती है, गुरु को देखने से पहले, यह मेरी कल्पना में भी नहीं था। मुमकिन है, गुरुदत्त फ़िल्मों में शायद अभिनय करते हुए हँसा या मुस्कराया हो। जिन लोगों ने उसे फ़िल्मों में देखा है, उन लोगों ने उसकी वह मोहक मुस्कान भी देखी होगी। मैंने फ़िल्मों में उसका अभिनय कभी नहीं देखा। इसलिए शायद मैं वह मुस्कान देखते ही, उस पर फ़िदा हो गया।

यूँ मैंने सुदर्शन पुरुष तो अनगिनत देखे हैं। लेकिन, खूबसूरती भी अलग-अलग क़िस्म की होती है। किसी की ख़ूबसूरती आकर्षित और मुग्ध करती है; किसी की ख़ूबसूरती दहशत देती है। किसी की ख़ूबसूरती आग की तरह दूसरों को जलाकर खाक़ कर देती है और कोई-कोई तो अपनी ख़ूबसूरती की स्निग्धता में खुद ही उल्लसित होकर समूचा जीवन गुज़ार देता है, किसी दूसरे को उसमें हिस्सेदार नहीं बनाता। 'सौन्दर्य' के बारे में, शास्त्रों में ढेरों व्याख्याएँ दी गयी हैं। लेकिन गुरु का

सौन्दर्य बिल्कुल अलग तरह का था। जो भी लोग गुरुदत्त के सम्पर्क में आये हैं, वे सभी लोग उसके सौन्दर्य की आभा में नहाकर उपकृत हुए हैं।

मैंने एक दिन पूछा था, 'सूरत-शक्ल से आप इतने सुदर्शन...इतने ख़ूबसूरत हैं। जब मैं मद्रास गया था, तब कहीं 'बहूरानी' फ़िल्म का एक दृश्य फ़िल्माया जा रहा था। उस दृश्य में आप बेहद ख़ूबसूरत लग रहे थे। आपके चेहरे पर दाढ़ी-मूँछ लगायी गयी थी।'

गुरुदत्त ने जवाब दिया, 'आप के. आसिफ की फ़िल्म देखिएगा। उसमें मैं और ज़्यादा ख़ूबसूरत लग रहा हूँ।'

लेकिन वह फ़िल्म पूरी नहीं हो पायी। अब कभी पूरी होगी भी नहीं। उन्हीं के. आसिफ की फ़िल्म–'लव ऐंड गॉड'! उसमें गुरुदत्त का जितना-सा हिस्सा फ़िल्माया गया था, वह सारा का सारा अब नष्ट कर दिया जाएगा। अब, शायद कोई और अभिनेता उस फ़िल्म में वह भूमिका निभाएगा।

बहरहाल उस दिन पाली हिल में स्थित, गुरुदत्त के उसी बंगले के सामने, मैं शायद विस्मय-विमुग्ध होकर, उसकी सूरत निहारता रहा। अपने अनजाने में ही, कितनी ही देर तक उसे निरखता रहा, मुझे होश नहीं रहा।

गुरु ने पूछा, 'आप क्या थक गये हैं? अगर थकान लग रही हो, तो यहीं कुछ देर आराम कर लें। हम सब लोनावाला जा रहे हैं। कल शाम इसी वक़्त तक लौट आयेंगे।'

'कहाँ जा रहे हैं?'

'लोनावाला!' गुरुदत्त ने जवाब दिया, 'यहाँ से नब्बे मील दूर है वह जगह!'

मैं क्या जवाब दूँ, मैं सोचने लगा।

'आपको वहाँ तक सफ़र करने में शायद तकलीफ हो! बेहतर है, आप यहीं रहें। आपको कोई परेशानी नहीं होगी। आपकी देखभाल के लिए सूर्य भाई यहाँ मौजूद रहेंगे–'

सूर्य भाई यानी सूर्य लाडिया! गुरुदत्त के बंगाल सर्कल का डिस्ट्रिब्यूटर! कहना चाहिए, सूर्य लाडिया ही शुरू से यानी पिछले तीन वर्षों से मुझसे सम्पर्क करता रहा था। मैंने सोच लिया, मेरी वजह से किसी दूसरे को तकलीफ होगी। मेरी वजह से उसका लोनावाला जाना नहीं होगा।

मैंने कहा, 'ठीक है, आप लोगों के साथ मैं भी चलता हूँ।'

ज़रा सोच देखें, हज़ार मील की उड़ान भरने के बाद, कपड़े-वपड़े बदलना तो दूर की बात, गाड़ी से सूटकेस तक नहीं उतारा गया। मैं उसी हाल में राज़ी हो गया। मेरी बात सुनकर, सभी लोगों के चेहरे खिल उठे। लेकिन, मैं मन ही मन कहीं डर भी गया। बीमार हाल में इतनी दूर चला आया। अब, अगर तबीयत और अधिक बिगड़ गयी, तो ये लोग भला क्या सोचेंगे?

शचिन'दा ने छूटते ही कहा, 'वेरी गुड, बिमल, वेरी गुड! चलो, वहाँ मराठी गाने-बजाने का आनन्द लेना! तुम्हें वहाँ कोई तकलीफ नहीं होगी। इसके अलावा, मैं हूँ न तुम्हारे साथ। देखो, तबीयत तो मेरी भी गड़बड़ है। मैंने अपने साथ डाब

और सन्तरे भी रख लिए हैं।'

अन्त में यही तय हुआ।

मैं उसी हुलिया में दुबारा गाड़ी में सवार हो गया।

उसी लुंगी में ही गुरु ने गाड़ी की स्टीयरिंग सँभाली! शचिन'दा भी लुंगी में ही थे। हमारे साथ, शायर, साहिर लुधियानवी भी थे। सिर्फ वे ही शर्ट-ट्राउजर में थे। कौन, किस गाड़ी में सवार हुआ, मुझे नहीं मालूम! गुरु ने मुझे अपनी बगल में बिठा लिया। पिछली सीट पर सूर्य लाडिया। गुरु ने गाड़ी स्टार्ट की और चल पड़ा।

सूर्य लाडिया ने पूछा, 'हाँ, तो खाने का क्या इन्तज़ाम है?'

'गोश्त की बिरियानी, चिकेन करी और...' गुरु ने जवाब दिया। मैं एकबारगी डर गया।

'बिरियानी? लेकिन मैं तो वह सब खा नहीं सकता। इस क़िस्म का खाना मुझे सूट नहीं करता।' मैंने बौखलाकर कहा।

'ठीक है! ठीक है! जो आप खाएँगे, वही बनेगा।'

मैं निश्चिन्त हो आया। गुरु गाड़ी चलाते-चलाते लगातार मुझसे बातें किये जा रहा था। कितनी-कितनी ही बातें! वे तमाम बातें मुझे आज भी याद हैं। सारी की सारी बातें—'साहब-बीवी-गुलाम' के बारे में! अपने लेखन के बारे में, ज़िन्दगी में इतनी-इतनी निन्दा-आलोचना सुन चुका था कि वह सब अगर एक जगह इकट्ठा करूँ, तो एक और 'साहब-बीवी-गुलाम' लिख डालूँ। वैसे इस बारे में इतनी प्रशंसा-स्तुति भी सुनी है कि वह सब भी एक और 'साहब-बीवी-गुलाम' का आकार ले सकती है! लेकिन उस दिन गुरुदत्त ने उस किताब के बारे में जो-जो बातें कहीं, मैंने पहले किसी की ज़ुबानी नहीं सुनी थीं। जाहिर है, वे सब तारीफ ही तारीफ थीं। वे बातें यहाँ बयान नहीं की जा सकतीं; बयान करना उचित भी नहीं होगा। लेकिन, आज यह ख़याल ज़रूर आता है कि उस दिन गुरु ने जिस लहजे में जो-जो बातें कहीं, उस लहजे में वे बातें कहने वाला दुनिया में कोई नहीं रहा! हम लोग कभी पानी के किनारे-किनारे, कभी समुन्दर के किनारे-किनारे और कभी खेतों के बीच से गुज़रते हुए आगे बढ़ते रहे। हम चलते रहे...चलते गये। उसके बाद, गाड़ी चलते-चलते किसी पहाड़ की चढ़ाई पार करने लगी।

बहरहाल, हम लोनावाला आ पहुँचे। यहाँ गुरु का एक बंगला स्थित था। बम्बई शहर से दूर, ज़रा निर्जन एकान्त में रहने लायक जगह! सब मिलकर वहाँ गपशप में जुट गये और जबर्दस्त अड्डा जम गया। शचिन'दा ने ढेरों गाने सुनाये। शचिन'दा से मेरी काफी पुरानी जान-पहचान थी। मैं काफी छुटपन से ही गीत वगैरह लिखने लगा था। उसी नाते रिकॉर्डिंग के सिलसिले में एच. एम. वी. के स्टुडियो में भी मेरा आना-जाना लगा रहता था। वहीं शचिन देव वर्मन, अनुपम घटक, अनिल बागची, अनिल विश्वास—इन सभी लोगों से मेरी जान-पहचान हुई थी! अर्से बाद, गाने

सुनना, बहुत ही अच्छा लगा।

गुरुदत्त से भी ढेरों बातचीत हुई। उसने बताया कि 'साहब-बीवी-गुलाम' पर फ़िल्म बनाने का ख़याल उसके दिमाग़ में कैसे आया, उस फ़िल्म के लिए उसने क्या-क्या योजनाएँ बनायी हैं...वगैरह-वगैरह!

मैं ख़ामोश सुनता रहा।

गुरु से मिलने से पहले तक सिनेमा के बारे में मुझे कोई प्रत्यक्ष जानकारी या तजुर्बा नहीं था। मेरे 'साहब-बीवी-गुलाम' पर बांग्ला में फ़िल्म बन चुकी थी। लेकिन, मैं स्टुडियो में कभी नहीं गया। उस फ़िल्म से जुड़े लोगों ने मुझसे काफी आग्रह-अनुरोध किया, फिर भी मैं नहीं गया। वैसे उस ओर मेरे रुख न करने की एक वजह भी थी। वजह यह थी कि कोई लेखक अगर खुद ही फ़िल्मों के मोह में पड़ जाए, तो उसके लेखन को नुकसान पहुँचता है।

यह बात कुछ लोगों को अविश्वसनीय लगे, मगर मैंने काफी सोचा है, अपने तजुर्बों से जाना है कि फ़िल्मों के प्रति एक अजब-सा मोह होता है, ख़ासकर लेखक-साहित्यकारों में! अनगिनत लेखक जी-जान से फ़िल्मों से जुड़ जाने के लिए हाथ-पाँव मारते रहते हैं। इस जुड़ाव के नाते, उनका लेखन-जीवन भी अन्त में विचित्र मोह-जाल में फँसकर रह जाता है। शुरू-शुरू में सिर्फ कहानी को फ़िल्म रूप देने में ही मगजमारी करनी पड़ती है। उसके बाद उस कहानी के बारे में ही बोलते-बतियाते, चर्चा-परिचर्चा करते-करते ही, फ़िल्म निर्देशन की भी चाह जाग उठती है। उस समय साहित्य-सृजन का बंटाढार हो जाता है। सिनेमा ने इसी तरह अनगिनत लेखकों की सृजन-सम्भावनाएँ नष्ट कर डालीं। मुझे इस हक़ीक़त की बखूबी जानकारी थी। इसलिए हज़ारों प्रलोभन दिये जाने के बावजूद, फ़िल्म स्टुडियो के इर्द-गिर्द भी कभी नहीं गया। लेकिन, इस बार घटना-चक्र कुछ ऐसा था कि मुझे सीधे फ़िल्म स्टुडियो में जाना पड़ा और धीरे-धीरे मैं गीता दत्त, गुरुदत्त, वहीदा रहमान के घनिष्ठ सम्पर्क में आया। जिनके बारे में कलकत्ता के लोगों की ज़ुबान पर इतनी-इतनी बातें... इतनी-इतनी चर्चाएँ मुखर रहती थीं, उन हस्तियों को मैंने बेहद करीब से देखा। बाद में, मैं सोचता रहा, अपने से सवाल करता रहा, इन लोगों को इतने क़रीब से देखकर, मैंने क्या पाया? मुझे क्या फ़ायदा हुआ? मुझे क्या मिला?

आज उसी नफ़े-नुक़सान के बारे में लिखने बैठा हूँ। आज उसका पूरा हिसाब-किताब करने के इरादे से ही मैंने कलम थामी है। इसमें कामयाब होऊँगा या नहीं, पता नहीं।

अगले दिन हम सब लोनावाला से लौट आये। लेकिन उस बार लौटते हुए, गुरुदत्त की नहीं, शचिन देव वर्मन की गाड़ी थी। रास्ते भर शचिन'दा मुझे सन्तरे खिलाते हुए

और डाब पिलाते हुए लाये और गुरु के पाली हिल वाले बंगले तक छोड़ गये। कुछ ही देर में गुरु भी आ पहुँचा। उसी वक़्त गीता भी बंगले के अन्दर से प्रकट हुई। पहली बार गुरु के घर के अन्दर दाखिल हुआ। कमरे की दीवारों पर मेरी नज़र पड़ी। दीवारों पर अनगिनत जानवरों की खाल झूल रही थी। भालू की खाल, बाघ की खाल! मैंने सुना, वे सब उन जानवरों की खालें थीं, जो गुरु के हाथों शिकार किये गये थे।

वह इतवार का दिन था! यानी छुट्टी का दिन! स्टुडियो भी बन्द था। अस्तु, कहीं जाने का सवाल ही नहीं उठता था। मैंने सोचा, आज हिन्दी फ़िल्म के अनुबन्ध का ज़िक्र ज़रूर उठेगा। सब लोग मिल-जुलकर गपशप में मग्न हो गये। ढेरों किस्से-कहानियाँ। लेकिन अनुबन्ध का प्रसंग उठा ही नहीं। वैसे मैं ख़ुद भी अपनी तरफ से यह प्रसंग छेड़ने में सकुचा रहा था।

गीता ने पूछा, 'आज रात को आप क्या खाएँगे, बिमल' दा?'

'मेरे लिए सादा-सा कुछ पका दें। मैं मिर्च-मसाले का खाना ज़्यादा नहीं खाता—'

'कल का खाना खाकर, आपकी तबीयत तो गड़बड़ नहीं हुई?'

'न-हीं!'

इस बार गुरु बोल उठा, 'आप कुछ दिन यहीं रुक जाएँ, आपकी सेहत बिल्कुल ठीक हो जाएगी।'

'मैं ज़्यादा दिन नहीं रुक सकता, लाचारी है। मुझे 'देश' पत्रिका को, अगली किस्त लिखकर देनी है।'

'क्या लिख रहे हैं?'

'उस पत्रिका के लिए एक उपन्यास लिख रहा हूँ—'ख़रीदी कौड़ियों मोल'।'

'आपका वह उपन्यास अभी पूरा नहीं हुआ?'

'नहीं! हफ़्ते-हफ़्ते अगली किस्त लिखकर दे देता हूँ।'

'इस बीच, अगर कहीं आप बीमार पड़ गये, तो क्या होगा?'

'बन्द हो जाएगा।'

'तो, आप पूरा उपन्यास पहले से ही क्यों नहीं लिख रखते?'

'असल में, मैं निरा आलसी जीव हूँ! कोई भी काम समय पर पूरा करने की मुझे आदत नहीं है।'

'साहब-बीवी-गुलाम भी इसी ढंग से लिखा था?'

'जी हाँ!'

गुरुदत्त को शायद थोड़ा-बहुत ताज्जुब हुआ था। मेरी बात सुनकर, उसने बात आगे नहीं बढ़ाई।

चाय का घूँट भरते हुए, उसने थोड़ा ठहरकर सवाल किया, 'अच्छा, जवा का रोल किसे दिया जाए, जो बेहतर हो, बताएँ तो!'

'आपके यहाँ के सभी आर्टिस्टों को मैं पहचानता जो नहीं, इसलिए....'

'मैं सोच रहा था, वह भूमिका वहीदा को दे दूँ।'

'वह कौन है?'

'मेरी ही एक आर्टिस्ट है! नाम है—वहीदा रहमान! काफी अच्छी और कुशल आर्टिस्ट है।'

मैंने गौर किया, गीता दत्त का चेहरा, कैसा तो गम्भीर हो आया। मैंने पूछा, 'उसकी सूरत-शक्ल कैसी है?'

'बेहद हैंडसम! आपकी जवा का रोल, उसे बेहद सूट करेगा। असल में वहीदा मेरी ही खोज है। इससे पहले, उसका ख़ास कोई नाम-यश नहीं था। वह सिर्फ नाचती थी। आपको पता है, उसे मैं हैदराबाद से यहाँ ले आया—'

यह सब प्रसंग मेरे लिए नितान्त नया था।

गुरु ने कहा, 'आज वहीदा को खुद देख लीजिएगा, आप समझ जाएँगे। उसे मैंने आज आने को कहा है—'

मैं अचकचा गया।

'कहाँ आने को कहा है?'

'स्टुडियो में।'

'लेकिन स्टुडियो में क्यों? आज तो स्टुडियो बन्द है।'

'आज 'साहब-बीवी-गुलाम' पर बनी, बांग्ला फ़िल्म की प्रिण्ट मँगायी है। अपने प्रोजेक्शन-रूम में देखने का भी इन्तज़ाम किया है। सभी लोग वहीं आयेंगे। शचिन-दा और भाभी आने वाले हैं! वहीदा को भी बुलाया है। आप नवेन्दु घोष को पहचानते हैं न? लेखक! उन्हें भी आने को कहा है।'

गीता ने कहा, 'ऐसा करें, आप थोड़ी देर आराम कर लें। हम सब इकट्ठे चलेंगे।'

मैंने सोचा, चलो, अच्छा ही हुआ! यह भी एक अलग क़िस्म की दुनिया है। इतने दिनों इस दुनिया से मेरा परिचय नहीं था, अब परिचय हो जाएगा। चलो, देखते हैं, ये लोग क्या सोचते हैं। किस ढंग की होती है, इनकी सोच! मैं उस कमरे से निकलकर अपने कमरे में आराम करने चला गया।

गुरुदत्त की चर्चा करते हुए, अगर अपने बारे में भी कुछ बोल जाऊँ, तो उम्मीद है कि इसके लिए मुझे माफ़ कर दिया जाएगा। गुरुदत्त फ़िल्म का आदमी था, मैं साहित्य का! दोनों लोगों की जीविका की धारा अलग-अलग थी। शायद हम दोनों का नज़रिया भी अलग-अलग था। लेकिन चाहे फ़िल्म का व्यक्ति हो या साहित्य का, असल में तो हम सब इन्सान हैं। हम सब इन्सान हैं और इन्सानों को लेकर

ही हमारा कारोबार है, वहाँ दोनों में मूलभूत कोई मेल भी था। इन्सानों के इस कारोबार में जो चीज़ सबसे ज़्यादा ज़रूरी है, वह है इन्सान को पहचानने की क्षमता। पहले मैं अपने बारे में ही बात करूँ, उसके बाद गुरुदत्त के बारे में बयान दूँगा।

बचपन से ही मुझे हतोत्साहित करने वाले लोगों की कभी कमी नहीं रही। आस-पास के गुरु जन लोगों से शुरू करके, आत्मीय-स्वजन, बन्धु-बान्धव—सभी लोग, एक ही वाक्य बराबर दुहराते रहे—'यह नाकारा छोकरा किसी काम का नहीं निकला।' मेरी रचनाएँ पढ़कर लोगों ने राय दी—'यह कोई कहानी ही नहीं है! बिल्कुल फ़िजूल लिख मारा है।'

सभी लोग, मेरे भले के लिए ही मुझे सलाह देते रहे, 'भई, किसी सरकारी दफ़्तर में नौकरी ही कर लो। कम से कम मुट्ठी भर आहार तो जुटेगा। यह साहित्य-वाहित्य के चक्कर में पड़े, तो फाके करते ही ज़िन्दगी गुज़र जाएगी।' ख़ैर, अपने ख़ैरख्वाहों से इस क़िस्म के उपदेश मुझे आज भी सुनने पड़ते हैं। मेरे इस बुढ़ापे की उम्र में भी मुझ पर इस क़िस्म की शुभकामनाओं की बारिश करने से लोग-बाग़ बाज़ नहीं आये। यही मेरा सबसे बड़ा सौभाग्य है। चलो, उन लोगों का ही भला हो! लेकिन इस बारे में आज तक मैंने भी अपनी ज़िद नहीं छोड़ी है। मैं लिखता रहा...लिखता जा रहा हूँ और जितने दिन मेरा दिमाग़, आँखें और हाथ सतेज और सलामत हैं, तब तक लिखता ही रहूँगा। लेकिन, फिर भी मैं यह क़बूल करता हूँ कि उन दिनों, मेरे शुभाकांक्षी, अगर मुझे हतोत्साहित न करते, तो आज का यह उत्साह मैं कहाँ से हासिल करता? इसलिए मन-प्राण से अगर मुझे कृतज्ञता ज्ञापित करनी हो, तो मैं इन्हीं लोगों के प्रति आभार प्रकट करूँगा। उन लोगों का यह अहसान मैं कभी नहीं भूलूँगा।

गुरुदत्त मेरी ये बातें सुन रहा था।

उसने कहा, 'तो फिर मेरी भी एक बात सुनें। यह बात कई वर्षों पहले की है। उन दिनों मैंने नयी-नयी कम्पनी खोली थी। मुझे भी हतोत्साहित करने वाले लोगों की कमी नहीं थी। लाखों रुपयों का कारोबार! अगर डूबता, तो पूरा का पूरा डूब जाता! जड़ समेत चौपट हो जाता। ऐसे में एक दिन किसी आदमी ने मुझे ख़बर दी कि सिकन्दराबाद में कोई मद्रासी लड़की है, अगर वे सिखा-पढ़ा लेंगे, तो वह अच्छी नायिका बन सकती है। उसकी बात मेरे कानों में बजती रही...'

गुरु, एक दिन रात साढ़े ग्यारह बजे अपने मैनेजर गुरु स्वामी के घर पर अचानक जा धमका। मामला क्या है? जवाब मिला—सिकन्दराबाद चलना है। इसका मतलब था, बम्बई से सिकन्दराबाद लगभग साढ़े तीन सौ मील का सफ़र! वह उसी रात सिकन्दराबाद जाकर हीरोइन पसन्द करना चाहता था। गुरुदत्त के दिमाग़ में जब यह धुन सवार हुई, तो चाहे जैसे भी हो, उसे पूरा करना ही था। अस्तु, वह किसी की भी उज्र-आपत्ति सुनने वाला बन्दा नहीं था। सो, सबने सिकन्दराबाद का रुख किया। गाड़ी में थे, गुरुदत्त, अबरार आल्वी और गुरु स्वामी। गाड़ी पैंसठ मील प्रति

घण्टे की रफ़्तार से उड़ चली। बहरहाल, हीरोइन पसन्द आ गयी। उसे बम्बई लाया गया। उसकी आवाज़ का ऑडीशन लिया गया। जिस दिन उस लड़की ने स्टुडियो में क़दम रखा, सबने मुँह बिचका दिया।

एक व्यक्ति ने तो उसके मुँह पर ही मन्तव्य जड़ा, 'अरे, गुरु, यह तुम किसको उठा लाये?'

किसी दूसरे व्यक्ति ने सुना दिया, 'इसे तो अपने घर में दाई-नौकरानी बनाकर रख लें, गुरु जी।'

सभी लोगों ने उसे हतोत्साहित किया। ऐसी लड़की से भला कोई काम निकल सकता है? सबने हँसी उड़ायी।

'बकरी के ज़रिये धान कूटना नामुमकिन है, इस लड़की से हीरोइन की ऐक्टिंग कराना भी उतना ही नामुमकिन है। अरे, टिकट कटाओ और इस लड़की को जहाँ से लाये हो वहीं वापस भेज दो।'

'लेकिन, ढेरों रुपये देकर मैंने इसे अनुबंधित किया है, तब लाया हूँ।'

'चाहे जितने भी रुपये दिये हों, अब, इसके पीछे और नुकसान मत उठाओ।'

'नहीं, मैं फैसला कर चुका हूँ, अपनी अगली फ़िल्म में इसे ही हीरोइन बनाऊँगा।' गुरु अपनी ज़िद पर अड़ गया।

'लेकिन आपकी फ़िल्म अगर फ्लॉप हो जाए, तो आप हम पर इल्ज़ाम मत लगाइएगा।'

मैं श्रोता बना उसकी कहानी सुनता रहा।

'उसके बाद...?' मैंने सवाल किया।

'उसके बाद? देखिए, वह बैठी है! उस तरफ।' गुरु ने जवाब दिया।

उसने वहीदा रहमान की तरफ इशारा किया।

उस वक़्त वहीदा रहमान अपनी कहानी सुन रही थी और मन्द-मन्द मुस्करा रही थी।

गुरु ने कहा, 'पूछिये, उसीसे पूछिये न, शुरू-शुरू में उसकी कितनी पिटय्या की है मैंने...कितनी डाँटें लगायी हैं। लेकिन, देखिए, अब वह बड़ी 'स्टार' बन गयी है।'

बहरहाल, फ़िल्म दिखायी गयी। 'साहब-बीवी-गुलाम' सबने देखी! मैंने भी, अर्से बाद दुबारा देखी। शचिन देव वर्मन की पत्नी, मीरा देवी मेरी बगल में ही बैठी हुई थीं! उनकी आँखें नम थीं।

मुझसे मुखातिब होकर उन्होंने कहा, 'क्या कहानी लिखी है आपने!'

उस वक़्त मेरी आँखें नवेन्दु घोष को तलाश कर रही थीं।

नवेन्दु घोष को देखते ही मैंने उनसे कहा, 'कल मैं जा रहा हूँ। आप इसकी फ़िल्म स्क्रिप्ट लिख रहे हैं, लेकिन...'

'कल शाम को मैं गुरुदत्त के बंगले पर पक्का आ रहा हूँ! तब बातें होंगी।'

यह तो हुई शुरू-शुरू की बात! कुल चौबीस घण्टों की घटना! चौबीस घण्टे में किसी इन्सान को जितना भी पहचाना जा सकता है, उतना ही मैंने भी पहचाना। उस वक़्त मैंने देखा, वह सुदर्शन सुपुरुष है; सहृदय, हमदर्द और रसिक इन्सान है, इससे ज़्यादा कुछ नहीं।

शाम को गुरुदत्त मेरे सामने आकर बैठ गया।

'आपसे एक अनुरोध करूँ, बिमल बाबू?'

'हाँ, कहें–'

'मुझे 'साहब-बीवी-गुलाम' फ़िल्म बनाने के लिए सभी लोग मना कर रहे हैं। यहाँ तक कि मेरी बीवी भी रोक रही है। लेकिन मैं यह फ़िल्म बनाऊँगा ही बनाऊँगा। असल में, मैं बेहद अक्खड़ और ज़िद्दी इन्सान हूँ। जो काम करने की मैं ठान लेता हूँ, वह करके ही दम लेता हूँ। मैं किसी की बात नहीं सुनता। मैं अपनी मर्ज़ी-मुताबिक चलता हूँ।'

'लेकिन, इससे तो आपको नुक़सान ही होता है।'

'होता है, तो हो!'

'फिर भी और लोगों की राय लेनी बेहतर है! इससे लाभ ही होता है।'

'लाभ-हानि की बात अगर मैं सोचता, तो मैं किसी और तरह का इन्सान होता, बिमल बाबू! लाभ-हानि से कहीं ज़्यादा बड़ा और अहम है मेरा अपना ख़याल! इसीलिए मेरा एक अनुरोध है–'

'अनुरोध? कैसा अनुरोध?'

'असल में एक नहीं, दो अनुरोध हैं! लेकिन इससे पहले पहला काम है, कल आपसे अनुबन्ध पक्का करना। उसके बाद, अनुरोध नम्बर वन...यह है कि कल अख़बार वाले आयेंगे आपका इण्टरव्यू लेने–'

'क्यों?'

'क्योंकि आप ही तो 'साहब-बीवी-गुलाम' के लेखक हैं। वे लोग उस उपन्यास के बारे में, आपके बारे में, कई-कई सवालों का जवाब चाहते हैं। उनके साथ कैमरामैन भी आयेंगे, अख़बारों के लिए आपकी तस्वीरें भी लेंगे।'

'तस्वीरें?'

तस्वीर के बारे में मैं हमेशा ही लजीला रहा हूँ। अपने को आड़ में रखकर ही मुझे साहित्य-साधना करना पसन्द है!

लेकिन गुरु ने कहा, 'प्लीज़, बिमल बाबू, आप मना मत करें। मैं भी यही चाहता हूँ–'

आखिरकार, मैं राज़ी हो गया।

गुरु ने कहा, 'मेरा एक और अनुरोध है। 'साहब-बीवी-गुलाम' की स्क्रिप्ट आप ही लिखें–'

मुझे पता था कि गुरु ऐसा ही कोई अनुरोध करेगा। इसीलिए मैं ने पहले से ही लेखक नवेन्दु घोष से आग्रह कर रखा था कि उसकी फ़िल्म स्क्रिप्ट वे ही लिखें। मैं उन्हें राज़ी भी कर लेता। मैंने अपना एतराज़ जाहिर कर दिया। लेकिन गुरु ने मेरी एक नहीं सुनी।

उसने कहा, 'किताब आपकी है, इसलिए आप जिस ढंग से इसकी पटकथा लिखेंगे, वैसी और कोई नहीं लिख सकता। उपन्यास आपने लिखा है, अगर उसकी फ़िल्म-स्क्रिप्ट भी लिख दें, तो उसमें जान पड़ जाएगी। प्लीज़, बिमल बाबू, मैं यह फ़िल्म बड़े जतन से बनाना चाहता हूँ। यह फ़िल्म मेरे लिए एक चुनौती है। इसके लिए मैं किसी भी क़िस्म का समझौता नहीं करना चाहता। आपको मेरा यह अनुरोध पूरा करना ही होगा।'

अस्तु, गुरु का अनुरोध मुझे मानना ही पड़ा। उसने मेरी किसी तरह की पर आपत्ति ध्यान नहीं दिया। यह तय हुआ कि गुरु स्क्रिप्ट लिखने में मदद करने के लिए मुझे एक सहायक देगा। लोनावाला के एकान्त घर में बैठकर मैं स्क्रिप्ट लिखूँगा। लेकिन, इससे क्या होता है? मैं तो अजब फ़ज़ीहत में पड़ गया। मुझे 'देश' पत्रिका के लिए हर हफ्ते अगली किस्तें भेजनी होंगी और 'साहब-बीवी-गुलाम' की फ़िल्म स्क्रिप्ट भी लिखनी होगी। उस पर से, सेहत भी अपने काबू में नहीं थी।

अगले दिन सुबह स्टुडियो जाने की तैयारी चल रही थी। नाश्ता करके गुरु तैयार होने के लिए अपने कमरे में चला गया। मैं और गीता दत्त, खाने की मेज़ के सामने बैठे रहे।

अचानक गीता दत्त ने पूछा, 'अच्छा, जवा के पार्ट के लिए आखिरकार किसे चुना गया, जानते हैं?'

'हाँ, वहीदा रहमान नामक उस लड़की को!'

'क्यों? उसके अलावा क्या बम्बई फ़िल्म इण्डस्ट्री में और कोई हीरोइन नहीं है?'

'ऐसा क्यों कहती हैं? वह लड़की तो भली ही लगी। उस दिन गुरुदत्त ने जो लड़की दिखायी, उस पर उसे पूरा भरोसा है। सुना है, वह काफी अच्छा काम करती है। गुरु बता रहा था कि...'

गीता दत्त ने पलकें झुकाकर कहा, 'जानते हैं, उसी वहीदा रहमान की वजह से मेरी गृहस्थी में इतनी अशान्ति मची रहती है।'

मैं एकदम से चकरा गया।

मैंने समाज के ऊपरी तबके के लोगों की भीतरी तस्वीर देखने की कोशिश की।

मैं स्टुडियो में बैठा हुआ था। लोग-बाग़ गुरु के पास आ-जा रहे थे।

कमरे की भीड़ ज़रा छँटते ही, मैंने गुरु से सवाल किया, 'अच्छा, गुरु जी, बम्बई में तो और भी बहुत सारी लड़कियाँ थीं। उनमें से किसी को न लेकर 'जवा' के पार्ट

के लिए आपने वहीदा रहमान को ही क्यों चुना?'

गुरु ने मेरी तरफ देखा। उसकी निगाहों में मेरे प्रति सन्देह झलक उठा। मानो वह यह पता करने की कोशिश कर रहा हो, कि यह सवाल करने के लिए कहीं गीता ने ही तो नहीं उकसाया।

लेकिन उसकी निगाहों में उभरे इस सवाल को मैं टाल गया। गुरु ने भी इस बारे में फिर कोई सवाल नहीं किया।

गुरु में एक ख़ास खूबी थी। वह कभी ज़्यादा बातें नहीं करता था। जब और लोग ख़ामोश रहते थे, वह भी ख़ामोश रहता था। काफी देर तक चुपचाप रहने के बाद, अचानक वह ख़ामोशी से उठकर, किसी से कुछ कहे-सुने बिना, कमरे से बाहर निकल जाता था और बगल के कमरे में जाकर सो जाता था। लेकिन समय से आयी हुई नींद काफी बेशक़ीमती होती है। असमय की नींद सेहत पर ख़ास असर नहीं डालती, न ज़्यादा सुफल देती है।

थोड़ा ठहरकर गुरु ने कहा, 'आइए, चलें, नीचे शूटिंग चल रही है। मेरी फ़िल्म 'चौदहवीं का चाँद' की शूटिंग!'

उसके साथ मैं नीचे चला आया। सीढ़ी से नीचे उतरकर पहली मंज़िल पर विराट 'फ्लोर'! उस वक़्त एम्प्लिफायर पर समवेत गीत चल रहा था। सेट पर रंगीन काग़ज़ के फूल-पत्ते बिखरे हुए थे। शायद किसी उत्सव का दृश्य था। गुरु और मेरे पहुँचते ही, चारों तरफ हलचल मच गयी। हम दोनों के लिए दो कुर्सियाँ आगे कर दी गयीं। चारों तरफ निगाहें दौड़ाते हुए मैं विस्मित हो उठा। इसी को स्टुडियो कहते हैं? तिमंजिले मकान जितनी ऊँची चारों तरफ इतनी जगह थी कि वहाँ फुटबॉल खेला जा सकता था।

लड़कियों ने समवेत गाना शुरू कर दिया। लगभग बारह-तेरह लड़कियों का झुण्ड! विचित्र-विचित्र पोशाकों में सजी-धजी। बाहर गाने का रिकॉर्ड बज उठा। लड़कियाँ हाथ-पाँव-आँखें नचा-नचाकर सुर में सुर मिलाते हुए गाने लगीं।

यह सब क्या हो रहा था, मेरी समझ से बाहर था। बीच-बीच में गुरु उनकी ग़लतियाँ सुधारता रहा। एक बार! दो बार! तीन बार! चार बार! इस तरह एक ही दृश्य, प्रायः दस-बारह बार फ़िल्माया गया। मुझे थकान होने लगी। करीब तीन घण्टे बाद शायद वह दृश्य पूरा हुआ। हम दुबारा कमरे में आकर बैठ गये। 'साहब-बीवी-ग़ुलाम' पर चर्चा दुबारा छिड़ गयी।

मैंने दरयाफ़्त किया, 'स्क्रिप्ट लिखना कब से शुरू करेंगे?'

'फिलहाल, भयंकर झमेले में हूँ। यह सब ज़रा समेट लूँ, तब शुरू कर दूँगा।' थोड़ा ठहरकर उसने अपनी बात पूरी की, 'मैं आपको एक असिस्टेंट दे दूँगा। आप उसके साथ काम शुरू कर दीजिएगा।'

'वह सहायक कौन है?'

'वह आज ही आने वाला है। उस लड़के का नाम है—अमलेन्दु बोस। बंगाली है! पहले भी उसने फ़िल्मों पर काम किया है। यहाँ सत्येन बोस नामक एक डायरेक्टर हैं, उनके साथ भी उसने काम किया है।'

पता नहीं वह कैसा बन्दा होगा? उसे कितनी जानकारी है।—यह सब मैं कुछ भी नहीं जानता था। इसके अलावा मेरे साथ उसकी पटरी बैठेगी या नहीं, इसमें भी शक़ था। हमारी बातों का सिलसिला जारी रहा! घण्टे-घण्टे बाद, रतन चाय रख जाता था।

अचानक एक सज्जन कमरे में दाखिल हुए। उन्होंने गुरु को नमस्कार किया।

गुरु ने परिचय कराया, 'यही है, अमलेन्दु बोस! इसी के साथ आपको काम करना है।'

मैंने उस व्यक्ति को ग़ौर से देखा। खासा गोलमटोल चेहरा। पान खाने की आदत थी। उसके होठों में सिगरेट भी दबी हुई थी।

गुरु ने कहा, 'आप लोग बात करें, मैं अभी आया।'

गुरु चला गया।

अमलेन्दु बाबू ने बातचीत की पहल की, 'मैं भी कलकत्ता का ही रहनेवाला हूँ। शोभा बाज़ार का बाशिन्दा! आप वहाँ कहाँ रहते हैं?'

नितान्त घरेलू सवाल! दो बंगालियों के प्रवास में भेंट होने पर जो-जो बातें होती हैं, वही सब बातें हुईं। उसके बाद, कैसी बदहाली में उनके दिन गुज़र रहे हैं, इसका भी विस्तृत विवरण सुनना पड़ा। उन सज्जन की बीवी, बच्चे-माँ, सभी लोग कलकत्ता में थे। महीने-महीने उन लोगों को रुपये भेजना पड़ता था। लेकिन, इधर कुछेक महीनों से वे साहब रुपये नहीं भेज पाये हैं। काफी कड़की चल रही थी। जो लोग फ़िल्म-व्यवसाय में ऊँचे आसन पर विराजमान हैं, हम लोग बस उन्हीं का नाम सुनते हैं। उन्हीं की तस्वीरें अख़बारों में छपती हैं। बस, उन्हीं लोगों का नाम-धाम-जन्मपत्री, बस-ट्राम-ट्रेनों में बातचीत, चर्चाएँ होती थीं। लेकिन उन लोगों के पीछे भी लाखों-लाखों कर्मचारी होते हैं, जिनके बारे में बाहरी लोगों को कोई जानकारी नहीं होती। उन लोगों की दरिद्रता, उन लोगों की समस्याएँ, उन लोगों की सोच-चिन्तन के बारे में जानने की किसी को दिलचस्पी नहीं होती।

हमारे अमलेन्दु, उसी तबके के इन्सान थे। बेहद कम तनख्वाह! अति मामूली पहनावा! जी भरकर सिगरेट पीने तक के पैसे उनके पास नहीं होते। हालाँकि गुरु को मैं दिन भर में चार-पाँच रुपयों का सिगरेट पीते हुए देख रहा था।

बाद में, अमलेन्दु को मैं अक्सर टोकता रहता था, 'तुम इतनी सिगरेट क्यों पीते हो? यह लत तुम छोड़ नहीं सकते?'

'क्या करूँ, दादा, कोई और शौक या व्यसन तो है नहीं, बस यही एक शौक पाल लिया है—'

'लेकिन, ऐसी सस्ती सिगरेट तुम्हारी सेहत ख़राब कर देगी—'

इसी तरह मैं अमलेन्दु को बहुत सारी बातें समझाता रहा, बहुत से उपदेश देता रहा, ढेरों सलाहें देता रहा। जैसे गुरुदत्त को उसकी फिजूलख़र्ची के लिए आगाह करता रहा, अमलेन्दु को भी बरजता रहा। एक जन लखपति और दूसरा ग़रीब। लेकिन दोनों का स्वभाव लगभग एक जैसा! वैसे, दोनों ही बिल्कुल शिशु जैसे। दोनों के ही मन में औरत के प्रति न कोई कमज़ोरी, न टुच्चापन, न नीचता।

इसलिए कभी-कभी मुझे ख़याल आता है। बहुत बार इन्सानों की नीचता देखकर मन ही मन बेहद दुःखी भी हुआ हूँ। लेकिन कितने ही भलेमानस का भी परिचय मिला है, जिनकी संख्या गिनी नहीं जा सकती। दुनिया में बहुत सारे भले लोग भी हैं। यह दुनिया अभी भी जीने लायक है, इसकी एकमात्र वजह यही है कि कुछेक सच्चे-भले लोगों का झुण्ड विद्यमान है।

मुझे याद है, बहुत दिनों तक अमलेन्दु के हाथ में पैसा न होने की वजह से वह सिगरेट नहीं पी सका। उसका चेहरा देखकर ही मैं समझ गया कि वह सिगरेट के नशे के लिए छटपटा रहा है, लेकिन उसके हाथ खाली हैं। ऐसे में, मेरे आगे हाथ फैलाने से वह अपने को रोक नहीं पाया। रुपये मिलते ही वह सरपट दुकान की तरफ दौड़ गया। सिगरेट सुलगाकर, दो-एक कश धुआँ छोड़ने के बाद ही उसके चेहरे पर मुस्कान आयी।

गुरुदत्त भी अगर गरीब होता, तो शायद वह भी अमलेन्दु हो जाता। मैं उन दोनों को ही इतने करीब से देखता-पढ़ता रहा और मज़ा लेता रहा।

अगले दिन दोपहर को गुरुदत्त ने स्टुडियो से ख़बर भेजी—'तैयार हो लें। शाम को निकलना है—'

स्टुडियो से गाड़ी आ पहुँची। मैं स्टुडियो चला आया। वहाँ अमलेन्दु भी हाज़िर था। जाने कहाँ से तो रुपये लेकर वह लॉण्ड्री से कपड़े छुड़ा लाया था।

गुरु ने कहा, 'आप अगर कोई ख़रीदारी करना चाहते हैं, तो बताएँ—'

मुझे क्या ख़रीदारी करनी थी? आमतौर पर मेरी ज़रूरतें काफी सीमित हैं। दो-तीन कलम, स्याही की दवात और थोड़े-से काग़ज़ भर से काम चल जाता है।

अस्तु, शाम पाँच बजे मैं रवाना हो गया। फिर वही—लोनावाला! फिर वही अस्सी मील का सफ़र! इस बार गुरु गाड़ी ड्राइव नहीं कर रहा था। मैं और गुरु पिछली सीट पर। सामने की सीट पर गुरु का चपरासी, रतन और ड्राइवर! अमलेन्दु ट्रेन से गया।

जब हम लोनावाला पहुँचे, काफी अँधेरा हो चुका था। वहाँ जाकर देखा, जीप गाड़ी पहले ही वहाँ पहुँच चुकी थी। उस जीप में एक बावर्ची विद्यमान था। उसका नाम था—जॉन! भारतीय-ईसाई था। इसके अलावा दो नौकर भी थे। वे लोग हमसे पहले ही पहुँच गये थे और उन लोगों ने घर-द्वार की साफ़-सफाई कर रखी थी। तीन-तीन बेडरूम और एक विराट हॉल-कमरा! फोन पर ऑर्डर देते ही, मोटर साइकिल पर सवार, एक व्यक्ति चावल-दाल-तेल-नमक-घी वगैरह पहुँचा गया। जॉन ने खाना बनाना शुरू कर दिया।

फ्लैट में सिर्फ मैं और गुरु! बैठे-बैठे, काफी देर तक गपशप का सिलसिला चलता रहा। बदन पर वही लुंगी, वही हुक्का, वही हँसता हुआ चेहरा। चूँकि 'चौदहवीं का चाँद' फ़िल्म पूरी हो चुकी थी, इसलिए ईषत् निश्चिन्त मुद्रा! मन प्रशान्त! लोनावाला, बम्बई नहीं था। चारों तरफ शान्ति!

गुरु ने कहा, 'यह मकान मैंने इसीलिए किराये पर ले रखा है। जब कभी तनावग्रस्त होता हूँ, मैं यहाँ भाग आता हूँ। इसीलिए यह जगह मुझे बेहद पसन्द है! बेहद प्रिय!'

मुझे भी वहाँ बेहद अच्छा लग रहा था। अपूर्व था यहाँ का परिवेश! मैं भी तो कलकत्ता से भाग आया था। मेरी भी गृहस्थी थी, लिखना-पढ़ना था। गुरु की तरह मुझे भी पैसों की चिन्ता थी। घर-बारी इन्सान के जो-जो झमेले होते हैं, मेरे भी थे। इसके अलावा, मेरे किस्से-कहानियों के हज़ारों-हज़ार चरित्र थे। उन लोगों के भले-बुरे के बारे में मेरे सिर-दर्द का अन्त नहीं था।

अचानक रतन कमरे में आया और एक गिलास में कुछ दे गया।

गुरु ने मेरी तरफ देखा, 'ड्रिंक करेंगे, बिमल बाबू?'

'नहीं, आप लीजिए—'

'थोड़ी-सी लीजिए न—'

'मेरी तबीयत ठीक नहीं है, आप तो जानते हैं...'

गुरु ने फिर कोई ज़ोर-ज़बर्दस्ती नहीं की।

'ठीक है! चलो, मैं अकेले ही...' उसने गिलास से घूँट भरा।

'हाँ, हाँ आप पीजिए न!'

गुरु गिलास से घूँट भरता रहा। उसके बाद खा-पीकर हम सोने चले गये। उसके बाद समूची रात कब गुज़र गयी, मुझे होश नहीं रहा।

अमलेन्दु सुबह-सुबह ही हाज़िर हो गया। हँसते-मुस्कराते, हाथ में सूटकेस थामे वह कमरे में दाखिल हुआ।

उसने कहा, 'ट्रेन में काफी भीड़ थी। रात भर नींद नहीं आयी—'

अमलेन्दु थर्ड क्लास कम्पार्टमेण्ट में आया था। रुपये ख़र्च हो जाने की आशंका से वह सेकण्ड क्लास से नहीं आया। समूची राह उसे खड़े-खड़े ही तय करनी पड़ी।

सुबह हम तीनों चाय पी रहे थे।

अचानक बाहर कोई गाड़ी रुकने की आवाज़ आयी। अब, यह कौन आ पहुँचा?

'अबरार आल्वी हैं—' गुरु ने बताया।

'वे कौन हैं?'

'मेरे स्क्रिप्ट-लेखक!'

मैं चकरा गया। जो शख़्स फ़िल्म-कथा लिखता है, उसके पास अपनी गाड़ी है? वह खुद अपनी गाड़ी ड्राइव करके यहाँ तक आया है?

'आप लोगों की हिन्दी फ़िल्म-दुनिया की हर बात ही अजीब है। यहाँ एक कहानी-लेखक के पास भी अपनी गाड़ी है।' मैंने कहा।

अबरार आल्वी बम्बई फ़िल्म जगत् में काफी प्रसिद्ध सिनारियो लेखक हैं। वे खुद मुसलमान हैं, लेकिन उन्होंने हिन्दू लड़की से विवाह किया था। काफी खुशमिज़ाज शख़्स! नागपुर यूनिवर्सिटी से उन्होंने अंग्रेजी में एम. ए. किया है।

गुरुदत्त ने पहले ही बता रखा था, 'वह मेरी खोज है, बिमल बाबू! वह हमारी फ़िल्मी लाइन में असिस्टेण्ट बनने आया था, लेकिन फ़िल्मी स्क्रिप्ट राइटर बन गया। सबसे पहले मैंने ही उस से फ़िल्म की पटकथा लिखवायी।'

शाम को हमारी महफिल दुबारा बैठी। मकान के पिछवाड़े विशाल बगीचा था। उसी बगीचे के सामने ही बरामदा। बरामदे में खाली फर्श पर बैठे-बैठे, गुरुदत्त पूरी कहानी बयान करने लगा। अबरार सुनता रहा और तजुर्बेकार की तरह सिर हिलाता रहा।

रात बारह बजे तक बातचीत चलती रही।

मैंने ही कहा, 'अब मैं उठूँ—'

'अरे, अभी ही? उठ जाएँगे?'

'हाँ, कल सुबह-सुबह मुझे 'देश' पत्रिका के लिए अपने उपन्यास की अगली किस्त लिखनी होगी—'

अस्तु, सबने मुझे रिहाई दे दी!

लेकिन अपने बिस्तर पर लेटे-लेटे भी मुझे नींद नहीं आयी। दूसरे कमरे की आहट मिलती रही और मुझे अन्दाज़ा होता रहा कि उन दोनों का अड्डा अभी भी जारी है।

सुबह-सुबह ही मैं उठ गया और फटाफट काग़ज़-कलम लेकर लिखने बैठ गया।

अचानक कमरे में अमलेन्दु आ धमका!

'पता है, बिमल'दा कल रात एक अजीब काण्ड हुआ।'

'क्यों, क्या हुआ?'

'कल रात, आप तो सोने चले गये। उसके बाद, अबरार आल्वी भी सोने चला गया। मैं भी अपने बिस्तर पर जा लेटा। अचानक गुरुदत्त ने मुझे बुला भेजा—'

मैं विस्मित हो उठा।

'गुरुदत्त ने...? आपको?'

उन्होंने मुझे बुलाकर पूछा, 'अमलेन्दु जी क्या आपको नींद आ रही है?'

'जी नहीं!'

'मुझे नींद नहीं आ रही है। आइए, थोड़ी देर बातें करें। अभी तो रात का एक ही बजा है।'

'अच्छा? उसके बाद?'

अमलेन्दु ने कहा, 'उसके बाद, पूरी रात गुरु व्हिस्की पीते रहे और मेरे साथ

ऊटपटाँग किस्से-कहानियाँ सुनाते रहे...बेसिरपैर की बातें करते रहे।'

'गुरु अपने बारे में बताता रहा। यह भी पूछता रहा कि आपके बारे में मेरी क्या राय है?'

मैं समझ गया—चूँकि उसे नींद नहीं आ रही थी, इसीलिए वक़्त गुज़ारने के लिए उसे कोई एक बन्दा चाहिए था। इसलिए जब और कोई नहीं मिला, तो वह अमलेन्दु से ही बातें करता रहा। लेकिन, मैं तो इस बात पर चकित था कि उसे भी नींद क्यों नहीं आती?

बहरहाल, किसी तरह मैंने अपना लिखना पूरा किया और खाने की मेज़ पर मैंने ज़िक्र छेड़ा, 'सुना, पिछली रात आपको नींद नहीं आयी?'

'आपको किसने बताया? अमलेन्दु ने?'

'हाँ! लेकिन आपने मुझे क्यों नहीं बुला लिया?'

'नहीं! आपने कहा, आपको नींद आ रही है, इसीलिए तकलीफ नहीं दी।'

'अच्छा, तो यह तय रहा, अब से जब भी रात को गपशप करने का आपका मन करे, आप मुझे बुला लीजिएगा। आपसे बातें करना मुझे अच्छा लगता है।'

गुरु ने सवाल किया, 'लेकिन...आपको नींद क्यों नहीं आती, बताएँ तो? आप सबको तो नींद आ जाती है। लेकिन...'

'आप व्हिस्की छोड़कर देखें, मुमकिन है आपको नींद आने लगे।'

'व्हिस्की छोड़कर भी देखा है मैंने। नींद फिर भी नहीं आती।'

मुझे बेहद ताज्जुब होता था, सेहत पर इतना-इतना अत्याचार करने के बावजूद वह सो क्यों नहीं पाता? असल में यह शायद सफलता का दुष्परिणाम था। यह सफलता ही शायद इन्सान को दौड़ाती रहती है; इन्सान की नींद छीन लेती है। उसे अशान्ति और यन्त्रणा की तरफ धकेल देती है।

मिस भालेकर उन लोगों में से एक थीं, जो गुरुदत्त की ज़िन्दगी के किसी न किसी हिस्से से जुड़ी हुई थीं। मैंने गौर किया, जब भी किसी काम के सिलसिले में टाइप करने की ज़रूरत होती, मैगी की पुकार होती थी। चाहे वह दफ़्तर में हो या घर में हो। उन दिनों भी मैं मैगी को अन्तरंग ढंग से नहीं पहचानता था। बस, मामूली तौर पर उसे देखा भर था। जब भी ज़रूरत होती थी, गुरु मैगी को तलब करता था और वह आकर डिक्टेशन ले जाती थी।

लेकिन इस बार उसे और भी नजदीक से देखा। सिर्फ देखा ही नहीं, उससे मेलजोल भी बढ़ गया। मुझे लगा, मैं झूठमूठ ही संकोच कर रहा था। मैगी उस क़िस्म की लड़की ही नहीं थी। यहाँ आकर वह सभी लोगों के साथ मिलजुलकर बिल्कुल एकाकार हो गयी थी।

अभी भी, कभी-कभी ख़याल आता है कि लोनावाला में सभी लोगों ने हिलमिलकर, पूरा डेढ़ महीना, कितने आराम और आनन्द से गुज़ार दिया। काफी रात तक काम करने के बाद, जब बाकी लोग दस-ग्यारह-बारह बजे तक सोते रहते थे, उस वक़्त मैं अपने कमरे में बैठा-बैठा 'ख़रीदी कौड़ियों मोल' की किस्तें लिखता रहता था। दोपहर एक बजे तक उसी रचना में डूबा रहता था। गुरु शायद रात के आखिरी प्रहर बमुश्किल सोया होगा। उस वक़्त सिर्फ मैं और मेरा लेखन जागता रहता था। उधर उस वक़्त, रतन दाढ़ी-हज़ामत बनाकर, फिट-फाट तैयार हो रहा होता था। साहब उसे कब बुला लें, कोई ठीक-ठिकाना नहीं था। साहब के आवाज़ देते ही, रतन को दौड़कर जाना होगा, 'क्या चाहिए' पूछना होगा। साहब सिगरेट माँग सकते थे, नहीं भी माँग सकते थे। उस वक़्त लोनावाला में एक और भी बन्दा जागता रहता था। उसका नाम था—जॉन!

जॉन भी अद्भुत चरित्र था। बेचारा गुरुदत्त को खुश करने के लिए हर समय हाजिर रहता। खाने की मेज़ पर खाने के व्यंजन देखकर मैं आश्चर्य में पड़ जाता था। ऐसे-ऐसे व्यंजन, व्यंजनों के इतने-इतने प्रकार, ज़िन्दगी में मैंने कभी नहीं देखे थे। एक-एक प्लेट में एक-एक तरह का व्यंजन! किसी व्यंजन का जीव-जन्तु जैसा चेहरा, किसी का फूल जैसा आकार, कोई बिल्कुल रंग-बिरंगा।

एक तो मेरा हाजमा कमजोर था, ऊपर से जॉन की पाक कुशलता के प्रति, बाकी सभी लोगों का दुर्जेय लोभ उमड़ा रहता था। सामने इतने स्वादिष्ट व्यंजनों को देखकर शुक्राचार्य बनने जितना संयम मुझमें नहीं था। मुझे बेतरह लालच होता था, मैं हर व्यंजन का नाम पूछता रहता था।

'यह क्या पकाया है, जॉन?' मैं पूछता था।

'वह मार्मलेड है, हुजूर!'

'और यह?'

खाना जितना लज़ीज होता था, सभी लोगों का लोभ उतना ही दुर्दम्य हो उठता था। जॉन जी-जान लगाकर, हमें खिलाकर वाहवाही लूटने की कोशिश करता था और मैं मन ही मन त्राहि-त्राहि करता रहता था। वैसे हाजमे की कमजोरी सरेआम घोषित करने जैसी चीज़ नहीं होती। लोगों के नाक-भौंह सिकोड़ लेने का डर जो था। मैं सोचता था सीधा-सादा-सा भात और मछली का शोरबा मिल जाता, तो मेरी जान बच जाती। लेकिन यह बात कहता भी, तो किससे कहता?

सभी लोग खूब मन से खाते और हजम भी कर जाते थे। खाते-खाते भी पूरे समय गपशप और बातें। पूरे समय बातचीत का विश्लेषण भी जारी रहता था। अब, चाहे जैसे भी हो, कहानी खड़ी करनी होगी। सात सौ चार पन्नों की कहानी को, फ़िल्म में परिणत करना ही होगा। खाने की मेज से उठते ही, दुबारा काग़ज़-कलम लेकर बैठना! मुझे जितना-सा लिखना होता, मैं लिखता जाता। अबरार उसे हिन्दी में

अनुवाद कर डालता। बाद में अमलेन्दु वह स्क्रिप्ट मैगी से टाइप करा लेता! हमारा काम काफी तेजी से चल रहा था। गुरु हुक्के की नली होठों में दबाये, तमाखू का मजा लेता रहता; पान चबाता रहता और मौका पाते ही सिगरेट भी सुलगाता रहता था। और दनादन चाय! चाय पर चाय! दिन भर में हर आदमी लगभग चौदह कप चाय चढ़ा जाता था। ज़िन्दगी में उतनी चाय भी क्या कभी मैंने पी थी?

उसके बाद जब शाम का घना अँधेरा गहरा आता था, तो रतन बोतल रख जाता था। वही गिलास भी दे जाता था। हिन्दी फ़िल्म की स्क्रिप्ट कैसे लिखी जाती है, इसका तजुर्बा मुझे उसी दिन मिला।

उसने कहा, 'ना, बिमल'दा, आपकी किताब में तो ऐसा नहीं है।'

लेकिन एक जगह आकर, हम बिल्कुल अटक गये।

गुरु ने पूछा, 'बिमल'दा, इसका अन्त कैसे करेंगे?'

'क्यों? जैसा किताब में है, वैसा ही–'

'सुनिये, इस फ़िल्म से मुझे ज़रा पैसा कमाने दें। 'काग़ज़ के फूल' फ़िल्म में, मुझे पूरे तीन लाख रुपयों का गच्चा लगा है। अब, इस फ़िल्म में नुकसान बर्दाश्त नहीं कर पाऊँगा।'

'लेकिन...आपका क्या ख़याल है, 'साहब-बीवी-गुलाम' में जो अन्त है, फ़िल्म में भी वही अन्त रखा जाए, तो आपको नुकसान होगा?'

'असल में, मैं कहीं से डरा हुआ हूँ, अगर यह फ़िल्म नहीं चली, 'काग़ज़ के फूल' की तरह, अगर इस फ़िल्म में भी नुकसान हुआ, तो...? आप नहीं जानते, बिमल'दा, फ़िल्म अगर न चले, तो कितना टेंशन होता है। आप इस बात का अन्दाज़ा भी नहीं लगा सकते। रात-रात भर मुझे नींद नहीं आती। नींद की गोलियाँ लेने पर भी नींद ग़ायब रहती है। इसके अलावा स्टुडियो चलाने का भी ख़र्च है। स्टुडियो चलाने के लिए महीने में पूरे चालीस हज़ार का ख़र्च। ऊपर से स्टुडियो के कर्मचारियों की तनख्वाह। फ़िल्म चले या न चले, हर महीने मुझे उन लोगों को तनख्वाह तो देनी ही पड़ती है। अपने नाम के लिए और रुपये जुटाते-जुटाते मैं पगलाया रहता हूँ...'

'तो फिर ऐसा करें, इस कहानी का अन्त आप अपने मन मुताबिक बदल लें, मुझे इसमें कोई एतराज़ नहीं। मेरा 'साहब-बीवी-गुलाम' उपन्यास, सिर्फ पश्चिम बंगाल ही क्यों, समूचे हिन्दुस्तान के पाठक-पाठिका पढ़ चुके हैं। इस उपन्यास ने उन लोगों के मन में अपने लिए स्थायी जगह बना ली है। आप अपनी फ़िल्म का अन्त जैसे चाहें कर सकते हैं, मेरे उपन्यास को इससे कोई नुकसान नहीं पहुँचेगा।'

जिस दिन हम यहाँ आये, उस दिन से लेकर आज तक पाँच-पाँच लोग इस मकान में आबद्ध थे। पाँचों लोगों का उद्देश्य एक था। एक और अद्वितीय! गुरु यहाँ नींद से कभी नौ बजे जाग जाता था, कभी आठ बजे और कभी-कभी भोर चार बजे ही। जिस दिन वह काफी देर-देर तक यानी दिन-चढ़े तक सोता रहता था, मैं समझ

जाता था कि पिछली सारी रात वह नहीं सोया।

एक दिन मैंने सवाल किया, 'आपको किस वजह से नींद नहीं आयी?'

गुरु ने जवाब दिया, 'पता नहीं! जाने कहाँ-कहाँ की फालतू बातें दिमाग में घूमती रहीं।'

'कैसी फालतू बातें?'

'फ़िल्म के बारे में, बेटे के बारे में, और भी जाने कितनी-कितनी फिजूल की बातें दिलो-दिमाग़ में चक्कर काटती रहीं। जाने कहाँ-कहाँ के बेतुके ख़याल आते चले गये।'

'सोने से पहले, एक-दो-तीन-चार से लेकर सौ तक गिनती गिन सकते हैं?'

'सब करके मैं देख चुका हूँ।'

'सिर के नीचे तकिया लगाये बिना सोने की कोशिश की है कभी?'

'वह भी कर देखा—'

वैसे मैं भी अनिद्रा का रोगी हूँ। मुझे भी आसानी से नींद नहीं आती। नींद में मैं कहानियों की गुत्थियाँ सुलझाने की कोशिश करता हूँ। जितना-जितना मैं गुत्थियाँ सुलझाने की कोशिश करता हूँ, गुत्थियाँ और उलझती जाती हैं। अन्त में जब किसी हाल भी नींद नहीं आती, तब बिस्तर छोड़कर उठ खड़ा होता हूँ। उसके बाद मैं समूचे घर में टहलता रहता हूँ। जब हर कोशिश नाकाम हो जाती है, तो दुबारा बिस्तर पर जा लेटता हूँ। उसके बाद मैं बिस्तर में मुँह गड़ाये लेटा रहता हूँ। शायद, थोड़ी-सी नींद आ जाए। तब जाकर, थोड़ी-बहुत नींद आती है। अगले दिन काफी तेज सिर-दर्द रहता है। तब कुछ भी अच्छा नहीं लगता। उस समय अगर कोई बात करता है, तो मैं बदतमीजी से पेश आता हूँ। एकदम से भड़क जाता हूँ। वे लोग मेरा बेतुका बर्ताव समझ नहीं पाते। वे लोग समझ लेते हैं, मैं निहायत अभद्र और बदतमीज हूँ। उन्हें लगता है कि मुझे बात करनी नहीं आती। वे सोचते हैं, मैं इन्सानों को प्यार नहीं करता।

लेकिन मैंने देखा, गुरु बिल्कुल अलग है। रात भर सो न पाने के बावजूद वह बिल्कुल अविचलित रहता है। उसके चेहरे से कुछ भी अन्दाज़ा नहीं लगता। लेकिन, मैं समझ सकता था कि उसके मन में कौन-सा दर्द पल रहा है; देह के अन्दर कौन-सी ग्लानि पनप रही है।

किसी-किसी दिन मैं पूछ भी लेता था, 'रात भर नींद न आये, तो अगले दिन तकलीफ नहीं होती?'

'अब तो आदत पड़ चुकी है।'

ख़ैर, आदत न पड़े, तो चलता कैसे? सुबह से ही तो उसका कामकाज शुरू हो जाता था। जब मैं बम्बई में होता था, सुबह सात बजे तक तैयार हो जाता था। उसके बाद, गुरु अपनी गाड़ी की स्टीयरिंग थाम लेता था। मुँह में पान भरा हुआ! बदन पर लुंगी! सफेद खद्दर का कुर्ता! पाली हिल से निकलकर, गाड़ी सान्ताक्रुज आ पहुँचती

थी; सान्ताक्रुज़ के किनारे-किनारे आगे बढ़ते हुए, रेल-लाइन वाले पुल के नीचे से गुजरते हुए, एअरपोर्ट पार करके, सीधे अँधेरी बाज़ार। बाज़ार की बगल से सीधे स्टुडियो के अन्दर। बम्बई-प्रवास के दौरान यही हमारा रोजमर्रा का रुटीन था। गाड़ी सीधे स्टुडियो के अन्दर दाखिल हो जाती थी। स्टुडियो के भीतरी हिस्से में। 'गुरुदत्त फ़िल्मूस स्टुडियो' स्टुडियो के अन्दर जाते ही सीढ़ियों से चढ़कर, ऊपर पहुँचते थे। मैनेजर गुरु स्वामी के कमरे के सामने से गुज़रकर, गुरु का एअर-कण्डीशन कमरा!

वह शायद इतवार का दिन था या कोई छुट्टी का दिन। स्टुडियो में कोई नहीं था। चारों ओर सन्नाटा! लेकिन हम दोनों अक्सर उस कमरे में जा बैठते थे, जो चारों तरफ से असंख्य किताबें और पत्रिकाओं से ठँसा हुआ था। गुरु अपनी निर्धारित कुर्सी पर जा बैठता था और मैं उसके सामने। उन पलों में गुरु और मैं गपशप की दुनिया में बिल्कुल एकाकार हो जाते थे। मुझ जैसा गपशपबाज, अगर मैंने कहीं, किसी और बन्दे को देखा है, तो वह था—गुरु! जाने कब, बचपन में उसने मोपासाँ की कोई कहानी पढ़ी थी, कब लन्दन की किसी सड़क-किनारे, रेस्तराँ में बैठे-बैठे, उसने कौन-कौन से नज़ारे देखे—वह वे सब किस्से बयान करता रहा। मैं भी अपने जीवन में पढ़ी गयी कहानियाँ सुनाता रहता था। गुरु को सारे किस्से याद रहते थे, मुझे भी याद रहते हैं। कहानियाँ मैं कभी नहीं भूलता। मुझसे भूला भी नहीं जाता।

लेकिन उस दिन लोनावाला के उस बंगले में मैंने गुरु को पान्ता-भात यानी पानी में भिगोया हुआ बासी भात, खाते हुए देखा, तो मैं चकित रह गया। यह तो पश्चिम बंगाल का आहार है। यह तो गरीब-गुरबा बंगालियों का आहार है।

गुरु ने कहा, 'मैं दक्षिण भारतीय हूँ, हमारा खाना तो पान्ता-भात ही है।'

'यह तो मैं भी खाता हूँ! यह मेरा प्रिय भोजन है।'

'ठीक है! कल से आपके लिए भी इस भोजन का इन्तज़ाम कर दिया जाएगा।'

वहाँ अन्यान्य जो लोग थे, उन लोगों को इस बारे में कोई दिलचस्पी नहीं थी। वे लोग बढ़िया-बढ़िया विलायती व्यंजन खाने में ही मग्न रहते थे। वे लोग गुरु को पान्ता-भात खाते देखकर हँसते थे, लेकिन मुझे बेहद अच्छा लगा। मुझे लगा, मुझमें और गुरु में कहीं कोई मेल है।

वह गर्मी का मौसम था! अप्रैल का महीना। गर्मी का मौसम, मुझे बेहद भयावह लगता है। गर्मी में, मैं तकलीफ से छटपटाता रहता हूँ। इसके बाद, लिखने की लाचारी होती है। जब मैं कलकत्ता में होता हूँ, तो कमरे के खिड़की-दरवाजे बन्द करके, बत्ती जलाकर, मैं लिखता रहता हूँ। लेकिन लोनावाला पहाड़ी स्थान था; आबोहवा ठण्डी! जिस बंगले में बैठे-बैठे हम काम करते थे, उसकी चारों तरफ ढलुई खाई थी। बंगला पहाड़ के शिखर पर स्थित था। खाना-पीना निपटाकर, हम एक साथ अपना-अपना

काम शुरू कर देते थे। मैं एक-एक पन्ना लिखता जाता था, गुरु हुक्का गुड़गुड़ाते सुनता जाता था। उसके बाद अमलेन्दु उसकी कॉपी बनाता था। उसके बाद मिस भालेकर उसे टाइप करती थी। टाइप किये हुए पन्ने अबरार दत्तचित्त होकर उसका हिन्दी में अनुवाद करता जाता था। अन्त में, गुरुदत्त दोनों स्क्रिप्ट मिलाकर जाँच-परख कर लेता था।

हर रोज़, इसी तरह हमारा काम चलता रहता था। इसी तरह रात गहरा आती थी। रात के जब बारह या एक बजते थे, मेरी आँखें झपकने लगती थीं। अगले दिन वे लोग देर से भी उठते थे, तो चलता था, लेकिन मेरे लिए यह भी सम्भव नहीं था। मुझे तो सुबह छह बजे उठकर 'ख़रीदी कौड़ियों मोल' लिखना ही पड़ता था। मुझे हर रोज़ सजग रहना पड़ता था कि हफ़्ता पूरा होते ही, मुझे कलकत्ता के 'देश' कार्यालय को अगली किस्त भेजनी है।

लेकिन, उस दिन एक हादसा हो गया। ख़ैर, वह हादसा तो कुछ ख़ास नहीं था, लेकिन मुझे कहीं से विस्मित कर गया। गुरु का वह रूप, मैंने पहले नहीं देखा था।

मुझे याद है, वह दोपहर का वक़्त था। दो या तीन बजे थे। अचानक कहीं गड़गड़ाहट की आवाज़ गूँज उठी। मैंने बाहर की तरफ नज़र डाली। बारिश शुरू हो गयी थी। गुरु की निगाहें भी बाहर की तरफ टिक गयीं। हाँ, बारिश हो रही थी। गुरु के चेहरे-मोहरे पर बच्चों जैसा उल्लास झलक उठा। मेरी निगाह घूमकर गुरुदत्त के चेहरे पर जा गढ़ी। वह परम विस्मय से मुँह बाये, एकटक बारिश को निहार रहा था।

अचानक वह उठ खड़ा हुआ।

'चलिए, बिमल बाबू, उठ जाइए, बरसात हो रही है। अब काम करने का मन नहीं है! चलिए, उठिए।'

'लेकिन इस बारिश में आप जाएँगे कहाँ?' मैंने पूछा।

'जहाँ भी मन करेगा! ऐसी बारिश में घर में रहा जाता नहीं—'

वह जान छोड़ने वाला बन्दा नहीं था। अन्त में उसने हाथ पकड़-पकड़कर, सबको खींचकर उठाया। वह बच्चों की तरह मारे खुशी के उछलता रहा। उसे खुश देखकर, मैं भी खुश हो गया। मैं भी जैसे गुरु का हमउम्र बन गया। उस पल मेरी भी उम्र जैसे कम हो गयी। मुझे याद है कि हम सब उस बारिश में ही गुरु की गाड़ी में सवार हो गये। छाता नहीं मिला, तो डिनर-टेबल पर पड़े, प्लास्टिक के कवर सिर पर डाले-डाले, किसी तरह गाड़ी के अन्दर जा बैठे। गुरु गाड़ी ड्राइव करने लगा। अप्रैल महीने की वह पहली बारिश थी। मूसलाधार बारिश। गुरु को अपनी गाड़ी का कोई मोह नहीं था। गाड़ी भले टूट-फूट जाए, भले डूब जाए, भले जहन्नुम में चली जाए, लेकिन ऐसी बरसात में गुरु घर में बैठने वाला बन्दा नहीं था। ऐसा मौका वह बर्बाद नहीं होने देगा। गुरु गाड़ी चलाता रहा और खिड़की के काँच से एकटक बाहर के नज़ारों का मज़ा लेता रहा। काँच पर बारिश की बूँदों में सारा कुछ धुँधला हो

आया। कहीं, कुछ भी नज़र नहीं आ रहा था। उस पर से मूसलाधार बारिश। दोनों ओर दूर-दूर तक फैले हुए धान-खेत। उसके पार आसमान छूते हुए पहाड़। क़तार-पर-क़तार पहाड़! आकाश, पहाड़, धान-खेत, बरसात में मानो एकाकार हो गये। गुरु मारे खुशी के पचास मील, प्रति घण्टे की रफ़्तार से गाड़ी चलाता रहा। मुझे डर लगने लगा। सामने ही बम्बई-पूना रोड। कोलतार में लिपटा, ऊँचा-नीचा रास्ता? उस पर दिन-रात बड़ी-बड़ी लारी-बसों का आना-जाना। ऐसे में अगर किसी बस से टक्कर हो जाए, तो हम सब दब-पिसकर चकनाचूर हो जाते। गुरु गाड़ी चालक था और गाड़ी के अन्दर हम कुछेक लोग, भय-त्रस्त प्राणी!

मैं चीख उठा, 'ज़रा धीरे चलायें—'

गुरु हँस पड़ा, 'आपको डर लग रहा है?'

उस दिन का ख़याल आते ही, आज भी मैं डर से सहम जाता हूँ। चलो, मान लिया कि गुरु मस्तमौला, बेपरवाह जीव है। ज़िन्दगी को कैसे जोखिम भरा बनाया जाए, वह जानता था, लेकिन हम सब ठहरे बाल-बच्चेदार, घरबारी जीव। हम सब तो दिन-रात इसी सोच में डूबे रहते हैं कि विपत्ति या जोखिम से मुक्त कैसे रहा जाए। 'विपद में मोरी रक्षा करो, यही मोरी प्रार्थना...।'

लेकिन गुरु की बात बिल्कुल अलग थी।

गुरु कहा करता था, 'बिमल बाबू, मृत्यु से मैं नहीं डरता, लेकिन ज़िन्दगी के लिए ही भयभीत रहता हूँ।'

'डर? किस बात का डर?' किसी और दिन मैंने पूछा था।

'डर, अकेले अपने नहीं लगता। हमारे हिन्दी फ़िल्म-व्यवसाय में जितने भी लोग हैं, हम सबने थोड़े-बहुत रुपये बना लिए हैं। उन्नीस-बीस लाख रुपयों की पूँजी तो हमारे पास है ही। लेकिन किसी दिन एक ही पल में सारे रुपये हवा हो सकते हैं—'

'क्यों? हवा, क्यों हो सकते हैं?'

'हमारा पूरा फ़िल्म-व्यवसाय ही, एक क़िस्म की गैंबलिंग है...एक क़िस्म का जुआ। आज राजा, कल रंक! इसीलिए बड़ा खौफ होता है। यह जो इतना नाम-धाम हुआ है... मैं घरबारी बन गया हूँ, विवाह किया है, घर बनाया है—यह सब अगर चला जाए, तो? अब, यह सब छोड़कर... इन सबके बिना मैं नहीं चला सकता। अब मैं टैक्सी में आना-जाना नहीं कर सकता।'

इसीलिए मैंने देखा, गुरु जब भी कलकत्ता आता, किराये की एक गाड़ी, हर वक़्त उसके होटल के सामने खड़ी रहती थी। गुरु वह गाड़ी किराये पर लेता था। हर दिन गाड़ी के किराये के तौर पर उसे बयालीस रुपये गिनने पड़ते थे। किराये की उस गाड़ी में वह कभी चढ़ता था, कभी नहीं। लेकिन होटल के दरवाजे के सामने गाड़ी ज़रूर मौजूद रहनी चाहिए।

यह सब महज पल-भर का खेल है। पल-भर में सारा कुछ निःशेष भी हो सकता

है। यह सारा कुछ बुझ भी सकता है। यह ख़याल गुरु के लिए सच ही भयावह था।

गुरु कहता था, 'आप शायद यह सोचें कि इतनी सारी दौलत के बावजूद, इतना भय क्यों? असल में यह भय, ज़िन्दा रहने का भय है, जीवन-यात्रा और जीवन-धारण का भय है।'

गुरु की बातें सुनकर मुझे लगा था कि गुरु अपने दिल की बात बता रहा है। इससे बड़ा सच और कुछ नहीं है। सचमुच, मौत के बजाय, ज़िन्दगी ज़्यादा मुश्किल है। मर जाने के बजाय जीते रहना ज़्यादा सख़्त है।

लेकिन... अगर यही सच था, तो गुरु ने अपनी जान क्यों दे दी? गुरु क्या अपनी ज़िन्दगी, अपने ही हाथों लूट ले गया? गुरु क्या सच ही हार गया? ज़िन्दगी आखिरकार उसके लिए दुर्वह हो उठी? ख़ैर, ये सारी बातें बाद में...

उस दिन भारी बरसात में गाड़ी चलाते-चलाते, गुरु का उल्लास मैं किसी दिन भी नहीं भूलूँगा।

काफी देर तक गाड़ी ड्राइव करते रहने के बाद भी, जब गुरु तृप्त नहीं हुआ, तो उसने कहा, 'चलिए, अब अपने फार्म पर चलते हैं।'

फार्म! यानी गुरु की कृषि योग्य ज़मीन! बम्बई से अस्सी मील दूर, गुरु ने यह फार्म बनाया था। फार्म का मतलब था, कई एकड़ ज़मीन! उस ज़मीन में धान लहलहाता था। गेहूँ की बालियाँ और अन्यान्य खेती-बारी होती थी। ज़मीन में हल चलाने के लिए भी कर्मचारी मौजूद थे। वहाँ बत्तख और मुर्गियाँ भी थीं। एक विशाल कुआँ भी था। मतलब पक्का कुआँ! इसके अलावा डेढ़ कमरों वाला, छोटा-सा बंगला भी था। उसमें डायनामो बिठाकर, रोशनी का इन्तज़ाम भी था। पलँग-तकिये, फ्रिज, टेलीफोन, कई-एक कुर्सियाँ—गुरु ने वहाँ सारा इन्तज़ाम कर रखा था।

पूना रोड, काफी चौड़ी सड़क है। गाड़ी ने वहाँ से मोड़ ली और फार्म में दाखिल हुई। हम लोग कई कुर्सियाँ खींचकर बरामदे में बैठ गये। सामने ही, आकाश छूता हुआ पर्वत-शिखर! सारा कुछ बारिश में धुँधला नज़र आ रहा था।

'आपने यह फार्म क्यों बनाया?'

वैसे गुरु ने यह फार्म क्यों बनाया, यह और कोई भले न समझे, मैं समझ गया। गुरु के लिए 'बम्बई' का मतलब ही था—अनिद्रा! बम्बई में स्थित पाली हिल के बंगले में रहकर मैंने देखा था। वहाँ रहते हुए मुझे लगा था कि स्वर्ग अगर कहीं है, तो यहीं है। पाली हिल का वह मकान अब नहीं है। एक दिन गुस्से में आकर, गुरु ने मिस्त्री-मजदूर बुलाये और उसे ढहा दिया। उस मकान की आधुनिक साज-सज्जा सरंज़ामों की कला-कारीगरी के अब कोई निशान वहाँ बाकी नहीं हैं। लेकिन, उस ऐशो-आराम-विलास में भी गुरु यन्त्रणा से छटपटाता रहता था।

गुरु अक्सर यह जुमला दुहराता रहता था, 'विमल बाबू, लगता है अब मैं पागल हो जाऊँगा।'

गुरु जो कुछ अपनी ज़ुबान से कहता था, वह किस हद तक सच है, जहाँ तक मैं जानता हूँ, इस बात पर कोई विश्वास नहीं करता था। लेकिन, मैं जान गया था, उस वक़्त भी, उसके भीतर कहीं आग धधकती रहती थी। जितनी देर, वह हम सबके साथ रहता था, उन क्षणों में वह अपने को भूला रहता था। जब उसकी पागलों जैसी हालत होने लगती थी, वह लोनावाला के इसी फार्म में चला आता था। यहाँ आकर, वह हाफ-पैण्ट, गंजी पहनकर, अपने हाथों से ट्रैक्टर चलाता था, खाना पकाता था। अगर कोई और कामकाज नहीं होता था, तो तूली लेकर घर के खिड़की-दरवाजों के रंग-रोगन में जुट जाता था। उन दिनों रतन के अलावा उसके साथ और कोई नहीं होता था। रतन उसके पीछे-पीछे छाया की तरह घूमता रहता था। साहब को क्या ज़रूरत है, क्या नहीं है, वह बस अन्दाज़ा लगा लेता था। रतन के पास हर वक़्त, पेट-फूला एक बैग हुआ करता था। उस बैग में वह गुरु की ज़रूरत की विभिन्न चीज़ें, अपने साथ लिये-लिये घूमता था। सिगरेट-माचिस, किताबें, रुपये, टॉर्च–सारा कुछ उसके बैग में मौजूद रहता था। अचानक किसी दिन आधी रात को या तीन-चार बजे गुरु को सिगरेट की तलब लगे, इसलिए वह स्टॉक मौजूद रखता था। इसके अलावा, गुरु की हज़ामत के सरंज़ाम, सूई-धागा, साबुन–उसके बैग में क्या नहीं होता था। उस बैग में इतनी चीज़ें होती थीं कि बैग की तोंद निकली रहती थी।

लेकिन, उस दिन बस, हम कुछेक लोग ही साथ थे। मैं, अबरार आल्वी, मिस मैगी और अमलेन्दु! उन लोगों ने गुरु को अर्से से इस क़दर, इतना करीब नहीं पाया था। बाहर झमाझम बरसात हो रही थी और फ़िल्म स्क्रिप्ट के काम से भी हमें कुछेक घण्टों की छुट्टी मिल गयी थी। मुझे ज़्यादा खुशी गुरु के लिए थी। उस वक़्त गुरु काफी खुश-खुश नज़र आया। मामूली-सी बरसात देखकर, यूँ खुश होते हुए, मैंने किसी को नहीं देखा था।

कुछ देर के लिए काम बन्द हो गया है, गुरु को इसका कोई अफसोस नहीं था।

मैंने कहा, 'चलिए, अब लौट चलें! अभी बहुत सारे सीन लिखना बाकी है।'

लेकिन उस वक़्त गुरु पर खुशी का नशा चढ़ा हुआ था।

'ना, बिमल बाबू, कामकाज अभी छोड़ें। आप न... बेहद कामकाजी इन्सान हैं। इतना-इतना काम करना, अच्छा नहीं लगता।'

थोड़ा ठहरकर, वह दुबारा बोल उठा, 'इस वक़्त लइया खाने का खूब मन हो रहा है–'

लइया? मैं अवाक् रह गया। खाने की इतनी-इतनी चीज़ें होते हुए, मामूली-सी लइया?

'जी हाँऽ, लइया! आपके पास कुछ रुपये हैं?'

मुझे ख़याल आया, इस वक़्त रतन नहीं है। गुरु के रुपये-पैसे, बाकी ज़रूरत

के सामान रतन के पास होते हैं। इस वक़्त वह साथ नहीं है, इसलिए गुरु बिल्कुल विवश और ठनठन भी था।

मैंने जेब से दो रुपये निकालकर सामने रख दिये। फार्म का माली, उस मूसलाधार बारिश में तीन मील दूर लइया लेने दौड़ गया।

उसके जाते-जाते गुरु ने हिदायत दी, 'लइया के साथ अठन्नी के भुने हुए चने भी लेते आना।'

अचानक उसे याद आ गया, 'और हाँ, नमक और हरी मिर्च भी लाना।'

ऐसा था गुरु! यही था–गुरुदत्त!

अगले दिन नींद से जागकर मैं यथारीति रोज़ के कामों में जुट गया। यानी 'देश' पत्रिका के अगले अंक के लिए, मैं साप्ताहिक किस्त लिखने बैठा ही था, अचानक बिना किसी नोटिस के गुरु मेरे कमरे में दाखिल हुआ!

आमतौर पर वह इस समय, यूँ मेरे कमरे में दाखिल नहीं होता था। उसे पता था कि उस वक़्त मेरे कमरे में आने से, मेरे कामकाज में बाधा आती है! इसलिए उसे देखकर मैं ईषत् अचकचा गया। उसकी पोशाक देखकर और ज़्यादा ताज्जुब में पड़ गया। लाल-लाल फूलदार एक अदद बुशर्टनुमा शर्ट और बेहद छोटी-सी हाफ-पैण्ट! पाँवों में चप्पल! गुरु को मैंने इस पोशाक में पहले कभी नहीं देखा था।

'मैं ज़रा बम्बई जा रहा हूँ, बिमल बाबू!' गुरु ने सूचना दी।

'बम्बई? क्यों?'

'एक अर्जेण्ट काम आ पड़ा है, परसों ही लौट आऊँगा। बाकी सीन आप लिखते रहें–'

उसकी इस बात का जवाब दिये बिना मैंने सवाल किया, 'यह कैसी ड्रेस आपने पहन रखी है?'

'क्यों? बुरा दिख रहा हूँ?'

'हाँ!'

'लेकिन, यह तो पाम-बीच सूट है। यह मैंने लन्दन से ख़रीदी थी।'

मुझे मालूम था, वह गुरुदत्त है! लेकिन इस पोशाक में?

मैंने बाहर निकलकर देखा, गुरु अपनी लाल रंग की गाड़ी चलाते हुए सर्राटे से पहाड़ के नीचे उतर गया। उसके बाद मैं अपने कमरे की खिड़की से झाँका। गुरु की गाड़ी पहाड़ की आँकी-बाँकी राह से गुज़रते हुए अदृश्य हो गयी। मैं दुबारा अपने काम में जुट गया।

लेकिन, जिस दिन वह लौटकर आया मैंने देखा गुरु बिल्कुल और इन्सान बना हुआ था। इधर कुछेक दिनों से एक ही मकान में एक साथ रहते हुए, गुरु को जैसा देखता रहा था, यह गुरु वैसा नहीं है। गुरु की सेहत इन दो दिनों में ही चंगी हो उठी थी।

मैंने पूछा, 'यह करिश्मा कैसे हुआ?'

'बम्बई जाकर डॉक्टर को दिखाया। दवा खाकर, अब ठीक हूँ—'

मैंने सोचा, चलो, अच्छा हुआ। मैंने देखा, वह पहले की तरह शाम ढलने के बाद भी स्वस्थ रहता है। सिर्फ सिगरेट-पान के अलावा और कुछ खाने-पीने की उसे तलब नहीं होती। लेकिन जब मैं सीन लिखने में व्यस्त रहता था, गुरु अचानक बाहर निकल जाता था।

'आप लोग काम करें, मैं एक बार फार्म की तरफ हो आऊँ।'

फार्म! यानी गुरु की वही कई एकड़ ज़मीन! वहाँ जाकर, अपने कमरे के सामने, कुर्सी लेकर, अकेला-अकेला बैठा रहता था या कोई किताब पढ़ता रहता था या गेहूँ के खेतों की मेंड़ पर घूमता-टहलता रहता था। वहाँ कुछेक घण्टों अकेला ही पड़ा रहता था। शाम घिर आती थी। वह कमरे के बरामदे में अपनी कुर्सी पर जमा रहता और सामने फर्श पर, उसके फार्म का कर्मचारी पाटिल बैठे-बैठे लगातार बकबकाता रहता। कभी-कभी मेरे मन में सवाल उठता था कि गुरु अड्डा छोड़कर, वहाँ उस अँधेरे में, अकेला क्यों बैठा रहता है? उसे कौन-सी खुशी मिलती है?

'असल में हर वक़्त इन्सान मुझे भले नहीं लगते, बिमल बाबू, कभी-कभी पेड़-पौधे भी मुझे अच्छे लगते हैं।'

मैंने देखा, बहुत बार गुरु महीनों-महीनों जन्तु-जानवरों में मग्न रहता था। अचानक, न कोई बात, न चीत, गुरु एक दिन गोद में कुत्ता लिये, घर में हाज़िर हो गया। गीता भी अवाक्! घर के नौकर-नौकरानी, दरबान भी अवाक्! साहब के बदन पर उजले-धुले कपड़े और गोद में एक गन्दा-सा कुत्ता!

गीता ने आगे बढ़कर सवाल किया, 'यह कुत्ता कहाँ से उठा लाये?'

'तुम फटाफट थोड़ा-सा दूध ले आओ। मैं इसे पालूँगा। सड़क पर पड़ा हुआ था और कूँ-कूँ कर रहा था।'

उसके बाद उस कुत्ते का क्या सेवा-जतन! कुत्ते के लिए घर तैयार किया गया। ज़ंज़ीर खरीदी गयी। नींद से जागते ही कुकुर-सेवा! उस कुत्ते की सेवा के लिए एक नौकर रखा गया। उसके कुछ दिनों बाद उस कुत्ते को जैसे वह भूल ही गया। ऐसे में एक दिन उस कुत्ते पर उसकी दुबारा नज़र पड़ी। कुत्ते के समूचे बदन पर घाव उभरे हुए थे। गुरुदत्त ने उसे सड़क पर फेंक आने का हुक्म दिया। जिस कुत्ते की इतनी-इतनी सेवा! इतना जतन! इतना ख़र्च! इतनी देखभाल! वही एक दिन दुबारा सड़क पर फेंक दिया गया। वह कुत्ता सड़क से आया था और अन्त में सड़क ही उसका आश्रय बनी।

गुरु के चरित्र का जब यह पक्ष देखता था, तो बेहद ख़ौफ आता था। हाँ, गुरु के

लिए डर लगता था। एक दिन उसी लोनावाला में वहीदा रहमान हाज़िर हुईं। वह शाम का वक़्त था। गाड़ी की आवाज़ सुनते ही, अबरार बाहर निकल आया। मैं भी कमरे से निकल आया। मैंने सोचा, गुरु ही अपने फार्म हाउस से आज सवेरे-सवेरे लौट आया है।

लेकिन, यह वही वहीदा रहमान थी जिसके बारे में मैं पहले ही लिख चुका हूँ। मुझे देखकर, उसने बंगाली रिवाज मुताबिक हाथ जोड़कर प्रणाम किया।

बम्बई स्टुडियो से बाहर, वहीदा रहमान को मैं पहली बार देख रहा था। दुबला-पतला, छरहरा चेहरा! होठों पर ज़रा-ज़रा मुस्कान! वह काफी दूर, महाबलेश्वर से चलकर आयी थी। वहाँ उसकी शूटिंग चल रही थी। लोनावाला और महाबलेश्वर में लगभग सौ मील की दूरी! समूची गाड़ी पर धूल जमी हुई! उसकी पार्टी में शामिल थे—वहीदा और उसकी दीदी और जीजा!

मैं यह सोचता रहा कि इन्हें कैसे ख़बर मिली कि हम सब यहाँ हैं? तो क्या गुरुदत्त के साथ वहीदा का कोई घनिष्ठ रिश्ता है?

मैंने ही पूछा, 'आपको कैसे पता चला कि हम सब यहाँ हैं?'

'गुरु से जो भेंट हो गयी—'

'कहाँ?'

'गुरु के फार्म में!'

गुरुदत्त का फार्म ऐन पूना रोड पर ही स्थित था! उस सड़क से गुज़रते हुए, उसका फार्म नज़र आ जाता था। छोटा-सा बंगला! ऊपरी सिरे पर लाल टाली का छादन! सामने हरे रंग की जाली और चारों तरफ खेत!

वहीदा के साथ आये लोगों को चाय पेश की गयी। वहीदा ने सबको गूलर खिलाये। महाबलेश्वर के गूलर बेहद विख्यात हैं, बड़े-बड़े गूलर, सन्तरे के आकार के! बेहद मीठे! खाने में अमरूद से भी ज़्यादा स्वादिष्ट! वह टोकरी भर गूलर दे गयी।

'गुरु से ही सुना कि आप सभी लोग यहीं हैं, इसीलिए मिलने चली आयी।' वहीदा ने कहा!

दो बहनें! बचपन से ही नाच में प्रवीण। बाद में, बड़ी बहन ने नाच छोड़ दिया, क्योंकि उसका शरीर भारी हो आया था। लेकिन छोटी बहन ने न नाच छोड़ा, न वह मोटी हुई।

वहीदा बताती रही, 'मेरी तो जान हलाकान हो गयी है। शूटिंग करते-करते, कभी किसी दिन भी मिनट भर भी आराम करने की फुर्सत नहीं मिल पाती। यह जो थोड़ी-बहुत बातें कर लीं, बस, इतने-से ही मेरे आराम के पल नसीब हुए हैं।'

कुछ देर बाद वे उठ खड़े हुए। अभी पूरे अस्सी मील का सफ़र तय करने के बाद ही, वे लोग बम्बई पहुँचेंगे। इसलिए मैंने उन लोगों को नहीं रोका। उस दिन उन लोगों के जाने के बाद, काफी देर तक मैं गुरु और वहीदा के रिश्ते के बारे में

सोचता रहा। बम्बई आने के दिन से ही वहीदा और गुरु के बारे में सुनता आ रहा था। फ़िल्मी दुनिया में जितनी-जितनी अफवाहें उड़ती रहती हैं, साहित्य की दुनिया में ऐसी अफवाहें एक प्रतिशत भी नहीं उड़तीं।

'आप तो यहाँ किसी से मिलते-जुलते नहीं, इसलिए आपको ख़बर नहीं होती। लेकिन यहाँ की कई-कई पत्रिकाएँ और फ़िल्मी दुनिया के कुछेक लोग अफवाहें उड़ा-उड़ाकर मेरा पारिवारिक जीवन तक तबाह करने को तुले हुए हैं–' गुरु ने ही बताया।

'कुछ-कुछ बातें तो मेरे कानों तक भी पहुँची हैं।' मैंने कहा।

'लेकिन, जानते हैं कि मैं हमेशा अपनी घर-गृहस्थी में सुखी होना चाहता था। पाली हिल में जितने सारे मकान-इमारतें हैं, उन सबमें मेरा घर सबसे ख़ूबसूरत है। उस मकान में बैठकर, ऐसा बिल्कुल नहीं लगता कि आप बम्बई में हैं। वह बगीचा, वह परिवेश–मुझे और कहाँ मिलेगा? इसके बावजूद मैं उस मकान में ज़्यादा देर तक नहीं टिक पाता–'

बाद में, सचमुच मैंने कई बार देखा, गुरुदत्त सुबह-सवेरे ही घर से निकल जाता था, सीधे स्टुडियो में जा घुसता था। उस दिन शायद छुट्टी होती थी या स्टुडियो बन्द होता था। कहीं कोई नहीं होता था। चारों तरफ साँय-साँय करता हुआ सन्नाटा! रतन उसके कमरे का ताला खोलता था, अन्दर जाकर ए सी ऑन करता था। गुरु का पेट-फूला बैग एक ओर रख देता था। किसी तरफ, कहीं कोई आवाज़ नहीं। कोई आहट नहीं! गुरु कुछ देर अपनी कुर्सी पर खामोश बैठा रहता था। उसके बाद, वह अपने छोटे-से चैम्बर में जा घुसता था। वह उसका मेक-अप रूम था। पाँच फुट बाई पाँच फुट कमरा! कमरे में एक क़ीमती बेड! दरवाज़ा अन्दर से बन्द करके, गुरुदत्त उसी बिस्तर पर लेट जाता था। कुछ ही देर में नींद में बेसुध हो जाता था। उसके बाद उसकी कहीं कोई आहट नहीं मिलती थी। कोठरी के उस अकेले, निर्जन एकान्त में वह सोये-सोये, पूरा दिन गुज़ार देता था। उस इन्सान की नींद-जगी पलकों में एक अजीब-सी नींद उतर आती थी।

उसके बाद, जब रात के आठ बज जाते थे, तब घण्टी बज उठती थी और रतन फौरन हाज़िर हो जाता था। चाय आ जाती, सिगरेट चली आती।

'चलिए, बिमल बाबू, अब घर चलें–' वह कहता था।

आखिर वह किस क़िस्म का इन्सान था, यह मैं आज तक नहीं समझ पाया। ऐसे एकान्त मकान होते हुए, वह सोने के लिए, स्टुडियो में क्यों चला आता था? घर में क्या वह नहीं सो सकता था? या यह भी उसकी अशान्ति की एक अभिव्यक्ति थी? अशान्ति न होने सी अशान्ति! सब कुछ होते हुए भी कुछ भी न होने का एहसास! सब कुछ पाकर भी, कुछ न पाने का हाहाकार था! जो रब, इन्सान को रोग-शोक देता है, वही उसे सुख भी तो देता है। लेकिन गुरु को यह उसकी कैसी विचित्र भेंट थी?

सुख देकर भी, सुख न देने की अतृप्ति! धन-दौलत, मान-सम्मान और प्रतिष्ठा के साथ-साथ रब ने उसे अनर्थ, बर्बादी, अपयश और अपवाद भी दे डाला।

शाम को हम सब मिलकर गुरु के फार्म पर पहुँचे। हमें देखकर गुरु खुश हो उठा।

'वहीदा आयी थी–' मैंने बताया।

'हाँ, यहाँ भी आयी थी–'

इतना कहकर, वह किसी सोच में पड़ गया। वह शायद कुछ बताना चाहता था, मगर अगले ही पल वह टाल गया। मैंने गुरु को निरखते हुए, उसके मन के अन्दर झाँकने की कोशिश की। लेकिन अपने मन के बारे में गुरु बेहद सजग रहता था। मैंने देखा है, लोग-बाग़ रुपये-पैसों के मामले में ज़रा सजग रहते हैं। लेकिन, काश, गुरु अपने दिल के मामले में ज़रा कम सजग रहता! बहुत बार यह ख़याल आया है कि काश, गुरु ज़रा कंजूस होता, तो बेहतर होता; काश, वह ज़रा स्वार्थी होता, तो बेहतर होता, काश, उसमें औरतों के प्रति ज़रा-सी कमजोरी होती, तो बेहतर होता। औरों का चाहे भला न होता, तो कम से कम उसका तो भला होता। अगर ऐसा होता, तो वह कम से कम अपने दिल की बात भूला रहता; अपने दिल के दर्द से उसे रिहाई मिल जाती।

वहीदा रहमान कुछ ही देर बाद हमारे यहाँ से चली गयी। गुरुदत्त से भी भेंट कर गयी; हम सबसे भी मुलाकात कर गयी। वह कई-कई फ़िल्मों में व्यस्त थी। बातें करने, आराम करने तक के लिए उसे फुर्सत नहीं थी।

बातों ही बातों में उसने यह भी कहा, 'ज़रा अच्छी तरह, भर पेट खाने तक का भी वक़्त नहीं मिलता।'

ख़ैर, गुरु को भी मैंने कई बार खाते हुए देखा था। मुझे याद है, उन दिनों मैं मद्रास में था। वेनस स्टुडियो में जाने किस फ़िल्म पर कामकाज चल रहा था। किसी-किसी दिन, मैं भी वहाँ मौजूद रहता था। खाने की पुकार हुई। तरह-तरह के व्यंजन! मेज़ ख़ाने के व्यंजनों से भरी हुई! वे व्यंजन देखते ही, खाने का लोभ हो आये। लेकिन, जब खाने पहुँचा, तो गुरु वहाँ नहीं था। अरे, गुरु कहाँ गया?

बगल के कमरे में जाकर देखा, गुरु एक मेज़ के सामने बैठा-बैठा सूखी रोटियाँ चबा रहा था।

'क्या बात है? आप यहाँ अकेले बैठे-बैठे खा रहे हैं?'

गुरु हँस पड़ा, 'मेज़ पर भात भी रखा हुआ है। वहाँ बैठा, तो लालच में पड़कर सारा का सारा भात खुद ही खा जाऊँगा।'

भात खाने के लोभ से डरकर, गुरु सबके साथ एक मेज़ पर बैठकर, खाना नहीं खाता था। कभी-कभी मैं यह भी देखता था कि वह गेहूँ के दाने की लप्सी खा रहा है।

मैं ज़रा अचम्भे में पड़ जाता था। फ़िल्मी दुनिया से मैंने कभी किसी दिन मेल-जोल नहीं बढ़ाया या यह कहूँ कि मेल-जोल हुआ ही नहीं, हालाँकि घटनाचक्र में मेरी किस्मत बार-बार मुझे फ़िल्म थियेटर की तरफ ही खींच ले गयी।

वहीदा रहमान की जुबानी उस दिन, जब मैंने वह जुमला सुना, फ़िल्मी अभिनेता-अभिनेत्रियों के बारे में, मेरी उत्सुकता और बढ़ गयी। वैसे सभी इन्सानों के प्रति मेरा अदम्य कौतूहल रहता है। इन्सानों के चरित्र को लेकर ही, मेरा कारोबार चलता है। उस पर से फ़िल्मों से जुड़े लोगों के चरित्र तो और भी अजीबो-ग़रीब होते हैं।

वहीदा रहमान के चले जाने के बाद, फिर वही रुटीन शुरू हो गया। वही लिखना, लिखने की नक़ल करना, अनुवाद करना और फिर टाइप करना। ज़िन्दगी में वे कुछेक दिन, मेरी यादों में आज भी बसे हुए हैं। फ़िल्म-स्क्रिप्ट पहले भी लिखता रहा हूँ, लेकिन सन् 1960 की मार्च-अप्रैल का वह डेढ़ महीना, बड़े आनन्द में गुज़रा था, यह बात आज भी याद है। वे यादें, मेरे दिल में ख़ासतौर पर अक्षत हैं, और किसी वजह से नहीं, गुरुदत्त की वजह से। गुरुदत्त! ऐसा कोई महामानव नहीं था। लेकिन महामानव न होते हुए भी, ऐसे चरित्र का इन्सान था, जो इन्सानों की दुनिया में दुर्लभ है। मेरा अपना ख़याल है कि अगर गुरुदत्त को न देखा होता, तो काफी कुछ देखना बचा रह जाता। ख़ैर जो भी हो, एक दिन फ़िल्म की स्क्रिप्ट पूरी हो गयी। सभी लोग खुश थे। सभी लोगों को वह स्क्रिप्ट पसन्द आयी। गुरु के चेहरे पर हँसी झलक उठी।

'स्क्रिप्ट अच्छी बनी है–'

'मैंने अपने ढंग से लिख दिया। अब आप अपने मन-मुताबिक बना लीजिएगा।'

'मैं अगर अपने मन-मुताबिक इसमें कुछ हेर-फेर करूँ, तो आपको कोई एतराज़ है?'

'नहीं, मुझे कोई एतराज़ नहीं होगा, क्योंकि 'साहब-बीवी-गुलाम' लोगों के घर-घर पहुँच चुका है, एकबारगी रसोईघर में घुस चुका है। आप इसे वहाँ से हटा-बढ़ा नहीं सकते।'

बहरहाल, उस दिन यही बातें हुईं। सभी लोग, उस समय थके हुए थे। अगले दिन अबरार आल्वी ने विदा ली। मिस भालेकर भी चली गयी। अमलेन्दु बोस भी बाय-बाय करके चला गया। सभी का गन्तव्य बम्बई! लोनावाला से नब्बे मील दूर! सारा मकान खाली हो गया। किसी दिन जो घर हम पाँच लोगों की हँसी और गपशप की आवाज़ों से गुलज़ार था, वही घर अब बिल्कुल शान्त था। चारों तरफ सन्नाटा पसरा हुआ था।

उस दिन मैं भी थकान के मारे दोपहर को सो गया। जब मेरी आँख खुली, तब अच्छी-ख़ासी शाम हो चुकी थी।

मैंने रतन से ही पूछा, 'गुरु कहाँ है?'

'साहब फार्म पर गये हैं।'

मैं चकरा गया। गुरु चला गया, मुझसे कहकर भी नहीं गया।

रतन ने कहा, 'जाते समय साहब आपको ख़बर देने आये थे, आप उस वक़्त सो रहे थे, इसलिए आपको जगाया नहीं। आपको वहाँ पहुँचने को कह गये हैं।'

वही किया गया। उस वक़्त भी, उस घर में रहने का मेरा भी मन नहीं हो रहा था। समूचा मकान, मेरे लिए नीरस हो आया था। मुझे ऐसा लगा, मानो मैं 'साहब-बीवी-गुलाम' के टूटे-फूटे खँडहर में बैठा हुआ हूँ और मेरे सामने भाभी-श्री का वही कंकाल पड़ा है।

गाड़ी तैयार थी। इस बार खुद ही गाड़ी ड्राइव करके, मैं गुरु के फार्म पर जा पहुँचा। उस वक़्त अँधेरे ने सारा कुछ ढँक लिया था। फार्म के भीतर, चारों तरफ झींगुरों की आवाज़ें। सारा कुछ निर्जन! एकान्त! सिर्फ कमरे में एक पेट्रोमेक्स जल रहा था।

मेरी गाड़ी मकान के अन्दर दाखिल होते ही, गुरु बाहर निकल आया। बदन पर लुंगी-गंजी, पाँवों में चप्पल! हाथ में रंग की तूली।

'क्या कर रहे थे?' मैंने पूछा।

'खिड़की-दरवाज़े रँग रहा था।'

मैं हतप्रभ! गुरु खिड़की-दरवाजे रँग रहा है? उसे क्या लोगों की कमी है? उसे क्या पैसों की कमी है?

'आइए, अन्दर आइए! बस, ज़रा-सा हिस्सा रँगना बच रहा है–'

उस शाम, उस खाली-खूली खेतों के बीच, छोटे-से एक बंगले के कमरे के अन्दर, मैंने गुरु का और एक रूप देखा, पाँवों में रबड़ की चप्पल! कमर में चारखाने की लुंगी, बदन पर सैंडो गंजी! वह दत्तचित्त होकर काठ की जाली पर ब्रश फेरता रहा। गुरु का यह रूप पहले, कभी, किसी ने नहीं देखा था। लोगों ने गुरु का गाड़ी ड्राइव करना देखा था; गुरु का घर-बंगला देखा था; गुरु की ऐक्टिंग भी बहुत-से लोगों ने देखी होगी। बाहर से देखकर सभी लोग गुरु को फ़िल्मी दुनिया के शौकीन शख़्स के रूप में ही जानते थे। लेकिन यह क्या? यह कौन-सा रूप?

गुरु ने काम करते-करते ही कहा, 'बिमल बाबू, अब मैं कुछ दिनों के लिए छुट्टी लूँगा–'

छुट्टी! गुरु की छुट्टी लेने की बात सुनकर मैं अचकचा गया। जो लोग पराये लोगों की नौकरी नहीं करते, वे लोग आज़ाद होते हैं। मेरा ख़याल था कि उन आज़ाद लोगों का हर काम ही छुट्टी का काम होता है। मसलन–मैं! मैं जो फ़िल्म के काम से बम्बई चला आया, वह क्या कोई काम है? कहानी को फ़िल्म-रूप देने का काम भी तो छुट्टी का काम है। जिस काम में खुशी मिलती है, उस काम को मैं काम नहीं कहता। वह काम ही छुट्टी कहलाती है। मैं सुबह से लेकर, दिन-भर, अगर उपन्यास लिखूँ, वह तो मैं खुशी पाने के लिए ही करता हूँ। यह क्या मेरा पेशा है? शायद पेशा

ही हो! लेकिन इसका नब्बे शतांश तो नशा है। अगर मैं कामकाज को ही, आनन्द के जरिये अपना पेशा बना लूँ, तो वह काम, काम जो नहीं रह जाता। इस ज़रिये से अगर दौलत आती है, तो आये, अगर आये तो भला, न भी आये तो यह नशा क्या मैं छोड़ सकता हूँ? नहीं! लिखकर जो पैसे मिलते हैं, उसे मैं अपनी ऊपरी आय मानता हूँ! आनन्द ही मेरी असली तनख्वाह है। किताबों की रॉयल्टी मेरी खुराकी है, तनख्वाह है, मेरा आनन्द! इसी आनन्द की उम्मीद में ही तो रात-दिन लिखता रहता हूँ। इसीलिए यह आनन्द जीने में भी अगर कोई हिस्सा बँटाने आता है, तो विरोध छिड़ जाता है। तब मेरे एकछत्र आनन्द-जगत् में टूटन शुरू हो जाती है। उन पलों में मारे झुँझलाहट के यह कहने का मन करता है—अब मुझसे नहीं होता। अब मैं लिखना-विखना छोड़ दूँगा।

गुरुदत्त से मेरी इस बारे में भी बातचीत हुई।

जब कभी हम दोनों अकेले होते थे, दोनों अपना दिल खोलकर रख देते थे। मैंने महसूस किया, गुरु के अन्दर दो-दो सत्ताएँ विद्यमान हैं। एक तरफ वह विलासी, भोगी और विख्यात शख़्स था। वहाँ वह हैरान-परेशान रहा करता था। इन्कम-टैक्स, वकील, स्टुडियो में परम व्यस्त! परम परेशान! लेकिन साथ ही, दूसरी तरफ वह ज्ञानी, धीर, स्थिर, विवेकवान, दयालु, दानी, निस्पृह, निर्विकार और अहंकार-मुक्त था।

मैं इस दूसरे क़िस्म के इन्सान को मन-प्राण से प्यार कर बैठा था। उसकी यह दूसरी सत्ता, रात जाग-जागकर साहित्य-विज्ञान की किताबें पढ़ता था। वह इन्सान अत्यन्त भिखारी था। सड़क-घाट पर उसके दिन गुज़रते थे। भगवान है या नहीं, इसी सोच में वह डूबा रहता था। वह इन्सान बेहद निःसंग था! बेहद अकेला! उस इन्सान की ज़रूरतें बेहद मामूली थीं। एक जोड़ी रबड़ की चप्पल, एक अदद सैंडो गंजी और एक लुंगी भर से उस शख़्स का काम चल जाता था। इसीलिए वह इन्सान बीच-बीच में पान्ताभात खाता था, लइया चबाता था। इसीलिए उस शख़्स की जेब में कभी पैसे नहीं होते थे।

गुरुदत्त की इस दूसरी सत्ता को कोई पहचान नहीं पाया। वहीदा रहमान ने नहीं पहचाना, गीता ने भी नहीं पहचाना। गुरुदत्त की अपनी सगी माँ ने भी नहीं पहचाना। गुरु के भाई-बहन-जीजा, यार-दोस्त, सहकर्मी—किसी ने नहीं!

इसीलिए गुरु के चरित्र के शुरुआती पक्ष की जानकारी हर किसी को हुई। पत्र-पत्रिकाओं और दोस्त-महल में वही पक्ष उजागर हुआ। वे लोग उसके साथ, एक मेज के सामने बैठकर, अड्डेबाजी करते रहे; ताश-पत्ती खेली है; ज़ोर-ज़ोर से ठहाके लगाये हैं; गाने गाये हैं; हो-हल्ला मचाया है और रात तीन-चार रात तक, उसी तरह जगे रहे हैं।

इसका निदर्शन भी मैंने देखा है। घनिष्ठ ढंग से हिल-मिल जाने के इरादे से, मैंने गुरु के दोनों ही रूप देखे हैं। उसके दोनों ही रूप सच थे; दोनों ही रूप ध्रुव

थे। लेकिन, मुझे लगता था, उसका असली रूप, संन्यासी का रूप था। मैंने मन ही मन हिसाब लगाया था, इस बिन्दु पर वह और मैं कहीं बेहद एकात्म थे। लोनावाला के उस पहाड़ पर पूरे डेढ़ महीने कितनी ख़ामोशी से गुज़र गये। अब फ़िल्म-स्क्रिप्ट भले हो या न हो; फ़िल्म भी भले हो या न हो; मुझे इस बारे में कोई सिर-दर्द नहीं था। मैं फ़िल्मों का कारोबारी नहीं हूँ। वह मेरे इख़्तियार से बाहर की बात थी। लेकिन इस गुरुदत्त को तो मैंने देख लिया। अगर मैं यहाँ न आता, तो फ़िल्मी दुनिया के बाहर के इस संन्यासी, गुरु के तो दर्शन नहीं होते।

उस वक़्त भी गुरुदत्तचित्त होकर जाली रँगने में जुटा हुआ था।

थोड़ा ठहरकर मैंने सवाल किया, 'छुट्टी लेकर कहाँ जाएँगे?'

'लन्दन–!'

इस बार मैं और ज़्यादा चकरा गया। काशी नहीं, पुरी नहीं, काश्मीर भी नहीं, सीधे लन्दन?

गुरु ने दुबारा कहा, 'मेरा भाई, आत्मा, वहाँ नौकरी करता है, उसके पास जाऊँगा। फॉरिन-एक्सचेंज की भी मुझे कोई चिन्ता नहीं है।'

'फ़िल्म कब शुरू करेंगे?'

'मेरी फ़िल्म, 'चौदहवीं का चाँद' पूजा से पहले रिलीज हो जाएगी। उससे पहले ही लौट आऊँगा। तब तक अबरार, हिन्दी स्क्रिप्ट तैयार कर लेगा। इस साल के अन्त तक शुरू कर दूँगा।'

'प्रोड्यूस कौन करेगा?'

'समझ में नहीं आ रहा है। मैं भी कर सकता हूँ। ज़िन्दगी में, ढेरों फ़िल्में बनाई हैं। लेकिन, यह फ़िल्म बहुत अच्छी तरह बनाना चाहता हूँ। इससे पहले, कभी भी, यूँ पूरी फ़िल्म-स्क्रिप्ट पूरा करके, फ़िल्म बनाने नहीं उतरा–'

बेहद स्वस्थ मन, स्वस्थ चित्त से हमारी बातें हो रही थीं।

ऐसे में बाहर, अचानक गाड़ी आकर रुकने की आवाज़ आयी। मैंने बाहर की तरफ देखा, कुछ लोग आये थे। तीन सज्जन! वे लोग गुरु के यार-दोस्त थे। गुरु को देखकर वे लोग हो-हुल्लड़ मचाने लगे। गुरु के चेहरे पर भी उल्लास की तस्वीर खिल उठी।

गुरु ने कहा, 'अरे, अरे, तुम लोग कहाँ से, यार।'

'अरे, भई समूची बम्बई छान डाली, तुम नहीं मिले। अन्त में पता चला, तुम लोनावाला में हो।'

उसके बाद तो जैसे विस्मय का तूफान उमड़ आया। गाड़ी से कई दर्जन सोडा की बोतलें, व्हिस्की, बर्फ वगैरह उतारी गयीं। इसके अलावा मुर्गी, पावरोटी, अण्डे वगैरह-वगैरह!

उसके बाद हो-हुल्लड़ शुरू हो गया। उस दिन मेरी नज़रों के सामने एक और

नज़ारा शुरू हो गया। उस दिन, गुरु का और एक रूप झलक उठा। जो गुरु मेरे साथ एक क़िस्म का बर्ताव करता रहा था, वही गुरु उन लोगों के साथ बिल्कुल अलग ढंग से पेश आ रहा था।

मेरा मन असहनीय दर्द से भर उठा।

मेरे मन ने कहा—यह क्या हुआ? मैं तो इस गुरु को नहीं पहचानता। यह गुरु तो वह नहीं है, जिसे मैंने देखा था। जिस गुरु की मैं श्रद्धा करता था, प्यार करता था, वह गुरु जैसे उन लोगों में खो गया। वह उन लोगों में एकाकार हो गया। उन लोगों ने गुरु को जैसे मुझसे छीन लिया। मैं दर्द से हाहाकार कर उठा।

काफी दिन गुज़र जाने के बाद, मैंने गुरु से पूछा था, 'उन लोगों के साथ, आप इस ढंग से मिल-जुल कैसे लेते हैं?'

गुरु हँस पड़ा, 'अभी आपने देखा ही कितना है। ज़िन्दगी में मुझे इन लोगों से भी ज़्यादा जघन्य लोगों से हेल-मेल करना पड़ा है। मैं ठहरा कलकतिया जीव। वहीं पला-बढ़ा, बड़ा हुआ। वहाँ फसील के उस पार, विष्टु घोष का अखाड़ा था, वहीं मैं अड्डेबाजी करता था—'

फसील के पार, विष्टु घोष के अखाड़े का नाम मैंने भी सुना था। मुझे यही जानकारी थी कि वहाँ योग-व्यायाम सिखाया जाता है। इससे ज़्यादा मुझे और कोई जानकारी नहीं थी। वहाँ के बारे में मैंने गुरु से ही पूरी कहानी सुनी। लेकिन उस अखाड़े के किसी भी सदस्य को मैं पहचानता नहीं था। गुरु के कलकत्ता के बारे में मुझे सारी जानकारी उसी से मिली। कलकत्ता की सारी अली-गली उसे रटी पड़ी थी। वहीं पहली बार उससे नाच सिखाने का आग्रह किया गया। उस ज़माने में कलकत्ता की संस्कृति में जो शामिल थे, वे थे—उदयशंकर का नाच, मोहन बागान क्लब द्वारा फुटबॉल का खेल और न्यू थियेटर्स की फ़िल्में! कहना चाहिए, तीस और चालीस के दशक में कलकत्ता की संस्कृति का यही रूप विद्यमान था। उस ज़माने में बंगाल के लोगों ने इन्हीं तीनों प्रतिष्ठानों को ब्लैंक चेक लिख दिया था। घटना चक्र में गुरुदत्त के पिता, ठीक उसी समय, यहाँ आकर हाज़िर हुए! शायद गुरु को भविष्य की कार्य-पद्धति की बुनियादी गढ़ने का मौका देने के लिए ही वे यहाँ आ पहुँचे थे।

गुरु ने बताया, 'उसके बाद मैं अलमोड़ा चला गया, उदयशंकर के दल में शामिल होने के लिए—'

वहाँ उन्होंने उदयशंकर नृत्यशाला खोली थी, जहाँ नृत्य सिखाया जाता था। गुरुदत्त के लिए यह अद्भुत तजुर्बा था। उसका विस्तृत विवरण दिये बिना, उस प्रतिष्ठान को यथार्थ मर्यादा नहीं दी जा सकेगी।

उसी का विवरण देते हुए, गुरु ने कहा था, 'उस समय मेरी उम्र कुल उन्नीस साल थी। बिल्कुल कच्चा मन! जो कुछ भी देखता था, मेरे मन पर उसी की छाप पड़ जाती थी। मैंने देखा, ज़िन्दगी कितनी जटिल है और कितनी सहज भी। वहीं

मैंने देखा, ज़िन्दगी कितनी जटिल है, लेकिन कितनी महान। वहीं मेरी समझ में आया कि बाहर की दुनिया में जिन लोगों की ख्याति है, आड़ में वे ही लोग क्या हैं? बस, उसी दिन से मेरी अपनी ज़िन्दगी ने भी उसी ढंग से आकार ले लिया। मैंने सोचना सीखा–'

'उसके बाद?'

'उसके बाद, मैं पूना चला आया, प्रभात फ़िल्मूस के स्टुडियो में। वहाँ आकर, मेरा देखना पूरा हो गया। मैंने देखा, फ़िल्म किसे कहते हैं? फ़िल्म कैसे तैयार की जाती है? फ़िल्मी लोगों के खून-मांस के चेहरे कैसे होते हैं–'

'उसके बाद? उसके बाद क्या हुआ?'

एक इन्सान जब बचपन से धीरे-धीरे बड़ा होता है, सैकड़ों घात-प्रतिघातों में वह आकार लेता है। बाहर और अन्दर के तकाजों के मुताबिक, उसके मन का गठन शुरू होता है। उसके बाद, कोई प्रतिष्ठित होता है, कोई लोगों की भीड़ में गुम हो जाता है। जो व्यक्ति लोगों की भीड़ में एक बार खो जाता है, वह दुबारा अपने को नहीं खोज पाता। वह दुनिया को भी नहीं जान पाता। वह अपने अस्तित्व को भी नहीं पहचान पाता। लेकिन जो खो नहीं जाता, वह गुरुदत्त बन जाता है। मेरा यह 'नींद नहीं आती' यानी विनिद्र उन्हीं लोगों का प्रतीक है, जो गुरुदत्त की तरह तन्त्र-मुक्त होकर, जीवन में छाप छोड़ जाने की प्रतिज्ञा पर दृढ़ संकल्प होते हैं।

इसके बाद, मैं कलकत्ता लौट आया। मेरा लेखन फिर शुरू हो गया। मैं अपने लेखन में डूब गया।

लेकिन बेहद अद्भुत तरीके से, बम्बई से दुबारा बुलावा आ पहुँचा। सन् 1961 की पहली जनवरी को सरकार की तरफ से बम्बई में रवीन्द्र जन्म-शतवार्षिकी उत्सव के उद्घाटन के लिए मुझे आमन्त्रित किया गया। मुझे बम्बई जाना था। मेरे साथ कई और साहित्यकार भी जा रहे थे। इस बार मुझे ट्रेन से जाना था। मैंने सोचा, जब बम्बई जा ही रहा हूँ, तो गुरुदत्त से भी एक बार फिर भेंट हो जाएगी। यही सोचकर, मैंने गुरु को भी फोन पर सूचित कर दिया कि मैं फिर बम्बई आ रहा हूँ, उससे भी भेंट होगी।

सन् 1960 की 30 दिसम्बर को, सुबह दस बजे मैं बम्बई के विक्टोरिया टर्मिनस में उतरा। मेरे साथ और भी कई साहित्यकार मित्र थे। 'देश' पत्रिका के सागरमय घोष भी मेरे साथ थे। उनके अलावा, प्रमथनाथ बीशी, रमापद चौधरी, गजेन्द्र कुमार मित्र भी मौजूद थे। इन साहित्यकारों के साथ-साथ, कई अन्य सहयात्री भी थे।

ट्रेन से उतरकर, अपना माल-पत्तर लिये-दिये मैं गेट से बाहर निकल ही रहा था कि अचानक रतन पर नज़र पड़ी। गुरुदत्त का ख़ास चपरासी, वही रतन! वही निर्विकार दृष्टि! वही पथराया चेहरा!

'क्या ख़बर है, रतन? तुम्हारे साहब कैसे हैं?' मैंने पूछा।

'मजे में हैं, हुजूर, आपके लिए गाड़ी भेजी है। मैं आपको लेने आया हूँ।'

'सुनो, अपने साहब को कहना, मैं दो-तीन दिनों बाद उनसे मिलने आऊँगा।'

'आप अपना पता, इस काग़ज़ पर लिख दें हुजूर!'

उसने अपनी जेब से कागज का एक टुकड़ा निकालकर मेरे सामने कर दिया।

मैंने उस काग़ज़ पर अपना पता, होटल का नाम लिखकर, उसे थमा दिया। रतन सलाम करके चला गया।

मैजेस्टिक होटल! वहाँ हम सभी लोग ठहरे थे। पाकिस्तान से डेलिगेट बनकर तशरीफ लाये थे—जसीमुद्दीन साहब! अर्से बाद सबसे भेंट-मुलाकात हुई। लेकिन मेरे मन को चैन नहीं था। पूरी तरह जी खोलकर अड्डा भी नहीं दे पा रहे थे। जनवरी को रवीन्द्र शतवार्षिकी उत्सव का उद्घाटन था। पंडित नेहरू उस समारोह का उद्घाटन करने वाले थे।

उस बार बम्बई मेरे लिए पुरानी जगह बन चुकी थी। सन् 1958 में एक बार पहले भी बम्बई का चक्कर लगा चुका था। उस बार पन्द्रह दिन रहा था। तभी पूरा शहर देख चुका था। हम सब मिलकर, एक बार फिर, बम्बई-दर्शन को निकल पड़े। समुद्र-तट पर जहाज़ों की क़तार! लेकिन, मेरे मन के अन्दर उस वक़्त भी अशान्ति मची हुई थी। 'खरीदी कौड़ियों मोल' पूरे दम से ज़ारी था। पाठक-पाठिकाएँ उत्कंठित हो उठे थे और मैं यहाँ आराम फरमा रहा था। यह सही नहीं था। लेखक को आराम नहीं करना चाहिए। लेखक विनिद्र होता है। अगर उसमें आराम, नींद, भूख मौजूद हो, तो लेखन बिगड़ जाता है। लेखक को भी अपने पाठकों के समानान्तर, समान आग्रह, समान कौतूहल से लिखते जाना चाहिए। पाठकवर्ग विनिद्र होते हैं, लेखक भी विनिद्र होता है।

शाम को सागर बाबू ने कहा, 'कल आपको 'खरीदी कौड़ियों मोल' की किस्त भी देनी है, याद है न?'

मैं भी यही सोच रहा था। मैं बम्बई में ज़रूर था, लेकिन मन लेखन में पड़ा हुआ था। उस वक़्त मैं कालीघाट की सड़कों पर कथा-नायक दीपंकर के साथ घूम-फिर रहा था।

अगला दिन, 31 दिसम्बर था! मैं मुँह अँधेरे उठ बैठा। उस वक़्त मेरे दल के और-और लोग गहरी नींद में बेसुध थे। मैंने अपने कमरे में रखी हुई टेबल-लैम्प जला ली। मेरे कमरे के दूसरे बेड पर सागरमय बाबू गहरी नींद में खोये हुए थे। मैंने ध्यान रखा कि टेबल लैम्प की रोशनी, उनकी आँखों पर न पड़े। मेरा लिखना शुरू हो गया। एक पन्ना... दूसरा पन्ना... तीसरा पन्ना! लगातार पाँच पन्ने लिखे जा चुके थे।

सुबह-सुबह अचानक दरवाज़े पर दस्तक!

'कौन?' मैंने पूछा।

दरवाज़ा खोलते ही, सामने प्रमथनाथ बीशी! उस दिन तड़के ही उनकी नींद

टूट गयी।

उन्होंने पूछा, 'क्या कर रहे हैं? लिख रहे हैं? अच्छा है! बहुत अच्छा है! हर रोज़, उठकर अलस्सुबह ही लिखा करें। सुबह के वक़्त अच्छा लिखा जाता है।'

'नहीं, नहीं, ऐसी बात नहीं है! सुबह के वक़्त, मैंने ज़िन्दगी में कभी नहीं लिखा। यहाँ लाचारी में लिखना पड़ रहा है।'

'सागर सो रहा है?'

प्रमथ बाबू की जलद-गम्भीर आवाज़ सुनकर, सागर बाबू की रही-सही नींद फुर्र हो गयी।

'अरे, नहीं, नहीं, सागर, उठो मत! उठो मत! अभी और सो लो! मैं तो सिर्फ़ यह देखने आया था कि तुम लोग क्या कर रहे हो–'

लेकिन परदेस में, जब हम सभी लोग एक छत तले जमा हों, तो गपशप किये बिना भला चलता है? प्रमथ बाबू गपशप के इरादे से जमकर बैठ गये। मैंने भी अपने लिखे हुए आखिरी पन्ने पर 'क्रमशः' लिख दिया। उसके बाद, किसी आदमी के मारफत 'देश' पत्रिका के बम्बई कार्यालय को भेज भी दिया गया। वहाँ से वे लोग अगले हफ्ते की किस्त प्रकाशन के लिए कलकत्ता भेज देंगे।

शाम को होटल से निकलकर, हम मीटिंग की जगह भी देख आये। उसकी बगल में ही एम. एल. ए. लोगों का विराट क्वार्टर! वहाँ भी सैकड़ों डेलीगेट ठहरे हुए थे।

होटल लौटकर हम फिर गपशप में डूब गये।

अचानक मेरे लिए फोन!

'जी... कौन बोल रहा है?'

'मैं हूँ...गुरुदत्त! बम्बई आकर, आप होटल में ठहरे हैं? फौरन चले आइए! मैं गाड़ी भेज रहा हूँ।'

'आज तो आना मुश्किल है, गुरु साहब! मैं एक कॉन्फ्रेंस में आया हूँ। कल पंडित नेहरू, इस समारोह में लेक्चर देने आ रहे हैं। जब तक नेहरू जी का लेक्चर नहीं हो जाता, यहाँ से हिलने का उपाय नहीं है।'

'ठीक है! तो फिर कल ही गाड़ी भेज दूँगा।' आप वहाँ से सीधे मेरे स्टुडियो में चले आइएगा।'

'क्यों? स्टुडियो क्यों?'

'कल साहब-बीवी-गुलाम' का मुहूरत है। उसके बाद, फ़िल्म की शूटिंग का पहला दौर शुरू हो जाएगा। आप वहीं आयें।'

गाड़ी जब होटल आ पहुँची, उस वक़्त पण्डाल के अन्दर पंडित नेहरू का भाषण चल रहा था। उनका भाषण जैसे ही ख़त्म हुआ, मैं दल का संग-साथ छोड़कर अकेले ही

बाहर निकल आया। फटाफट होटल लौटा; कपड़े-लत्ते झटपट सूटकेस में ठूँसे और होटल को अलविदा कह दिया। पीछे पड़ा रहा कॉन्फ्रेंस! साहित्यिक कॉन्फ्रेंस वगैरह में मेरी कभी भी आस्था नहीं थी। मैं सभा-समितियों में कभी जाता भी नहीं! सच तो यह था कि दल में पड़कर सबके साथ चला आया था और सोचा था दो-चार दिन आराम कर लूँगा। लेकिन गुरु का आकर्षण उससे भी बड़ा था। गुरु का बुलावा आते ही, सभा का आकर्षण मेरे लिए निष्प्रभ हो गया था।

मेरी कहानी पर फ़िल्म बन रही थी, इसलिए नहीं, बल्कि फ़िल्म से ज़्यादा बड़ा आकर्षण गुरु का था। कहाँ तो मैंने मई महीने के अन्त में फ़िल्म स्क्रिप्ट पूरी की, कहाँ, आज पहली जनवरी! यानी लोनावाला के उन आरामदेह दिनों के बाद, सात महीने गुज़र चुके थे। इस बीच कितनी ही घटनाएँ हो गयीं। गुरु महीने भर के लिए लन्दन की सैर कर आया। अबरार आल्वी ने हिन्दी में फ़िल्म स्क्रिप्ट पूरी कर ली थी और उसकी टेप-रिकॉर्डिंग भी कर डाली। इस बीच यह कहानी कई लोगों को पढ़कर सुनायी गयी। इन तमाम ख़बरों की जानकारी मुझे गुरु के ख़तों से मिलती रही थी। गुरु जितनी अस्थिर-बुद्धि था, उसके लिए यह कहानी रद्द कर देना भी कुछ असम्भव नहीं था। इस ढंग से जाने कितनी ही कहानियों की फ़िल्म स्क्रिप्ट तैयार की गयीं। आधी फ़िल्म की शूटिंग भी हो गयी, लेकिन अन्त तक वह फ़िल्म पूरी नहीं हुई। बम्बई के फ़िल्म-जगत में अगर छानबीन की जाए, तो इस क़िस्म कीहज़ारों-हज़ार अधूरी फ़िल्में मिल जाएँगी, जो आज भी जनता की नज़रों में अगोचर रह गयी हैं। 'साहब-बीवी-गुलाम' की भी यही हालत हो सकती है। मुझे गुरु की ख़ामख़याली का पहले भी कई बार परिचय मिल चुका था। अभी कुछ ही दिनों पहले, गुरु को बांग्ला फ़िल्म करने की झख चढ़ी। फ़िल्म की सात रील शूट भी कर ली गयीं। उस फ़िल्म की हीरोइन थी—गीता दत्त! यह किस्सा मैंने गीता की जुबानी ही सुना था।

मैंने ही एक दिन पूछा, 'वह फ़िल्म पूरी क्यों नहीं हुई?'

'यह आप उन्हीं से पूछें कि फ़िल्म पूरी क्यों नहीं हुई!' गीता ने जवाब दिया।

'जब आप ही उस फ़िल्म की हीरोइन थीं, तो आप ही कुछ बताएँ न!'

'ख़ामख़्याली जीव हैं! उनके ख़यालों को समझे, ऐसा कोई इन्सान दुनिया में पैदा ही नहीं हुआ।'

'वह फ़िल्म बनी कैसी थी?'

'स्टुडियो में पड़ी है, किसी दिन आप खुद देख लीजिएगा। वैसे सच पूछें, तो जिसने भी वह फ़िल्म देखी है, सबको अच्छी लगी है।'

'तो फिर वह पूरी क्यों नहीं की?'

'उनकी मर्ज़ी...!' थोड़ा ठहरकर, उसने फिर कहा, 'यह जो 'साहब-बीवी-गुलाम' को लेकर, इतना पगलाये हुए हैं, अन्त में पूरी भी होगी या नहीं, कौन जाने!'

उस दिन गीता की बातें सुनकर मैं आतंकित तो ज़रूर हुआ, मगर ख़ास परेशान

नहीं हुआ। इसकी वजह यह थी कि मेरे 'साहब-बीवी-गुलाम' की कहानी, ऐसी कहानी थी, जिसे हिन्दुस्तान के घर-घर में, हर रसोई और ड्राइंग-रूम तक में समादर मिला था, धनी-दरिद्र, शिक्षित-अर्ध-शिक्षित, सभी लोगों के हाथोंहाथ शोभित थी। हिन्दी में अनूदित होकर बंगाल के बाहर गैर-बंगाली घरों में विराजमान थी। फ़िल्म बनी तो मुमकिन है कहानी बिगड़ जाती।

मैंने गुरु से भी पूछा, 'आपने 'गौरी' फ़िल्म आधी बनाकर, बीच में ही रोक क्यों दी? आपको तो ढेरों रुपयों का गच्चा भी लगा होगा।'

यह सच था कि गुरु को इस प्रोजेक्ट में काफी रुपयों का धक्का लगा था। अपने समूचे दल-बल समेत वह कलकत्ता आया। न्यू अलीपुर में एक मकान भी किराये पर लिया गया। जब पूरे एक लाख रुपये ख़र्च हो गये, तब अचानक एक दिन गुरु ने कहा, 'यह फ़िल्म रोक दो—'

उन दिनों इस घटना ने बहुत-से लोगों को चौंका दिया। गुरु की ख़ामख़्याली देखकर सभी लोग अवाक् रह गये। यह कैसा अजीब ख़ामख़्याली बन्दा है? कैसा फिज़ूलख़र्च?

अस्तु मैंने ही उसे छेड़ा, 'आपने 'गौरी' फ़िल्म बन्द क्यों कर दी?'

'गीता की वजह से!'

'अरे! यह क्या बात हुई?'

'गीता मेरी बात नहीं सुनती थी। जब मैं किसी फ़िल्म का डायरेक्टर होता हूँ, तब न किसी का पति होता हूँ, न किसी का बेटा! उस वक़्त मैं सिर्फ निर्देशक होता हूँ।'

उसकी यह सफ़ाई सुनकर मुझे लगा गुरु ये तर्क देकर खुद अपने को ही तसल्ली दे रहा है। असल में वह खुद यह तय नहीं कर पाया था कि वह फ़िल्म आखिर वह क्यों बना रहा है? वह तो ऐसा इन्सान था, जो एक बार जिस कुत्ते को पालता है, वही इन्सान, यह ख़बर लेने की ज़रूरत भी नहीं समझता कि वह कुत्ता ज़िन्दा भी है या नहीं। जो शख़्स अपने अलावा और किसी को नहीं पहचानता, वही शख़्स जब अचानक अपने आमने-सामने खड़ा होता है, तब वह अपने को ही नहीं पहचान पाता। अपने को पहचाने, तभी तो इन्सान अपने कामों के लिए तर्कसंगत समर्थन प्राप्त करता है और जब वह अपनी ख़ामख़्याली का कोई संगत तर्क नहीं खोज पाता, तभी वह इसका इल्ज़ाम दूसरों के सिर मढ़ देता है। इस क़िस्म की घटना, गुरु के जीवन में बहुत बार घटी थी। जब कभी वह अपनी मर्ज़ी, अपनी खुशी के लिए किसी और का समर्थन नहीं मिलता था, तो वह नाराज़ हो जाता था। गुस्से में वह अपने को ही तकलीफ़ देता था, आस-पास के लोगों पर जुल्म करता था। जिसे भी वह अपने सामने पाता था, उसी पर तोहमत जड़ देता था। अन्त में जब उसे अपनी ग़लती समझ में आती थी, तब तक काफी नुक़सान हो जाता था। उसके बाद, उसका आत्मनिग्रह शुरू हो जाता था। उस वक़्त वह यथासम्भव अपने को बहलाने

की कोशिश करता था और अपने को भुलावा देने की एकमात्र राह थी और-और ज़्यादा खर्च करना। उस वक़्त वह विलायत भाग जाता था या जो भी मिल जाए, उसके साथ अड्डेबाजी करने बैठ जाता था। घण्टों-घण्टों अड्डेबाजी! वह शख़्स अगर दारू का भक्त होता, तो और सहूलियत हो जाती थी। वह व्यक्ति मौका पाकर, गुरु की कमजोरी का फ़ायदा उठाते हुए, और डटकर उसकी गर्दन पर सवार हो जाता था। गुरु का शुभाकांक्षी बनकर, गुरु के रुपये-पैसे, समय, स्वास्थ्य–सारा कुछ हरण करके, उसे फक्कड़ बना देता था। गुरु के ऐसे मित्रों की संख्या अनगिनत थी। वे लोग गुरु के हित के मुक़ाबले अपना हित बख़ूबी समझते थे। गुरु जब उन मित्रों से मिलता-जुलता था, तो मेरे आश्चर्य का ठिकाना नहीं रहता था। बाद में मेरी समझ में आया कि यह गुरु बिल्कुल अलग जीव है। जो गुरु मुझसे मिलता-जुलता था, वह भी बिल्कुल अलग इन्सान था। उन पलों में उसकी पृथक सत्ताओं के बीच का फर्क़ मेरी नज़रों में बिल्कुल स्पष्ट हो उठता था। मैं निश्चिन्त हो आता था, कहीं से आश्वस्त भी हो उठता था। लेकिन मुझे ख़ौफ भी होता था। इसलिए, उस दिन मैं होटल से निकलकर, सीधे स्टुडियो पहुँचा, तो वहाँ जश्न का माहौल नज़र आया। उस दिन 'साहब-बीवी-गुलाम' फ़िल्म शुरू होने वाली थी। चारों तरफ काफी भीड़! कैमरामैन, आर्ट डायरेक्टर, प्रोड्यूसर–सभी लोग हाज़िर थे।

सामने ही कहानी का मुख्य पात्र भूतनाथ नज़र आया। मैंने मानो भूत देख लिया हो, सकपकाकर मैं दो क़दम पीछे हट गया।

लेकिन, नहीं, वह भूतनाथ नहीं था, गुरुदत्त ही भूतनाथ सजा हुआ, हँसते-हँसते मेरी ओर बढ़ा। मैं आश्वस्त हो आया यानी फ़िल्म सचमुच शुरू हो रही है।

गुरु ने उपालम्भ दिया, 'बिमल बाबू, आखिरकार आप होटल में ही रुके रहे!'

मुझे याद है, वह सन् 1961 की 1 जनवरी थी। उस दिन सभी लोग स्टुडियो में व्यस्त थे। पहली शुरुआत का दिन! पूजा सुबह ही हो चुकी थी। जिसे कहते हैं, 'मुहूरत' वह सुबह ही सम्पन्न हो चुका था। कोई असिस्टेंट मुझे पूजा का प्रसाद थमा गया। जो कहानी मैंने सन् 1940 में लिखना शुरू की थी; जो कहानी पूरे चौदह वर्ष तक लगातार लिखता रहा और जो पुस्तकाकार रूप में सन् 1953 में सामने आयी; जिस कहानी पर बांग्ला में फ़िल्म बन चुकी थी; जो कहानी बांग्लाभाषी और हिन्दीभाषियों के घर-घर पहुँच चुकी थी–उसी का शुभ मुहूरत! उसी कहानी का नायक, भूतनाथ, मेरी नज़रों के सामने साक्षात् हाजिर था–यह सब मानो विश्वास के बाहर था। मुझे आज भी याद है कि इस उपन्यास के लिए मुझे अकथनीय निन्दा और कल्पनातीत प्रशंसा नसीब हुई थी।

लेकिन, यह बात छोड़ें! अचरज से मुँह बाए, मैं गुरुदत्त की तरफ एकटक

देखता रहा। जब बांग्ला फ़िल्म बन रही थी, मैं स्टुडियो की तरफ गया ही नहीं। वैसे वहाँ जाने के लिए गुरुदत्त की तरह किसी ने ज़ोर-ज़बर्दस्ती भी नहीं की थी। लेकिन इस बार संयोग से मैं बम्बई आया था और गुरुदत्त मुझे ज़ोर-ज़बर्दस्ती स्टुडियो में खींच लाया था। मेरे लिए यह बिल्कुल नयी दुनिया थी। विराट हॉल जैसी जगह! अन्दर लोगों की भीड़! मुझे एक कुर्सी पर बिठा दिया गया। मैं इत्मीनान से बैठ गया। उपन्यास के पात्र, सुविनय बाबू का घर फ़िल्माया जा रहा था। सीन में बूढ़े सुविनय बाबू, भूतनाथ, ब्रजराखाल मौजूद थे। इसके अलावा जवा भी वहाँ थी। जवा की भूमिका में—वहीदा रहमान।

वहीदा ने बंगाली लड़कियों की तरह साड़ी-ब्लाउज़ पहन रखा था। साड़ी पहनने का बंगाली ढंग बिल्कुल सही था। दोपहर के वक़्त कुछ देर को लंच की छुट्टी! गुरुदत्त के निजी मेक-अप रूम की बगल में ही, खाने का कमरा! खाना वहीं परोसा गया। मैं, गुरु, गीता और वहीदा खाने बैठे, गीता को देखकर मुझे ईषत् अचरज हुआ। इससे पहले गीता को कभी स्टुडियो में नहीं देखा था।

'अरे, आप? आपको स्टुडियो में पहले कभी तो नहीं देखा?' मैंने ही बात छेड़ी।

'आज इस फ़िल्म की शुरुआत थी, इसलिए चली आयी।' गीता ने जवाब दिया।

गुरुदत्त ने खाते-खाते ही कहा, 'नहीं, गीता को तो मैं बुलाकर लाया हूँ। वहीदा को बंगाली ढंग की साड़ी पहननी नहीं आती थी, इसलिए उसे साड़ी पहनाने के लिए मैं इसे खींच लाया।'

'कैसी लग रही हूँ मैं!' वहीदा ने पूछा।

'बहुत अच्छी लग रही हैं।' मैंने तारीफ की।

'बिल्कुल बंगाली लड़की जैसी दिख रही हूँ?'

'सौ प्रतिशत!'

मुझे कुछेक महीने पहले की बातें याद आने लगीं। इसी वहीदा रहमान को 'जवा' की भूमिका न दी जाए, गीता ने मुझसे अनुरोध किया था। मैं भी ऊहापोह में था। अब कहीं इसी बात को लेकर कहीं कोई गड़बड़ न हो।

लेकिन गीता के चेहरे का भाव देखकर मुझे बेहद अच्छा लगा। वहीदा रहमान और गीता को एक ही मेज़ पर देखकर मुझे बेहद भला लगा। मैंने गौर किया दोनों में काफी सद्भाव था। वहीदा रहमान गीता को 'गीता जी' कहकर सम्बोधित कर रही थी; गीता भी वहीदा को 'वहीदा जी' कहकर बातें कर रही थी। दोनों को आपस में बातचीत करते देखकर मुझे ऐसा लगा मानो वे दोनों एक ही परिवार की ही दो बहनें हों।

गीता ने भी कभी मुझसे कहा था, 'जानते हैं, मैं वहीदा पर बेहद भरोसा करती थी।'

मैंने खुद भी नारी-चरित्र को लेकर ढेरों कहानियाँ, उपन्यास लिखे हैं और

नारी-चरित्र बहुतायत से लिखने के लिए, मैं ज़रा बदनाम भी हूँ कि हो न हो, मैं ज़रूर अनगिनत औरतों के सम्पर्क में आया हूँ। लेकिन यह सच नहीं है! दरअसल, इन्सानी चरित्रों का सम्पर्क नसीब होते ही मुझे खुशी होती है। चाहे वह औरत हो या मर्द, मुनष्य मात्र मुझे आकर्षित करता है। जैसे बहुत से लोगों को समुन्दर, पहाड़, नदी आकर्षित करते हैं, उसी तरह मुझे इन्सान मुग्ध करता है। इन्सान जितना विचित्र हो, मुझे उतना ही मज़ा आता है। इन्सान जैसा इन्सान अगर मिल जाए, तो घड़ी के काँटों की तरफ मेरी नज़र ही नहीं जाती। उस वक़्त मैं सब कुछ भूल जाता हूँ। वह इन्सान भले महान न हो, मशहूर न हो, विद्वान भी न हो; मुमकिन है, वह इन्सान गरीब, चोर, लम्पट, झूठा हो, मैं इन्सानों का इन्सानीतौर पर ही विचार करता हूँ। इन्सान का दोष-पाप, भूलें, गुण, महत्त्व, नीचता—मुझे इन सबकी ज़रूरत है। मुझे इन सबमें आनन्द आता है।

खाने के बाद, शूटिंग की घण्टी बज उठी।

गुरु और वहीदा स्टुडियो में चले गये। मैं और गीता वहीं रह गये।

मैंने पूछा, 'आपको शूटिंग कैसी लग रही है?'

'अच्छी लगी! किसी दिन मैंने ही उन्हें यह फ़िल्म बनाने को मना किया था—'

'क्यों?'

'क्योंकि, साहब-बीवी-गुलाम हमारी ही ज़िन्दगी की कहानी है—'

मैं अचकचा गया।

'यह आप क्या कह रही हैं?'

'हाँ, उनसे भी मैंने यही कहा था—' गीता ने जवाब दिया, 'मैंने उनसे पूछा भी था—आप यह फ़िल्म क्यों बना रहे हैं? सिर्फ मैं ही नहीं, बहुत-से लोग इस फ़िल्म के लिए उन्हें मना करते रहे—'

उधर इतनी देर शूटिंग करती हुई वहीदा का जो चेहरा मैंने देखा था, वह सचमुच मेरी जवा थी। वह बंगाली लड़की थी। अब, जिसके बारे में सुन रहा था, वह वहीदा रहमान थी। गैर-बंगाली मुस्लिम महिला! लेकिन मुझे लगा, फ़िल्म के बाहर भी वह मानो वही बंगाली महिला है। उसने सेट पर जो साड़ी पहन रखी थी, उसके बाद भी वह, वही साड़ी पहने रही। जुबान से भले हिन्दी बोल रही हो, लेकिन असल में वह चिरकालीन औरत थी!

मैंने उन दोनों ही औरतों को देखा था।

गुरु वहीदा के बारे में, बहुत सारी बातें बताता रहा। उसने वहीदा को कैसे अभिनय सिखाया, कैसी-कैसी तकलीफें उठाकर, उसने उसे फ़िल्मों में उतारा। उन दिनों वहीदा को भला पहचानता कौन था? उसका नाम तक भला कौन जानता था?

वह तो एक दिन हैदराबाद जाकर गुरु की नज़रों में आ गयी और उसके बाद उसने फ़िल्म जगत में क़दम रखा और प्रतिष्ठा-सफलता के शिखर पर जा बैठी।

वह सिर्फ प्रतिष्ठा के शिखर तक ही नहीं पहुँची, बल्कि गुरु के पारिवारिक जीवन से भी एकबारगी जुड़ गयी थी। जब फ़िल्म का काम नहीं होता था, वह तब भी स्टुडियो में आती थी, जब फ़िल्म का काम चल रहा होता था, तब तो आती ही थी, आना ही पड़ता था। वह कम्पनी की स्थायी आर्टिस्ट थी; फ़िल्म के ज़रूरत पर ही वह अपरिहार्य ज़रूरत बन गयी थी। कम्पनी को भी उससे काफी फ़ायदा हुआ था; वहीदा भी उस कम्पनी से जुड़कर फ़ायदे में थी। दोनों लोग, दोनों के लिए पारस्परिक ज़रूरत बन गये थे। उसके बाद दोनों ही पक्ष एक-दूसरे से मिलते-जुलते रहे और मौके-मौके से एक-दूसरे के सुख-दुःख में भागीदार बनते गये। उस कम्पनी में जितनी भी फ़िल्में निर्मित हुईं, वहीदा ही उन फ़िल्मों की नायिका बनी। इससे कम्पनी के सुनाम में भी चार चाँद लगे और वहीदा की शोहरत भी बढ़ती गयी। लेकिन सबके देखते-न-देखते गुरुदत्त के पारिवारिक जीवन में किसी अशान्ति का बीज भी जाने कब बो दिया गया था, इसकी ख़बर किसी को भी नहीं हुई। जब इसका अहसास हुआ, तब तक उस बीज में अंकुर निकल आया था। सबके अनजाने में अब उसकी जड़ें, उन सबके जीवन में गहरे तक उतरकर, सब पर असर डाल रही थीं।

इन्हीं सब परिस्थितियों में 'साहब-बीवी-गुलाम' फ़िल्म का निर्माण शुरू हो गया। गुरुदत्त की ज़िन्दगी में मानो 'साहब-बीवी-गुलाम' में अन्तर्निहित ट्रेजेडी, चुपके-चुपके जड़ें जमा रही थी। उसके बाद उसके हाथों में वह किताब आयी। उसने कलकत्ता से वह किताब मँगायी। उसने वह किताब पढ़ना भी शुरू कर दी। बांग्ला पढ़ना, उसने बचपन में ही सीखा था। उसे वह किताब अच्छी लगी। उसने वह किताब दुबारा पढ़ी। उसे वह किताब और भी ज़्यादा पसन्द आयी। इस तरह उसने वह किताब पाँच बार पढ़ डाली। अन्त में, उसने मुझे बम्बई बुला भेजा।

यह सब बहुत वर्ष पहले की घटना है। लेकिन, उसके बाद कितनी ही बार दुविधा-संकोच जाग उठा। उसने कितने ही लोगों को वह किताब पढ़ाई; कितनों को ही कहानी सुनायी। किसी ने मन्तव्य दिया—'बेहद दिलचस्प कहानी है'; किसी ने राय दी—'नहीं, इस किताब पर फ़िल्म न बनायें।'

गुरु ने भी कई बार सोचा—नहीं, वह यह फ़िल्म नहीं बनायेगा। लेकिन फिर जाने कैसे तो पारिवारिक त्रासदी दुबारा सिर उठाने लगती थी। मारे अशान्ति और बेचैनी के, उसकी रातों की नींद हराम हो गयी। मियाँ-बीवी में झगड़ा ठन गया, जैसा कि हर गृहस्थी में होता है। दाम्पत्य कलह! गीता नाराज़ होकर पीहर चली गयी। उसने बेटे को दार्जिलिंग के स्कूल में भेज दिया। पाली-हिल का वह ख़ूबसूरत बंगला, दाम्पत्य-कलह की वजह से, कुछ दिनों के लिए श्मशान में परिणत हो गया। उन दिनों, अपने बगीचे-समृद्ध बंगले में, गुरु को फिर 'साहब-बीवी-गुलाम' की याद हो

आयी। अपनी ज़िन्दगी की अशान्ति-कलह को जड़ से उखाड़ फेंकने की कोशिश में उसने 'साहब बीवी-गुलाम' को ही कसकर थाम लिया।

दिनभर स्टुडियो में अकेले-अकेले वक़्त गुज़ारने के बाद, जब रात को वह घर लौटता, तो अपने अकेले बिस्तर पर छटपटाते हुए, वह आकुल-व्याकुल हो उठता। उन पलों में उसे फिर ख़याल आता, यह फ़िल्म ही पूरी कर ली जाए। 'साहब-बीवी-गुलाम' के जरिये वह मानो अपने दिल की बात बाहरी लोगों के सामने पेश कर सकेगा। वह अपने को व्यक्त कर सकेगा। उसके मन का बोझ हल्का हो सकेगा।

मैंने गौर किया, इसीलिए, जब भी मैं बम्बई जाता था, वह बहुत खुश हो जाता था। मुझसे बातें करके उसके मन को राहत मिलती थी। यानी मेरी कहानी के जरिये, उसे मुक्ति का पता मिलता था। मैं समझ रहा था उसके मन के अन्दर अशान्ति की आग धधक रही है। मुझसे बातें करके, वह अपनी आग बुझाना चाहता था। आखिर कैसे उसे इस बेचैनी, इस आग से निष्कृति मिलेगी?

इसके बाद, अचानक ही 'चौदहवीं का चाँद' फ़िल्म से अगाध दौलत उसके हाथ में आ गयी। दौलत की ज़रूरत पूरी हो गयी। अब 'साहब-बीवी-गुलाम' फ़िल्म शुरू की जा सकती थी। अब 'साहब-बीवी-गुलाम' फ़िल्म में उसे नुक़सान भी उठाना पड़े, तो भी कोई हर्ज़ नहीं! 'साहब-बीवी-गुलाम' का श्रीगणेश हुआ।

मेरे 'साहब-बीवी-गुलाम' उपन्यास पर बनी फ़िल्म की जड़ में, यही है—इतिहास।

वही फ़िल्म, इतने दिनों बाद, पहली जनवरी, 1960 में आखिर शुरू हो ही गयी। मुझे यह देखकर भी बेहद अच्छा लगा कि गीता और वहीदा रहमान एकाकार हो सकी थीं। गुरु का मन भी मानो काफी कुछ शान्त नज़र आया।

अचानक स्टुडियो की घण्टी बज उठी। शूटिंग दुबारा शुरू होने वाली थी। गुरु की पुकार हुई। वहीदा जी को भी नीचे आने की पुकार हुई। वे दोनों चले गये। मैं और गीता, बस, दो लोग ही बैठे रहे।

बाहर दुबारा घण्टी बज उठी। ऊपर की मंजिल से, पहली मंज़िल के स्टुडियो की घण्टी सुनाई देती थी। मैंने गीता के चेहरे की तरफ से गौर से देखा। इतने दिनों मैं बम्बई आता-जाता रहा, मैंने गीता को कभी स्टुडियो के अन्दर जाते हुए कभी नहीं देखा। हालाँकि यहाँ आने-जाने का उसे पूरा-पूरा अधिकार था। आखिर वह गुरुदत्त की बीवी थी। गुरु के बंगले, गुरु की सन्तान, गुरु के स्टुडियो, सब कुछ पर उसका पूरा-पूरा अधिकार था। इसके बावजूद, मानो उसका कुछ भी नहीं था।

गीता ने कहा, 'देखिए, एक ज़माना था, मैं बसों में सवार होकर, गानों की ट्यूशनें करती फिरती थी। टूटी चप्पल घसीटते हुए, घर-घर लड़कियों को गाना सिखाती थी। उसके बाद फिर ऐसा भी दिन आया, जब साल में पूरे पचास हज़ार

रुपये इन्कम-टैक्स चुकाने लगी। लेकिन, फिर भी लगता है कि वे दिन ही अच्छे थे; उन्हीं दिनों मैं ज़्यादा सुखी थी।'

गीता जब बातें करती थी, अपना दुःख सुनाती थी, तब मैं उसकी एक-एक बातें बड़े ध्यान से सुनता था। अच्छा, इन्सान जो चाहता है, वही उसे मिल जाए, तब भी वह सुखी क्यों नहीं होता? बचपन से ही देखता आया हूँ, बच्चों को जो शिक्षा-दीक्षा दी जाती है, सभी धन कमाने के लिए; रुपये रोज़गार करने के लिए, ताकि बड़े होने पर उन्हें खाने-पीने का अभाव न हो।

लेकिन गीता के साथ यही हुआ था। इस्तेमाल के लिए, अपनी निजी, हक्कानी-सी कार! साड़ी, गहने, ऐश्वर्य, ऐश-विलास—उसे किसी चीज़ की कोई कमी नहीं थी। बम्बई की किसी भी औरत के लिए गीता ईर्ष्या की वस्तु थी। गीता जितनी ख्याति आखिर किसकी थी? गीता गाना गाने के लिए लन्दन जाती थी, वहाँ से लौटते ही, तत्काल हैदराबाद के सफ़र पर निकल पड़ती थी। शायद, उसके अगले ही दिन कलकत्ता आ पहुँचती थी। सिर्फ ख्याति ही नहीं, पैसों की भी, क्या उसे कोई कमी थी? पति के पास भी अगाध दौलत, उसके अपने पास भी दौलत का अम्बार! उधर वहीदा रहमान भी ख्याति और दौलत के साथ जीवन में सुप्रतिष्ठित थी। दोनों का ही अविश्वसनीय स्तर का स्वभाव-चरित्र! शरीफ, विनयी और गुणी! तीनों का मेल भी ग़ज़ब का था। गुरु की ज़िन्दगी में ये दोनों ही औरतें मददगार रहीं। गीता ने गुरु की गृहस्थी की सार-सम्हाल की, वहीदा ने गुरु की फ़िल्में! परेशानी की कहीं कोई वजह नहीं थी और घटनाचक्र में इन लोगों के बीच, मैं निरा दर्शक बनकर जा पहुँचा। मैं यह कहानी लिख ज़रूर रहा हूँ, लेकिन मैं अपनी निगाहों का क्या करूँ? मेरी निगाहें, अगर इन्सान के अन्तस् को भेदकर, बिल्कुल गहरे न उतर जाएँ, तो मुझे तृप्ति नहीं मिलती। मैं इन्सान को जानना जो चाहता हूँ। इन्सान ने ही मुझे चिरकाल आकर्षित किया है।

मैं कुछ देर ख़ामोश ही रहा।

गीता ने फिर कहा, 'पता है, आज मैं नहीं आती, लेकिन उसने मुझे ख़ासतौर पर आने को कहा, इसीलिए मैं...'

'आपको यहाँ देखकर मैं बेहद खुश हुआ हूँ।'

'आना तो मैं भी चाहती हूँ। पहले मैं यहाँ रोज़ आया करती थी, शूटिंग भी देखती थी, लेकिन फिर...एक दिन...मैंने आना बन्द कर दिया।'

'क्यों?'

'मुझे लगा, इन सब पर मेरा कोई हक़ नहीं है—'

'यह आपकी ग़लतफ़हमी है! मन की भूल! आपके बारे में गुरु से मेरी बहुत सारी बातें हुई हैं। गुरु आपका क़द्रदान है। मुझसे आपकी खूब-खूब तारीफ की है।'

गीता को जैसे विश्वास नहीं हुआ।

'आप सच कह रहे हैं?' गीता ने पूछा।

'मैं सच कह रहा हूँ। आपसे झूठ बोलकर, मुझे क्या फ़ायदा है?'

'कभी-कभी मुझे लगता है, शायद मैं सुखी हूँ–'

'बेशक़ आप सुखी हैं। आपसे कितनी ही औरतें ईर्ष्या करती हैं, आप जानती हैं? यह बात सभी जानते हैं कि आपका बहुत नाम है, आपके पास अटूट दौलत है।'

'काश, उन लोगों को मेरे मन की भी ख़बर होती।'

'इसकी ज़रूरत नहीं है, आपका इतना सुनाम है, आपके पास इतनी दौलत है, इसीलिए तो वे लोग आपसे जलती हैं। असल में वे लोग आप जैसी बनना चाहती हैं। आम औरतें बावर्चीखाने में खाना पकाती हैं, बच्चे पालती हैं। ऐसी ज़िन्दगी से उन लोगों को हिकारत होने लगी है–'

'कभी-कभी मुझे लगता है कि वही ज़िन्दगी ही शायद बेहतर थी। लेकिन मैं गाना कैसे छोड़ूँ, बताइए तो?'

'क्यों? गाना क्यों छोड़ेंगी भला?'

'आप ही बताएँ न! वह हमेशा मुझसे गाना छोड़ देने की रट लगाये रहता है।'

'गाना छोड़ने को कहता है?'

'जी-हाँ, कहता है, गाना छोड़ दो और गृहस्थी की देखभाल करो। वह नहीं चाहता कि मैं गाना गाऊँ।'

गीता की बातें सुनकर मैं अचम्भे में पड़ गया।

'आपके गाने से गुरु को क्या नुक़सान है?' मैंने पूछा।

उस दिन गीता दत्त इस सवाल का ढंग से जवाब नहीं दे पायी। बाद में, यह सवाल मैंने गुरुदत्त से भी किया था, लेकिन उससे भी कोई सन्तोषजनक जवाब नहीं मिला। इसके बावजूद, मैं अपना यह सवाल दुहराता रहा!

'बताइए न, आपके गाना गाने से गुरु को क्या नुकसान है?'

'नुक़सान तो दूर की बात, बल्कि फ़ायदा है। चलो, उसको भले फ़ायदा न हो, मुझे भी भले फ़ायदा न हो, लेकिन, और बहुत-से लोगों को तो फ़ायदा हो सकता है।'

थोड़ा ठहरकर उसने अगला वाक्य जोड़ा, 'अब, देखिए न, चारों तरफ कितने ही लोगों को पैसे-कौड़ी की ज़रूरत होती है। कितने ही लोग रुपये-पैसों की मोहताजी में अपनी गृहस्थी नहीं चला पाते। मुझे रुपयों की ज़रूरत भले न हो, रुपये देकर, मैं उन लोगों की मदद तो कर ही सकती हूँ।'

इसके बावजूद यह बात मेरी समझ में नहीं आयी कि बीवी गाना गाये, इसमें मियाँ की इतनी असहमति क्यों है? पत्नी की ख्याति से क्या पति की ख्याति नहीं बढ़ती? पत्नी के गौरव से क्या पति गौरवान्वित नहीं होता? अर्थ और प्रतिष्ठा की बात छोड़ भी दी जाए, तो पत्नी का अपना शौक भी तो हो सकता है, सच तो यह है कि औरत सिर्फ अपने पति की गृहस्थी की गृहिणी ही नहीं होती, वह पति के

घर में, सन्तान की माँ भी होती है, पति की गृहस्थी की कर्तृ भी होती है। इन सबके अलावा, इन्सान के तौर पर सभी स्वतन्त्र प्राणी हैं। हर इन्सान की अपनी-अपनी स्वतन्त्र अभिव्यक्ति होती है। उसी आत्मप्रकाश के जरिये, इन्सान अपनी मुक्ति की राह तलाश करता है। गीता भी सिर्फ औरत या माँ ही नहीं थी, वह गायिका भी थी। प्रसिद्ध गायिका! आज़ाद उपार्जनशील गायिका! गाना गाकर, वह प्रचुर धन अर्जित करती थी। वह दौलत भले वह अपनी ज़रूरतों पर ख़र्च न करे, गरीब, अभावग्रस्त आत्मीय-स्वजनों की ज़रूरतें तो पूरी कर ही सकती है।

'लेकिन, आपको गाना गाने से गुरु मना क्यों करता है?'

'कहता है, गाना गाने की वजह से मैं गृहस्थी की अच्छी तरह देख-रेख नहीं कर पाती–'

'लेकिन, इतने दिनों से, इतनी बार, आपके यहाँ आता रहा हूँ, लेकिन आपको कभी गाते हुए या गाने की तालीम लेते हुए, मैंने कभी नहीं देखा। मैंने यह भी देखा है कि आप घर-गृहस्थी के ढेरों काम करती हैं; आपको सब्ज़ी-वब्जी तक काटते हुए देखा है–'

गीता के चेहरे पर उदास हँसी झलक उठी, लेकिन उसकी राय में, 'मैं गृहस्थी के कामों को नज़रअन्दाज़ करके, दुनिया भर में गाना गाती फिरती हूँ। लेकिन, गाना छोड़ दूँ, तो मैं जीऊँगी कैसे? मैं तो गृहस्थी के सारे कामकाज निपटाकर ही, थोड़ा-बहुत गा लेती हूँ–'

'आपने उसको इस बात का क्या जवाब दिया?'

'मैंने साफ़-साफ़ कह दिया है कि गाना मैं नहीं छोड़ सकती।'

'आपने बिल्कुल ठीक कहा! मुझे भी अगर कोई लिखना छोड़ देने को कहे, तो मैं भी यही जवाब देता, सुनिये, आप गाना कभी मत छोड़िएगा।'

'आप उससे भी ज़रा मेरे लिए कहेंगे?'

'ज़रूर! मैं उससे बात करूँगा।'

मुझे याद है, एक दिन मौका देखकर, मैंने गुरु के सामने यह ज़िक्र छेड़ा था। उस दिन मैं गुरु के साथ, उसके लोनावाला फार्म पर गया था। विशाल फार्म! इसका ज़िक्र मैं पहले ही कर चुका हूँ।

इधर-उधर की बातें करते हुए, गुरु ने अचानक कहा, 'देखिए न, ये सारे खेत-खलिहान मैंने खुद तैयार किये हैं। घर-बगीचा भी अपने हाथों से सजाया है। गीता अगर इन सबकी देखरेख, रखरखाव में साथ देती तो कितना अच्छा होता। लेकिन, इनकी देखरेख करने वाला मेरे पास कोई बन्दा नहीं है।'

'आप हर काम के लिए गीता से क्यों उम्मीद करते हैं?'

'अरे, गीता से उम्मीद नहीं करूँगा, तो और किससे करूँगा?'

'लेकिन, गीता के पास अपने कामकाज भी तो हैं। उसका काम कौन देखेगा?'

गुरु की निगाह मुझ पर आ टिकी, 'क्यों? उसका अपना काम क्या है?'

'आपके बाल-बच्चे, घर-गृहस्थी सँभालने के अलावा, क्या उसके पास और कोई काम नहीं है?'

'कौन-से काम?'

'क्यों, उसका गाना?'

'मैंने तो कहा है, गाना छोड़ दो! गाना गाने की क्या ज़रूरत है?'

'वाह! आप फ़िल्में क्यों बनाते हैं?'

मेरे इस सवाल पर, गुरु एकदम से ख़ामोश हो गया।

थोड़ा ठहरकर उसने कहा, 'मेरी फ़िल्मों के साथ, उसके गाने की तुलना? मैं अगर फ़िल्में बनाना बन्द कर दूँ, तो मेरी गृहस्थी कैसे चलेगी? इतने सारे कर्मचारी, जो मेरे यहाँ काम करते हैं, उनका घरबार कैसे चलेगा? गीता ने कभी यह भी सोचा है?'

'देखिए, आप स्वार्थी इन्सान की तरह बातें कर रहे हैं। आपके लिए हर कोई अपना सारा कुछ कुर्बान कर दे, आपकी खुशामद में लगा रहे, आप क्या यही चाहते हैं? जैसे गीता आपकी घर-गृहस्थी चला रही है, उसी तरह आपने भी कभी गीता की तरफ से सोचा है? कभी इस बात का ख़याल किया है कि गीता क्या लेकर ज़िन्दा रहे?'

'क्यों? घर-गृहस्थी के कामकाज क्या कम हैं?'

'चूल्हे में जाए आपकी घर-गृहस्थी! कितने ही लोगों के घर-बार की देखरेख नौकर-नौकरानियाँ करती हैं। इससे तो कोई जहन्नुम में नहीं चला जाता। आप गीता को गाना गाने के लिए क्यों मना करते हैं? गाने के अलावा, गीता को और कोई शौक है भला?'

गुरु, कुछ देर गुम होकर बैठा रहा।

थोड़ा ठहरकर उसने पूछा, 'ये सब बातें क्या गीता ने आपसे कही हैं?'

'अब आप गीता से इस बारे में कोई ज़िक्र नहीं कीजिएगा।'

गुरु ने काफी देर तक कोई बातचीत नहीं की। ज़िन्दगी भर वह कला...फ़िल्मों के पीछे दौड़ता रहा, शोहरत के पीछे पड़ा रहा। जीवन भर वह तरह-तरह के परीक्षण-निरीक्षण की कोशिश में लगा रहा। उसने यह कभी नहीं सोचा था कि किसी दिन उसे भी थम जाना होगा। जब उसने विवाह करके अपनी दुनिया बसायी, घर-बारी बना, बाल-बच्चे हुए, तब अचानक किसी दिन उसने पीछे मुड़कर यह जानने की कोशिश की, कि उसने कितना सफ़र तय कर लिया। तब उसे अहसास हुआ कि बचपन से वह जो बेतहाशा दौड़ लगाता रहा है, उससे वह एक क़दम भी आगे नहीं बढ़ा है। वह जहाँ का तहाँ खड़ा है। ऐसे में उसने रुककर, गीता के लिए यह हुक्म जारी किया—'तुम गाना छोड़ दो!'

गीता अवाक्!

'क्यों?' उसने सवाल किया।

'तुम गाना गाती फिरोगी और मैं फ़िल्में बनाने के चक्कर में बाहर-बाहर घूमता फिरूँ, तो हमारी गृहस्थी की देखरेख के लिए कोई नहीं रहेगा—'

'लेकिन, बाहर जाने से क्या गृहस्थी की देखरेख नहीं की जा सकती?'

'नहीं! घर के सारे फर्नीचर पुराने हो गये हैं, ठाकुर-नौकर चोरी कर रहे हैं। बगीचे में फूलों के पौधे मरते जा रहे हैं, यह सब कौन देखेगा? इन सबकी देखरेख के लिए भी तो कोई चाहिए?'

ख़ैर, ये सब बहुत पहले की बातें हैं। इन्हीं सबसे ग़लतफ़हमियाँ जन्म लेने लगीं। गीता भी गुरु को नहीं समझ पायी, गुरु दिन-रात बाहर-बाहर! बेटे को दार्जिलिंग भेज दिया। वह घर, बिल्कुल कारखाना बन गया था। जिस मकान में कभी दो प्राणियों के लिए स्वर्गीय साम्राज्य था, वही मकान एक दिन पत्थर की वजनी चट्टान बनकर, उन दोनों के सीने पर सवार हो गया।

इसी परिवेश में मेरे सात दिन गुज़र गये। सातों दिन शूटिंग जारी रही। जिस शख़्स के मन में दिन-रात अशान्ति और बेचैनी की आग धधक रही थी, उसके पास चौबीसों घण्टे काम-काज में डूबे रहने के अलावा और कोई उपाय भी नहीं था। शूटिंग के बाद हम दोनों एक ही गाड़ी में पाली हिल के बंगले में लौट आते थे। घर लौट आने के बाद भी गुरु मेरे पास ही बैठा रहता था। मैं ही ज़रा सकुचाया रहता था। मैं चाहता था कि दिनभर मेहनत करने के बाद, गुरु कुछ देर अपने बीवी-बच्चे में वक़्त गुज़ारे। लेकिन, नहीं, गुरु मेरे कमरे में बैठा-बैठा कामकाज की बातें किया करता था। काफी रात गये तक मुझसे ही गपशप करके वक़्त गुज़ार देता था।

मैं ज़रा सकपकाये लहजे में उससे कहता था, 'आप थोड़ा आराम कर लें न!'

'नहीं, यहीं ठीक है!' गुरु का जवाब होता था।

सात दिनों बाद, मेरे वापस लौट आने का दिन आ पहुँचा। अब मुझे कलकत्ता लौट जाना था। फिर वही कलकतिया जीवन। फिर वही सुबह से लिखने का चिन्तन-मनन! फिर वही दर्द और आघात से क्षत-विक्षत होना। फिर वही 'ख़रीदी कौड़ियों मोल' में डूबे रहना।

बम्बई के वी टी स्टेशन पर पहुँचते ही सागरमय घोष से दुबारा भेंट हो गयी। रमापद चौधरी भी मिल गये। इसके अलावा और भी बहुत-से लोगों से मुलाकात हुई। जिन लोगों के साथ मैंने होटल में दो-तीन दिन गुज़ारे थे, वे सभी लोग वहाँ मौजूद थे। जसीमुद्दीन साहब, जो पाकिस्तान की तरफ से डेलिगेट बनकर आये थे, उनसे भी भेंट हुई। वे मेरे बेहद पुराने मित्र थे, यूनिवर्सिटी के ज़माने से ही। वहीं मुझे प्रमथनाथ बीशी भी मिल गये।

फिर वही कलकत्ता! दो दिन ट्रेन में गुज़ारकर फिर अपने कोटर में जा घुसा। फिर वही कौड़ियों के खरीद-फ़रोख्त का इतिहास लिखने में जुट गया।

सन् 1961 के नवम्बर महीने में एक अफ़वाह मेरे कानों में आ पहुँची। भयंकर अफ़वाह! मेरे किसी हिन्दुस्तानी मित्र ने मुझे यह ख़बर दी। ख़बर मिली कि गुरुदत्त ने आत्महत्या की है। दिल्ली के किसी उर्दू अख़बार में यह ख़बर प्रकाशित हुई है।

यह ख़बर सुनकर पहले तो मैं सन्न रह गया। लेकिन बाद में मैंने सोच देखा, यह ख़बर सच नहीं हो सकती। अगर सच होती, तो कोई न कोई तो मुझे ख़बर देता। कम से कम गुरु की बीवी, गीता या उसका भाई आत्मा मुझे ज़रूर ख़बर देता।

उन दिनों मैं भी बिल्कुल आखिरी दौर में था। 'ख़रीदी कौड़ियों मोल' लगभग आखिरी दौर में था। आखिरी दौर का मतलब, क्लाइमेक्स पर था। रुपये देकर ख़रीद-फ़रोख्त के बाद, हिसाब-किताब का दौर! उन दिनों मैं भी उसका हिसाब लगाने में अत्यन्त व्यस्त था।

अचानक गुरु का एक टेलीग्राम मिला। मैं आश्वस्त हो आया—यानी गुरु मजे में है। यानी गुरु स्वस्थ है। मैंने भी जवाब दे दिया कि मैं आ रहा हूँ।

गुरु ने दुबारा टेलीग्राम भेजा—बम्बई आ जाएँ! ज़रूरी बात करनी है।

मेरा मन खुशी से नाच उठा।

पता नहीं उसे क्या बात करनी है। आखिरी बार उससे पिछली जनवरी में मिला था। अब, नवम्बर का महीना चल रहा था। गुरु के कलकत्ता के डिस्ट्रिब्यूटर ने मेरे जाने का इन्तज़ाम कर दिया।

फिर वही बम्बई! जब मैं सान्ताक्रुज हवाईअड्डे पर उतरा, उस वक़्त रात के नौ बजे थे। रतन एयरपोर्ट पर मौजूद था।

मैंने पूछा, 'गुरु कैसा है?'

रतन ने उस चिर-परिचित कायदे में जवाब दिया, 'अच्छे हैं, हुज़ूर!'

ख़ैर, उसके पास कभी कोई बुरी ख़बर नहीं होती थी। उसने सिर्फ अच्छी ख़बर देना ही सीखा था। वह जानता था, हमेशा अच्छी ख़बर देना ही शराफ़त है। बड़े-बड़े साहबों के यहाँ नौकरी करते-करते, वह संगति का हुनर सीख गया था और अब सीनियर चपरासी बन चुका था।

गाड़ी पाली हिल के बगीचे में दाखिल हुई।

गाड़ी से उतरते ही गुरु हँसते-मुस्कराते हुए सामने आ खड़ा हुआ। लेकिन, मेरे चेहरे पर मुस्कान नहीं उभरी। गुरु को देखकर मैं डर गया। मैंने देखा, गुरु का सिर घुटा हुआ है। गुरु को पहचान पाना लगभग मुश्किल था। तो क्या जो अफ़वाह सुनी थी, वह सच थी? गुरु ने क्या सच ही आत्महत्या की कोशिश की थी?

'आइए! आइए! रास्ते में कोई तकलीफ तो नहीं हुई?' गुरु ने पूछा।

लेकिन इस बार बंगले में गीता नज़र नहीं आयी।

जिस कमरे में जाकर मैं बैठा मैंने देखा, वहाँ गुरु का बिस्तर पड़ा हुआ था। पिछली बार, मैं इसी कमरे में सोता था। उसी कमरे में गुरु का बिस्तर बिछा हुआ देखकर मैं चकित हो उठा। मेरा सूटकेस किसी और कमरे में रखा गया। इससे भी ज़्यादा अचम्भा मुझे यह देखकर हुआ कि उसके अपने बेडरूम में, उसके भाई, आत्मा के सोने का इन्तज़ाम किया गया था। वह विलायत से इण्डिया चला आया है, यह ख़बर मुझे पहले ही मिल चुकी थी। लेकिन, उसका तो अपना भी फ्लैट था। वह सपरिवार उसी फ्लैट में रहता था। अब, वही शख़्स, अचानक इस घर में क्यों आ पड़ा? अगर यहाँ आ भी गया, तो वह गुरु के कमरे में क्यों सोता है? गुरु ने भी अचानक सिर क्यों घुटा लिया है?

मेरी निगाहों में सारा कुछ उलट-पलट गया। लेकिन गुरु के चेहरे से कुछ भी अन्दाज़ा लगाने का उपाय नहीं था। उसके चेहरे पर पहले की तरह ही सदाबहार मुस्कान! वही रेशमी लुंगी और अद्धी का कुर्ता! मुझे साथ ले जाकर, उसने कमरे में बिठाया। आत्मा भी आ पहुँचा। चूँकि उन दिनों तक आत्मा से मेरी जान-पहचान गहरी नहीं हुई थी, इसलिए कुछ देर बाद, वह उस कमरे से बाहर चला गया।

मुझे याद है, वह नवम्बर का महीना था, सन् 1961 का नवम्बर महीना! कलकत्ता में गुनगुनी ठण्ड पड़ने के बावजूद बम्बई में ठण्ड का कहीं नामोनिशान तक नहीं था।

गुरु ने हमेशा की तरह सवाल किया, 'कैसे हैं आप?'

'मुझे तलब क्यों किया है?' जवाब के बजाय, मैंने सवाल किया।

'आपकी 'मिथुन-लग्न' कहानी पर मैं बांग्ला फ़िल्म बनाऊँगा।'

'आपकी 'साहब-बीवी-गुलाम' फ़िल्म कितनी आगे बढ़ी?'

'लगभग पूरी होने वाली है। करीब दो-एक महीने में पूरी तरह तैयार हो जाएगी।'

मैंने देखा, गुरु के तकिये के करीब ही 'मिथुन-लग्न' की एक प्रति पड़ी हुई थी।

गुरु ने ही बातों की अगली कड़ी जोड़ी, 'इसकी जो कहानी है, इस पर हिन्दी फ़िल्म नहीं चलेगी। हिन्दी में यह फ़िल्म बनायी, तो कहानी बिगड़ जाएगी। आप इसका सिनारियो लिख देंगे?'

मैं समझ गया, ख़ामख़्याली बन्दा है, अब उस पर कोई झख सवार हो गयी है। दिमाग़ में कोई नया आइडिया आते ही, वह जैसे पगला जाता है, यह झख भी बिल्कुल वैसी ही थी। उसके बाद, वह दिन-रात उसी बारे में सोचता रहेगा उसी कहानी के बारे में रात-दिन सपने देखेगा। लेकिन बांग्ला फ़िल्म?

'आप बांग्ला फ़िल्म बना पाएँगे?'

'क्यों नहीं बना पाऊँगा? हिन्दी फ़िल्में बनाकर, ठीक मन नहीं भरता। मैं ढेरों ऐसा कुछ करना चाहता हूँ, जो हिन्दी फ़िल्मों के दर्शकों का ख़याल करके, कर नहीं पाता। काफी समझौते करने पड़ते हैं।'

बातें करते-करते काफी रात हो गयी। खाना-पीना तो करके ही आया था। बिस्तर पर लेटे-लेटे मैं सोचता रहा—यह क्या हो गया? गीता यहाँ क्यों नहीं है? गुरु ने सिर क्यों घुटा लिया है? मैं जिस कमरे में सोने आया, वह निचली मंजिल पर था। काफी रात तक मैं इन्हीं सब सोच में उलझा रहा, जाने कब आँख लग गयी।

सुबह नींद से जागते ही मैं यथारीति लिखने बैठ गया। चाय आ पहुँची। चाय के साथ मद्रासी नाश्ता! इस घर में पहले कभी ये चीजें नहीं खायी थीं।

रतन, पहले की तरह गूँगा! ख़ामोश! उससे कुछ पूछा जाए, तो कोई जवाब मिल पाएगा, इसकी कतई उम्मीद नहीं थी।

'यह सब क्यों?'

कोई जवाब देने के बजाय, वह चुपचाप कमरे से बाहर निकल गया। दोपहर के वक़्त अन्दर जाकर मैंने खाना खाया। वहाँ आत्मा की बीवी, नागम् मौजूद थी। उसी की ज़ुबानी पता चला घर वही चला रही है। गीता से गुरु का झगड़ा हो गया है। गीता सान्ताक्रुज, अपने मायके चली गयी थी। गुरु अकेला था। इसलिए, गृहस्थी की बागडोर सँभालने के लिए आत्मा और नागम् यहाँ आकर रह रहे थे। यह सुनकर मैं विस्मित हो उठा! इधर कुछेक महीने मैं यहाँ नहीं था, इस बीच इतना सब काण्ड हो गया? लेकिन गुरु के चेहरे से, कुछ भी जानने का उपाय नहीं था। रात को लेटे-लेटे मैं सोचता रहा कि गीता से एक बार भेंट हो जाती, तो बेहतर होता।

अगले दिन सुबह मैं बरामदे में बैठा हुआ था। मेरी नज़र गेट की तरफ जा पड़ी। गीता की गाड़ी अन्दर दाख़िल हो रही थी। गीता ने भी मुझे देख लिया। वह सीढ़ियाँ पार करके ऊपर आयी और सीधे मेरे कमरे में दाखिल हुई।

नमस्कार के आदान-प्रदान के बाद, मैंने ही कहा, 'आपके ही घर आकर, जब आप नज़र नहीं आयीं, तो मन बेतरह उदास हो गया था—'

शुरू में गीता कुछ भी बताने को तैयार नहीं हुई। उसने जाने कैसी रहस्यमय निगाहों से मेरी तरफ देखा। जैसे वह कुछ बोलना चाहती हो, मगर रुक गयी हो। मेरी भी ज़ोर-ज़बर्दस्ती करने की हिम्मत नहीं हुई। आखिर यह उन दोनों का पारिवारिक मामला था, मैं उसमें क्यों पड़ूँ?

लेकिन, मेरा कथाकार मन किसी शर्त पर भी शान्त नहीं होना चाहता था। इन्सान के मन में पलती हुई जटिलताओं की गुत्थी सुलझाये बिना, मुझे चैन नहीं आता। अर्से से इस बंगले में आ-जा रहा हूँ, जाने कैसी तो खूबी मैंने यहाँ महसूस की थी। ठीक, मेरे-आपके घर की तरह! प्रचुर धन-दौलत, प्रचुर शोहरत, प्रचुर फ़िज़ूलखर्ची और साथ ही प्रचुर अशान्ति-कलह! इसकी जड़ें कहाँ हैं? कहाँ है इसका

रहस्य-केन्द्र? ये लोग यूँ अलग-अलग, कटे-कटे क्यूँ हैं? ये लोग विनिद्र क्यों हैं? क्यों इन लोगों को नींद नहीं आती?

'सच-सच बताएँ तो, यह घर छोड़कर आप मायके क्यों चली गयी हैं?' मैंने पूछा।

'मुझसे अब यहाँ रहा नहीं गया। यहाँ उसके साथ एक संग रहना मेरी बर्दाश्त के बाहर हो गया था।'

'क्यों?'

'इन दिनों मेरी माँ की तबीयत भी ख़राब है। मुझे उनकी भी देखभाल करना होती है।'

'आप तो दिनभर में दस बार उन्हें देखने जा सकती हैं। आपके पास अपनी गाड़ी है, अपना ड्राइवर है और कुल पाँच मिनट का ही तो रास्ता है।'

गीता ने मेरी इस बात का कोई जवाब नहीं दिया। वह कुछ देर ख़ामोश रही।

थोड़ा ठहरकर उसने कहा, 'अब, मैं चलूँ—'

'गुरु ने बाल क्यों घुटा दिये हैं, यह तो आपने बताया ही नहीं?'

गीता उठ खड़ी हुई।

'शरतचन्द्र के 'बैकुंठ का वसीयतनामा' नामक एक फ़िल्म बन रही है। उसमें हीरो, माँ-बाप की मौत के बाद का एक दृश्य फ़िल्माया जाना है, जिसमें घुटे हुए सिर की ज़रूरत थी, इसीलिए—'

'लेकिन, वह तो मेक-अप करके ही घुटा हुआ सिर दिखाया जा सकता था—'

'मुझे नहीं पता! इसके अलावा, उसके सिर में जगह-जगह ज़रा-ज़रा चाँद निकल आया है। इसीलिए स्टुडियो का नाई बुलाकर अपना सिर ही घुटा डाला।'

थोड़ा ठहरकर उसने कहा, 'मैं चलूँ! बच्चों के कपड़े-लत्ते लेने आयी थी। चूँकि मैं यहाँ नहीं हूँ, इसलिए आपको खाने-पीने में ज़रूर तकलीफ हो रही होगी।'

'ख़ैर, तकलीफ तो होगी ही! आप जल्द से जल्द लौट आइए। घर की मालकिन, अगर घर में न हो, तो भला नहीं लगता।'

गीता ने और कुछ भी नहीं कहा। वह चली गयी।

शाम के वक़्त आत्मा की बीवी नागम् आ पहुँची।

'सुना कि गीता आयी थी?' उसने पूछा।

'जी-हाँ!'

'देखिए न, गीता अपनी गृहस्थी, अपना घर-बार, सारा कुछ मुझपर लादकर, वहाँ पड़ी हुई है। मुझे यहाँ रहना अब अच्छा नहीं लग रहा है। ऐसे में मैं क्या करूँ समझ में नहीं आ रहा है।'

मैंने गौर किया कि मेरी अनुपस्थिति में, इन कुछेक महीनों में ही, यह गृहस्थी बिल्कुल बदल गयी थी। हर तरफ अजब रहस्य का भाव! कोई इसे जाहिर नहीं करना चाहता। लेकिन गुरु बिल्कुल पहले जैसा ही था। पहले की तरह ही, 'साहब-बीवी-गुलाम'

की शूटिंग बदस्तूर जारी थी। अगर मैं उस बांग्ला में मौजूद नहीं होता, तो कुछ भी समझ में नहीं आता। वैसे हम लोग बाहर-बाहर से ही किसी भी इन्सान के बारे में सोचते हैं, धारणा बनाते हैं, फैसला देते हैं। बाहरी चेहरे, बाहरी बर्ताव से ही हम इन्सानों की जाँच-परख करते हैं।

उस दिन की समूची शाम, गुरु से गपशप करने में ही गुज़र गयी। मुझे कुछ भी पता नहीं चला।

गुरु ने पूछा, 'आज रात को क्या खाएँगे?'

'आपके घर में जो पकेगा, वही खाऊँगा–'

'घर का खाना, आपसे नहीं खाया जाएगा। मैं होटल से बढ़िया खाना ले आता हूँ। गीता घर में नहीं है।'

'झूठमूठ की परेशानी क्यों उठाएँ?'

लेकिन गुरु ने मेरी बात नहीं सुनी। उसने रतन को बुलाकर, किसी पंजाबी रेस्तराँ से दुनिया भर के मांस-मछली के पकवान ले आने का हुक्म दिया। मैं फिर चकरा गया और सोचने लगा, यह क्या हो गया? ऐसा तो कभी नहीं हुआ। गीता घर में नहीं है, इसलिए घर में पकाया हुआ खाना भी बुरा हो गया?

ख़ैर, अगले दिन मैं स्टुडियो पहुँचा। दिन भर की शूटिंग के बाद शाम को हम दोनों बैठे हुए थे। स्टुडियो का सारा स्टाफ जा चुका था। कहीं कोई नहीं था। सिर्फ मैं और गुरु थे और उसका संगी, रतन! रतन हस्बेमामूल छाया की तरह, अपने साहब की सेवा में जुटा रहता था।

थके-हारे गुरु ने ही बातों की पहल की, 'आप तो, बिमल बाबू, यहाँ किसी से भी नहीं मिलते-जुलते; कहीं आते-जाते भी नहीं। अगर जाते, तो मेरे बारे में ढेरों कहानी-किस्से सुनते।'

'कैसे किस्से?'

'इधर कई महीनों से मेरा वक़्त काफी बुरा जा रहा है।'

'वह कैसे?'

'पिछली सितम्बर को मेरे पिता चल बसे। उसके बाद से ही तरह-तरह के झंझट-झमेले साथ चल रहे हैं।'

गुरु की ज़ुबान से इस क़िस्म की बातें मैं पहली बार सुन रहा था।

अगले ही पल उसने कहा, 'शायद आप तक ख़बर न पहुँची हो, मैंने आत्महत्या की कोशिश की थी।'

मेरे सिर पर जैसे आसमान गिर पड़ा।

'अरे!'

'हाँ, का-फी तकलीफ झेली! काफी कष्ट भोगा! अब, ज़रा ठीक हूँ। लेकिन, कितनी-कितनी तकलीफ झेलनी पड़ी, आपको क्या बताऊँ...।'

यह कहते-कहते गुरु का चेहरा कैसा तो बदल गया। जिस शख़्स ने आत्महत्या की कोशिश की; आत्महत्या में असफल होकर अन्त में बच गया, उसी की ज़ुबानी, उसके तजुर्बों की दास्तान सुनना, जितना अस्वाभाविक था उतना ही अविश्वसनीय! गुरु के उस एअरकण्डीशन कमरे में, शाम सात बजे, मुझे जैसे दिव्य दर्शन हुए। सच्चे, अजीब दिव्य-दर्शन! इस ढंग से ऐसी घटना पहले कभी भी किसी के मुँह से नहीं सुनी थी। वैसे, सुनता भी कैसे? गुरुदत्त दुनिया में दो तो नहीं थे।

'आपको आत्महत्या की भला क्यों सूझी?' मैंने पूछा।

'लम्बी कहानी है...ढेरों बातें!'

'बातें चाहे जितनी भी हों, आत्महत्या करने जैसी कौन-सी घटना हो गयी?'

गुरु ने बताना शुरू किया, 'मेरा वक़्त तो पिछली सितम्बर से ही बुरा चल रहा था। मुझे रुपयों-पैसों की कमी नहीं थी। कहना चाहिए, यह अभाव मिट चुका है। आपको शायद ख़बर हो, मेरे पिता का निधन हो गया।'

'हाँ, सुना है—'

'उससे पहले, मैं अपनी यूनिट लेकर आउटडोर शूटिंग के लिए कलकत्ता गया था। मेरा बुरा वक़्त वहीं से शुरू हुआ। बेहद अजीब-सी घटना घटी—'

समूची शाम, हम आमने-सामने बैठे बातें करते रहे। स्टुडियो के सभी लोग अपने-अपने घर जा चुके थे। कुछ देर बाद हमें भी घर लौटना था।

अचानक गुरुदत्त ने अपनी कहानी छेड़ दी। वह कहानी, बेहद अजीब, बेहद मार्मिक थी। गुरु की बातें सुनकर मुझे अहसास हुआ कि इन्सान नामक प्राणी सच ही अजीबोगरीब जीव है। मुझे तो यह सब कुछ भी नहीं पता था।

गुरुदत्त जब अपनी फ़िल्म की शूटिंग के सिलसिले में कलकत्ता आया था, मैं उसे ज़्यादा वक़्त नहीं दे पाया था। उन दिनों मैं 'ख़रीदी कौड़ियों मोल' में दिन-रात व्यस्त था। गुरु के साथ उसकी पूरी यूनिट आयी थी। उसे सभी के खाने-पीने, रहने-सोने—सभी कुछ का इन्तज़ाम करना पड़ा। कलकत्ता से चौबीस मील दूर, एक पुरानी-धुरानी इमारत के अन्दर का दृश्य फ़िल्माया जाना था। लगभग महीने भर रहने की योजना थी। उसके साथ लगभग पचास-साठ लोग थे। उन लोगों के साथ जेनरेटर भी मौजूद था। गाँव में फ़िल्म की शूटिंग में जितनी सुविधाएँ होती हैं, उतनी ही असुविधाएँ भी। बहरहाल पूरी यूनिट के लिए धोबी-नाई से लेकर, सारी ज़रूरतों का पूरा इन्तज़ाम था।

ठीक उन्हीं दिनों, एक दिन उसे बम्बई से गीता का एक ख़त मिला।

गुरु ने कहा, 'देखिए, उन दिनों मैं दिन-रात मेहनत कर रहा था। दिन के वक़्त शूटिंग करता था और रात को उस सुदूर गाँव से टॉलीगंज स्टुडियो आकर प्रोजेक्शन देखता था, रश-प्रिण्ट देखता था।'

'हाँ, तो, गीता ने लिखा क्या था?'

'गीता ने लिखा था—मैं फौरन चला आऊँ। वहाँ कोई घटना घटित हो गयी थी।'

वाकई वह एक सर्वनाशी घटना ही थी। उन दिनों गुरुदत्त दिन-रात जी-तोड़ मेहनत में जुटा हुआ था। दिन-रात मेहनत का मतलब था—नींद हराम, खाना-पीना हराम, आराम हराम! आउटडोर शूटिंग का मतलब ही यही होता है। रात-रात भर टालीगंज स्टुडियो में रश-प्रिण्ट देखना और वैशाख महीने की चिलचिलाती धूप में फ़िल्म की शूटिंग करना। इसके अलावा रुपये-पैसों का हिसाब रखने का सवाल होता है, आर्टिस्ट लोगों के सुख-दुःख का भी सवाल होता है। कहानी का भी ध्यान रखना पड़ता है। उस पर से हीरो की भूमिका में अभिनय करना। लाखों-लाख रुपयों का मामला होता है।

सृजन के उस संग्राम के बीच, अचानक किसी घटना की ख़बर मिले, तो मन किस क़दर विचलित और परेशान हो उठता है, इसकी मैं कल्पना कर सकता हूँ। इसके अलावा, यह बांग्ला भाषा की फ़िल्म नहीं थी। हिन्दी जगत को नज़र में रखते हुए, फाइनेन्सर का ख़याल रखते हुए, फ़िल्म की शूटिंग करना।

घटना बिल्कुल अप्रत्याशित ढंग से हुई थी। उन दिनों गीता, गुरुदत्त के पाली हिलवाले बंगले में ही थी। उसके साथ और भी दो लोग और ठहरे हुए थे। दो लोग भी नहीं, कहना चाहिए तीन लोग वहाँ मौजूद थे। पति-पत्नी। वे लोग लन्दन से आये थे। पति का नाम था—सतीश भटनागर! वह लड़का बीबीसी में नौकरी करता था। गुरु उसे लन्दन से साथ ले आया और उसने उसे अपने स्टुडियो में नौकरी भी दे दी। उनके अलावा, एक नेपाली छोकरा भी था, जिसे गुरु दार्जिलिंग से लाया था। तीनों लोग गुरु के बंगले में, मेहमान के तौर पर ठहरे हुए थे और स्टुडियो में नौकरी करते थे। अचानक एक दिन भटनागर की विलायती मेम उस नेपाली छोकरे के साथ फुर्र हो गयी। भटनागर का बारह वर्षीय एक बेटा भी था। उसकी बीवी उस बेटे को छोड़कर हवा हो गयी।

मैंने पूछा, 'उसके बाद क्या हुआ?'

उसके बाद सतीश भटनागर की उस पीड़ा की ख़बर पाकर, उस नेपाली लड़के की बीवी अपने बेटे-बेटी को लेकर बम्बई आ धमकी। उस नेपाली महिला ने फोन पर गुरु को धमकी दी, 'आप लोगों की ही वजह से मेरा पति मुझे छोड़कर चला गया।' अजब मुसीबत आ पड़ी थी।

'उसके बाद?'

'उस वक़्त मेरी बेहद संगीन हालत थी। कलकत्ता छोड़कर न मैं जा सकता था, न यहाँ फ़िल्म-शूटिंग में मन लगा पा रहा था। अन्त में मैंने फ़िल्म जल्दी-जल्दी पूरी की और एक दिन के लिए शिकार पर, सुन्दरवन की तरफ निकल गया। मुझे शिकार करने की भी सनक है! मेरे पास बन्दूक का लाइसेंस भी है। इतनी दूर आकर, भला

मैं सुन्दरवन देखने नहीं जाता?'

'उसके बाद क्या हुआ?'

गुरु फिर शुरू हो गया, 'वहाँ शिकार करते हुए मैं एक और हादसे से बाल-बाल बच गया। असल में, मैं बेहद जल्दी में था। मैंने दो-तीन और लोग भी साथ ले लिए थे। वे लोग जंगली लोग थे, मेरे गाइड थे। उन्हीं में से किसी एक ने मुझसे पूछा कि बन्दूक कैसे दागते हैं। मैं उसे बन्दूक चलाना सिखाने लगा। अचानक एक गोली नली से दन्न से निकल पड़ी...।'

'सर्वनाश! फिर क्या हुआ?'

'मुझे क्या पता था कि उस बन्दूक में गोली भरी हुई थी। लेकिन, वह तो किस्मत अच्छी थी कि उस आदमी को गोली लगी नहीं। गोली उसके सिर को छूकर निकल गयी।'

गुरु ने दुबारा सिगरेट जला ली।

'पिताजी के निधन के साथ-साथ, ये सारी घटनाएँ हुईं। उसके बाद, सुन्दरवन में काण्ड हो गया। उसके बाद, सतीश भटनागर की बीवी भाग गयी।'

'लेकिन, आपने ही भला इतने सारे लोगों को अपने घर में क्यों ठहराया? उस नेपाली छोकरे को क्यों पकड़ लाये? सतीश भटनागर और उसकी बीवी को अपने यहाँ क्यों ले आये?'

'मैं तो उनकी भलाई करने की ही कोशिश कर रहा था। वे दोनों ही मेरे स्टुडियो में खुद कामकाज करना चाहते थे।'

'लेकिन, भई, उन्हें अपने यहाँ शरण क्यों दे दी? सारा दोष आप ही का है। आप ही इसके लिए जिम्मेदार हैं। आपको अभी भी आदमी पहचानना नहीं आया?'

गुरु ख़ामोश रहा। मैंने इससे ज़्यादा कुछ नहीं कहा। अगर ज़्यादा कुछ बोलता, तो गुरु कहीं दुःखी हो जाता। मुझे मालूम था, गुरु ख़ासा सेण्टिमेण्टल है। बेहद भावुक!

मैंने सिर्फ इतना ही पूछा, 'हाँ, तो, उसके बाद क्या हुआ?'

'उसके बाद, इसी बात को लेकर गीता और मुझमें बहस होने लगी। गीता ने सारा कसूर मुझ पर लाद दिया। वैसे जब मुझे गुस्सा चढ़ जाता है, तो मुझे होश नहीं रहता, बिमल बाबू! आपने मुझे कभी गुस्सा होते नहीं देखा, मेरे असिस्टेंट लोगों ने देखा है। वे जानते हैं मेरा गुस्सा कितना ख़तरनाक है।'

'लेकिन, आप आत्महत्या करने क्यों चल दिये?'

गुरु फिर ख़ामोश हो रहा।

'आपको एक बार भी 'साहब-बीवी-गुलाम' का ख़याल नहीं आया? आपने एक बार भी नहीं सोचा कि इतने रुपयों की फ़िल्म का क्या होगा? आपको अपने बच्चों का ख़याल नहीं आया? अपनी माँ के बारे में नहीं सोचा? भाई की भी एक बार याद नहीं आयी?'

गुरु ने इसका भी कोई जवाब नहीं दिया। वह ख़ामोश मुद्रा में मेरी बातें सुनता रहा।

मैंने बात फिर आगे बढ़ायी, 'इसके अलावा मियाँ-बीवी में तकरार कहाँ नहीं होती? किनके बीच नहीं होती? ज़रा, टॉलस्टॉय की ज़िन्दगी याद करें। अब्राहम लिंकन की ज़िन्दगी पर नज़र डालें। सुकरात की ज़िन्दगी के बारे में सोचें।'

मैं बारी-बारी से इन सभी लोगों की ज़िन्दगी दुहरा गया। गुरु भौचक्का-सा सुनता रहा। उसके बाद, मैंने उसे आखिरी चोट दी। मैंने उसे अपने बारे में बताया।

'आपको यह सुनकर अचरज होगा। हम मियाँ-बीवी में भी बीच-बीच में मल्लयुद्ध छिड़ जाता है! ज़बर्दस्त मल्लयुद्ध।'

गुरु एकबारगी अचकचा गया।

उसे जैसे कहीं उम्मीद की किरण नज़र आयी।

'आप दोनों के बीच भी झगड़ा होता है?' उसने सवाल किया।

'हाँ, होता है! दुनिया के सभी पति-पत्नी के बीच झगड़ा होता है।'

गुरु कुछ देर सोच में डूब गया।

थोड़ा ठहरकर उसने कहा, 'मेरा ख़याल था, मैंने वर्किंग-गर्ल से शादी की है, इसलिए यह हाल है।'

'नहीं! दो इन्सान ज़िन्दगी भर एकमन-एकप्राण रहें, यह क्या आसान बात है? झगड़े-झमेले नहीं होंगे? अरे, झगड़ा तो स्वस्थ प्रेम का लक्षण है। आपस में झगड़ा न हो, तो समझना चाहिए कि रिश्ते में कहीं कोई मिलावट है, बनावटीपन है, झूठ है।'

मेरी बातें सुनकर, गुरु को जैसे थोड़ी राहत मिली। थोड़ी-बहुत तसल्ली भी मिली।

थोड़ा ठहरकर उसने फिर पूछा, 'झगड़ा होने पर आप दोनों क्या करते हैं?'

'दोनों ही नींद की गोली निगलते हैं और सो जाते हैं। उसके बाद सुबह जब नींद टूटती है तो फिर मेल हो जाता है।'

गुरु ने ज़रा सोचकर कहा, 'आप वह सब गोली-वोली न खाया करें। वह बहुत बुरी चीज है। नींद की गोली भी एक क़िस्म का नशा है। एक बार यह आदत पकड़ ले, तो फिर छोड़ी नहीं जाती।'

'लेकिन उस वक़्त, उस परिस्थिति में, नींद की गोली लिये बिना और कोई चारा भी नहीं होता।'

'नहीं। फिर भी कभी न लें। पहले मैं भी लेता था। अब मैंने छोड़ दिया है। मैंने रूस में देखा है, दुनिया भर के सभी लोग आजकल नींद की गोलियाँ लेने लगे हैं। आप मत लिया कीजिए।'

'हाँ, तो उस दिन आपने क्या किया?'

'एक ट्यूब में अड़तीस टैब्लेट होती हैं। सारी की सारी पानी में घोलकर, पी गया।'

उसकी बात सुनकर मैं डर के मारे सिहर उठा। मुझे ऐसा लगा, मानो गुरु मेरे सामने ही बैठकर पूरी की पूरी अड़तीस गोली निगल गया। मैंने तीखी निगाहों से उसका चेहरा पढ़ने की कोशिश की। हैरत है! इतने लम्बे अर्से से उसे देख रहा था, लेकिन अभी भी उसे पहचान नहीं सका। इन्सान का मन भी कितना अजीब होता है। मन की गति भी कितनी विचित्र होती है।

उस वक़्त मेरे करीब एक ऐसा शख़्स मौजूद था, जो कुछेक दिन पहले ही आत्महत्या करने को आमादा था। ऐसा तजुर्बा भी दुर्लभ है। जितने दिनों मैं वहाँ रहा, मैं उसे शान्त करने की कोशिश करता रहा। लेकिन बड़ा अद्‌भुत जीव था–गुरु! जैसे वह अपने भीतर से ही दुःख और यन्त्रणा का सृजन करता था, वैसे ही खुशी की खुराक भी खोज लेता था। उसे जब कभी यह समझ में आने लगता था कि ज़िन्दगी को जितना ही बढ़ावा दोगे, वह तुम्हें उतना ही अपमानित करेगी, वह बीच-बीच में यह भूलने की कोशिश करता था कि वह ज़िन्दा है। जब वह अपने यार-दोस्तों से गप-सड़ाकों में मग्न होता था, तब उसे देखकर मुझे यही लगता था। उस वक़्त वह जैसे कोई और इन्सान होता था। उस वक़्त उसके पास जैसे कोई कामकाज नहीं होता था; जैसे उसकी कोई जिम्मेदारी नहीं होती थी। उस वक़्त वह बम-बम भोलेनाथ होता था।

लेकिन उसी गुरुदत्त को ही, मैंने कामकाज में दुबारा जुटते हुए भी देखा था। सुबह से ही कामकाज में इस कदर जुट जाता था कि कई-कई दिन-रात जाने कहाँ से और कैसे गुज़र जाते थे, उसे होश ही नहीं रहता था। वह खुद ही व्यस्त हो, ऐसा भी नहीं था। वह हम सबको भी कामकाज सौंपकर नेस्तनाबूद कर डालता था। बहरहाल, कुछेक दिन वहाँ रहने के बाद ही, मैंने देखा, बांग्ला फ़िल्म बनाने की धुन में, गुरु ने नये जोश से कामकाज शुरू कर दिया। उस दिन क्या उत्साहित था वह!

गुरुदत्त के स्टुडियो मैनेजर से एक दिन मैंने कहा, 'आप गुरु को मना कीजिए, यह फ़िल्म वह न बनाये–'

'नहीं, साहब, यह फ़िल्म तो बनकर ही रहेगी। आप काम शुरू कर दें–' गुरु स्वामी ने कहा।

कुछेक दिनों मैं काफी व्यस्त रहा। मैं अकेला नहीं था, मेरे साथ एक दोस्त भी था। उसका और मेरा नाम एक ही था। बस, वह दत्त था और मैं मित्र था! बिमल दत्त मेरा बहुत दिनों का पुराना दोस्त था। बिलासपुर में, जब मैं घूसखोर पकड़ने के काम में व्यस्त था, उन दिनों बिमल दत्त रेलवे में नौकरी करता था। साहित्य-रसिक था; कवि था, उपन्यासकार था। आजकल वह बम्बई में फ़िल्म स्क्रिप्ट लिखने के काम से जुड़ गया था। गुरु, मैं और बिमल–हम तीनों ही फ़िल्म स्क्रिप्ट लिखने में जुट गये। करीब बीस दिन काम करते रहने के बाद, जब यह काम पूरा हो गया, तो कोई

ख़ास काम आ पड़ा और मैं कलकत्ता लौट आने को लाचार हो गया। आने वाले दिन भी मैंने देखा, गुरु उस फ़िल्म में काफी दिलचस्पी ले रहा है और बेहद उतावला भी है, उस वक़्त 'साहब-बीवी-गुलाम' फ़िल्म लगभग पूरी हो चुकी थी। यह तय हुआ कि कलकत्ता में कुछ दिनों रहने के बाद, मैं दुबारा लौट आऊँगा और बाकी काम पूरा करूँगा।

कलकत्ता आते ही एक दिन ट्रंक कॉल पर गुरु ने मुझे तलब किया।

उसने कहा, 'आप ज़रा जल्दी आ जाएँ। साथ में भाभी को भी लेते आयें। इस बार कुछ ज़्यादा दिनों यहाँ रहना होगा। अगले बुधवार से फ़िल्म की शूटिंग शुरू हो जाएगी।'

मेरे मन में जाने कैसा तो सन्देह जाग उठा। यानी क्या सचमुच गुरुदत्त ही बांग्ला फ़िल्म बनायेगा? गुरु को शायद तब भी मैं अच्छी तरह पहचान नहीं पाया था।

पत्नी सहित, जब मैं बम्बई में उतरा, उस वक़्त रात हो चुकी थी। रात के शायद आठ बजे थे। रतन एअरपोर्ट पर हाजिर था।

मैंने पूछा, 'तुम्हारे साहब जी की क्या ख़बर है, खान?'

'जी, अच्छे हैं।'

रतन कभी ज़्यादा बातें नहीं करता था। उसकी बातों से मैं यह अन्दाज़ा नहीं लगा पाया कि गुरु के घर की हालत कैसी है। गीता घर में है या नहीं, यह अन्दाज़ा भी नहीं लग सका।

गाड़ी सीधे, पाली हिल के पचास नम्बर मकान के बगीचे में दाखिल हुई। मैं मन ही मन सहम गया। बीवी को साथ लेकर तो आ गया, अब, घर में गीता न मिली, तो...? गीता के साथ अगर अभी भी मनमुटाव चल रहा हो, तो...? वैसे, घर में अगर गीता नहीं थी, तो गुरु ने मुझे पत्नी के साथ आने की दावत क्यों दी?

घर पहुँचकर, मैं सीधे कमरे में दाखिल हुआ। बिल्कुल पहले की तरह ही सजा-सजाया कमरा! वही असबाब-फर्नीचर, वही बिस्तर-तकिया। पिछली बार, गुरु इसी कमरे में सोता था। कमरे की हालत देखकर मैं समझ गया, गुरु फिर अपने बेडरूम में रहने-सहने लगा है। हमारी खातिर-तवाजो कैसे करे, वह इसी सोच में व्यस्त था।

'चाय पीएँगे या कॉफी?' रतन ने पूछा।

'कॉफी चलेगी।' मैंने जवाब दिया।

रतन चला गया। लेकिन मैं ज़रा संकोच महसूस कर रहा था। घर में कोई भी नहीं था। न गुरु, न गीता! यहाँ तक कि गुरु के बेटे भी मौजूद नहीं थे। सिर्फ नौकर-चाकर, नौकरानी, कुत्ता, दरबान वगैरह ही घर में थे। अचानक बाहर गाड़ी रुकने की आवाज आयी। मैंने ज़रा राहत की साँस ली। कोई न कोई तो आ गया।

अगले ही पल आँधी-तूफान की तरह गीता कमरे में दाखिल हुई। बिल्कुल पहले जैसा रूप! बेहद प्रसन्न! काफी हँसी-खुशी, फुर्ती भरा मन-मिज़ाज!

मैंने पूछा, 'कहाँ थीं आप?'

'बेटों के स्कूल में आज पुरस्कार-वितरण था। वहाँ से दौड़ते-दौड़ते आ रही हूँ–'

उसकी बात अभी पूरी भी नहीं हुई थी कि फिर किसी गाड़ी के रुकने की आवाज़ आयी।

गुरु भी लपकते हुए, कमरे में हाजिर हुआ।

'अरे, बच्चों को नहीं लाये?'

मैंने गुरु के चेहरे की तरफ गौर से देखा। गीता का चेहरा भी पढ़ने की कोशिश की। उन दोनों को देखकर मुझे अन्दाज़ा हो गया कि दोनों के बीच का मनमुटाव दूर हो चुका है। वे दोनों फिर एकाकार हो चुके थे। दोनों में यह परिवर्तन देखकर मैं अत्यन्त प्रसन्न हो गया।

वह सन् 1962 का फरवरी महीना था। अर्से की अथक यन्त्रणा के बाद उन दिनों 'खरीदी कौड़ियों मोल' अभी हाल ही में प्रकाशित हुआ था। अब मैं पूरी तरह मुक्त और आज़ाद था। देह-मन के सभी अवसादों से रिहाई मिल गयी थी। सन् 1960 में यह यात्रा शुरू हुई थी, अब, दो साल गुज़र गये। जिस इन्सान की जीविका बिल्कुल अलग थी; जिस इन्सान के चरित्र से मेरी थोड़ी-सी मानसिक समानता थी, उसे इतने करीब से देखने-पहचानने का मुझे मौका मिला था, यही मेरा सबसे बड़ा लाभ था। इसीलिए जब भी, जितनी बार, मुझे गुरुदत्त को देखने का मौका मिलता था, मैंने वह मौका कभी नहीं छोड़ा। वैसे मैं जानता था कि गुरुदत्त के जीवन के रंग-ढंग से मेरा रंग-ढंग बिल्कुल फर्क़ था। लेकिन, एक बात मैं बख़ूबी जानता था कि हम बाहर से जिसे अलग समझते हैं, किसी न किसी जगह, सम्भव है, वह अलग न भी हो। कला-शिल्प में कोई ख़ूबी नज़र आते ही, वह वाह-वाह कर उठता है, मैं भी वहीं वाह-वाही देता हूँ, किसी इन्सान जैसे इन्सान को देखते ही, जैसे वह सारे कामकाज छोड़कर, उसी में मग्न हो जाता है, मैं भी वैसा ही हूँ। जैसे उसे यह जानकारी थी कि हँसी-खुशी के मोल की जाँच-परख रुपयों से नहीं हो सकती। मैं भी वैसा ही हूँ। उसे पता था कि ज़िन्दगी का एक और नाम यौवन है, मैं भी यही मानता हूँ। सत्तर वर्ष के बूढ़े में भी खुशी ग्रहण करने का मानसिक यौवन मौजूद हो सकता है और पच्चीस वर्ष के नौजवान में भी सत्तर वर्ष का बुढ़ापा मौजूद हो सकता है। यह हक़ीक़त हम दोनों ही जानते थे, इसलिए हम दोनों में उम्र का फर्क़ होते हुए भी, एक-दूसरे के अन्तरंग दोस्त बनने में कहीं कोई रुकावट नहीं आयी। हम दोनों एक-दूसरे के लिए सम-प्राण थे। हम दोनों के ही मन की उम्र एक ही थी। गुरु से बातें करते हुए,

मेरी उम्र कम हो जाती थी। हम दोनों एकाकार हो जाते थे। या यूँ कहूँ कि गुरु में एकाकार कर लेने की दुर्लभ क्षमता थी। इसीलिए जितने दिनों वह ज़िन्दा रहा, उतने दिन, बार-बार कलकत्ता लौट आने के बावजूद, वह मुझे बम्बई बुलाता रहा। जितने दिनों फ़िल्म बनती रही, उतने दिन, किसी न किसी बहाने, वह मुझे बम्बई आने के लिए कहता रहा। मैं भी मानसिक आबोहवा बदलने के लोभ में बार-बार वहाँ गया हूँ।

हर बार मैंने वहाँ जाकर पूछा, 'क्या बात है? बुलाया क्यों?'

गुरु जवाब देता था, 'फ़िल्म की कई रीलें तैयार हो चुकी हैं। ज़रा देख लें–'

फ़िल्मों के बारे में मेरी समझ ही कितनी-सी थी। मैं फ़िल्मी दुनिया का आदमी नहीं था। लेकिन मुझे देखे बिना, जैसे उसे चैन नहीं मिलता था। हालाँकि मेरे जाने-आने का ख़र्च क्या कम था? बीच-बीच में वह फ़िल्म के प्रोड्यूसर, अबरार आल्वी को बुला लेता और मुझे उसके साथ फ़िल्म की चर्चा-परिचर्चा के लिए बिठा देता था। मैं कहानी-लेखक ज़रूर था, मगर वह मुझे पूरा-पूरा सम्मान देता था। ऐसा सम्मान, हिन्दी फ़िल्म जगत में अन्य किसी भी कथा-लेखक को मिला है, यह कभी सुनने में नहीं आया।

इसीलिए अभिनेता विश्वजित ने एक बार मुझसे कहा था–'आप गुरुदत्त को देखने के बाद, बम्बई के अन्यान्य प्रोड्यूसर के बारे में विचार न करें।'

विश्वजित की बात चूँकि सच थी, इसलिए मैंने उस पर विश्वास किया था। उसकी बात पर विश्वास करके, मैंने कभी, किसी के साथ तुलना करने की कोशिश नहीं की। परिचय जब घनिष्ठ हो जाता है, तभी इन्सान का दोष-त्रुटि-गुण हमारी पकड़ में आता है। ये सब ज़्यादा दिनों तो ढँके-दबे नहीं रखे जा सकते। ख़ासकर एक ही मकान में। ख़ासकर एक ही परिवेश में घण्टों-घण्टों वक़्त गुज़ारने के बाद। इसीलिए मैं उससे दूर या पास जहाँ कहीं भी रहता था, मन ही मन प्रार्थना करता था–गुरु का मंगल हो।

लेकिन इन्सान की मंगल-कामना का सुफल आखिर कितना-सा होता है, इस बारे में आज मेरे मन में दुविधा जाग उठी है। मुझे लगता है, किसी बात से कुछ नहीं होता, वर्ना गुरु के पास क्या कुछ नहीं था और एकमात्र चैन या शान्ति के अलावा, उसे क्या नहीं मिला? सबसे बड़ी बात तो यह थी कि उसके पास मन था, जिसके सहारे वह इन्सान के सर्वस्व का विचार करता था। उसी के सामने, उसे नुक़सान पहुँचाने वाले लोगों की भी कमी नहीं थी। उसकी खुशामद करके, अपने लिए सुविधा वसूल करने वाले लोगों का भी अभाव नहीं था। लेकिन, आज तक मुझे ऐसा कोई इन्सान नहीं मिला, जिसे उसके अन्दर कोई ऐब या दोष मिला हो। गीता, उसकी बीवी होने के बावजूद, उसके चरित्र में दोष खोजने निकली और एकदम से हैरान रह गयी। जहाँ कहीं, किसी के साथ विरोध हुआ, वह उसका ऐब या दोष नहीं था, दुर्जेय मानसिकता थी। जिसने भी गुरु को पहचान लिया, वह पल-भर में उसका

दोस्त बन जाता था, उसे प्यार कर बैठता था। उसके ऐसे दोस्तों की संख्या असंख्य है। अगर समूचे भारत देश में खोजा जाए, तो गिनती ख़त्म हो जाएगी, उसके ऐसे दोस्तों की गिनती ख़त्म नहीं होगी।

इसीलिए जब मैंने देखा कि गुरु और गीता खुश हैं; दोनों के ही हँसते-खिलखिलाते चेहरे। दोनों के ही चेहरे पर खुशी-खिलखिलाहट। दोनों आपस में बातें करते हुए खुशी से सराबोर हैं।

'शूटिंग कर रहे थे?' मैंने पूछा।

'एक डांस-सीक्वेंस शूट कर रहा था। पिछले आठ दिनों से इस डांस की शूटिंग चल रही थी, आज जाकर पूरी हुई।'

हम सब मिलकर खाने की टेबल के इर्द-गिर्द बैठ गये। मुझे लगा, वाकई, यही सुखी परिवार है। यहाँ परिपूर्ण प्रेम, परिपूर्ण सुख है। लेकिन, उस पल क्या मुझे पता था कि कोई अदृश्य देवता आड़ में बैठा हुआ मुझ पर मार्मिक कटाक्ष कर रहा है।

सचमुच वे कुछेक दिन बेहद सुहाने गुज़रे। मैं, मेरी पत्नी, गीता और गुरु! मैं और गुरु, सुबह-सुबह ही स्टुडियो चले जाते थे। उन दिनों मेरा मन भी काफी हल्का था। दिमाग़ से 'खरीदी कौड़ियों मोल' का वज़नी बोझ उतर चुका था। पहली बार, मैं खुले दिल से सारा कुछ देखने लगा। मेरे साथ बिमल दत्त भी होता था। स्क्रिप्ट लिखा जाने लगा। सुबह स्टुडियो में किसी और के दाखिल होने से पहले, हम स्टुडियो में पहुँच जाते थे। रतन पहले ही जाकर, कमरे का ताला खोल देता था; पंखा ऑन कर देता था; ए सी भी चला देता था। उसके बाद वह चाय रख जाता था और बैग से सिगरेट निकालकर मेज़ पर सजा देता था। अन्त में, कमरे में ध ूप भी जला देता था।

उस वक़्त किस्से-कहानियों, स्क्रिप्ट और भावी योजनाओं का ज़िक्र छिड़ जाता था। गुरु बेहद खुश नज़र आता था। पिछली फ़िल्म 'चौदहवीं का चाँद' से काफी कमाई हुई थी। प्रोड्यूसर के तौर पर गुरु का काफी नाम हुआ था। उसके बाद, उसने शरतचन्द्र के 'बैकुंठ की वसीयत' फ़िल्म में 'गोकुल' की प्रधान भूमिका निभायी थी, उम्मीद थी कि वह फ़िल्म भी शोहरत हासिल करेगी। कई अन्य फ़िल्मों में भी अभिनय करने का आमंत्रण मिला था।

गुरु ने कहा, 'जानते हैं, अब सभी लोग फ़िल्मों में अभिनय के लिए मेरे पीछे पड़े हैं। के. आसिफ एक नयी फ़िल्म बनाने वाले हैं–'लव ऐंड गॉड' उसमें भी वे मुझे हीरो की भूमिका में लेना चाहते हैं।'

'अच्छा ही तो है।' मैंने कहा।

लेकिन इन सबका अन्त कहाँ था? यह ख्याति, यह दौलत, यह प्रतिष्ठा, यह नाम-यश–इन सबकी कहीं कोई परिसमाप्ति है? गुरु निहायत गरीब घर की सन्तान,

धीरे-धीरे भौतिक सुख के चरम शिखर पर पहुँच गया। उसके बाद, नाम यश के साथ-साथ आ मिला, लोभ, अति फ़िज़ूलख़र्ची; आ जुड़े दुश्मन, दोस्त! उन दिनों 'आराम' जैसी कोई चीज़ नहीं रही; 'नींद' के नाम पर कुछ भी नहीं रहा। चापलूस लोगों के झुण्ड ने आ घेरा। यह था—गुरु!

यही ट्रेजेडी, गुरुदत्त की ट्रेजेडी बन गयी। इसी ट्रेजेडी ने गुरु को अस्थिर कर दिया। अपने चारों तरफ घिरे लोगों की ओर देखते हुए, गुरु मात्र एक स्तुति बन गया। स्तुति का उपादान। क़द्रदानों की भी संख्या ज़रूर मौजूद थी, लेकिन बेहद कम। सभी लोग लाखों-लाख रुपयों के आकर्षण में उसके इर्द-गिर्द जुटने लगे। उसके सामने, मीठी-मीठी बातों का मोह-जाल! सिर्फ मीठी-मीठी बातें—तुम जीनियस हो। तुम ग्रेट हो! तुम महान हो! तुम्हारे जैसा इन्सान कोई नहीं है—यही सब प्रशंसा-वाक्य बरसाने के लिए, उसके आस-पास लोगों की भीड़ जमा होने लगी। ऐन उन्हीं दिनों मैं भी बम्बई में हाजिर हुआ।

गुरु ने ही एक दिन कहा, 'बिमल बाबू, आप बम्बई चले आयें।'

'बम्बई! बम्बई कैसे आ सकता हूँ?'

'एक ज़माने में, मैं अभिनय करना चाहता था, उस वक़्त किसी ने भी मुझे मौका नहीं दिया। मैं सिर्फ डायरेक्टर-प्रोड्यूसर बनकर रह गया। वह तो देवानन्द था, मेरा दोस्त, जिसने मुझे चांस दिया।'

'लेकिन, कहानी के बारे में आपको इतनी जानकारी कैसे हुई?'

'बचपन में मेरे पिता अपने दफ़्तर से किताबें लाया करते थे। बाबू जी को पढ़ने की धुन थी। हम चार भाइयों में, सिर्फ मुझे और आत्मा को पढ़ने की झख है। बाकी दोनों भाइयों में, किसी को भी पढ़ने का नशा नहीं है। काफी छुटपन में ही मैंने मोपासां की सारी कहानियाँ पढ़ डाली थीं—'

उसके बाद, गुरु जो भी पढ़ता था, अगर पसन्द आ गयी, तो वह उसके दिल में बस जाती थी। वह ज़माना ऐसा था, जब किताबें खरीदने के लिए उसके पास पैसे नहीं होते थे।

'फ़िल्मों के बारे में जानने का मन तो होता था, मगर मेरे पास जानने का कोई जरिया नहीं था। अब, मैं सारी फ़िल्मी पत्रिकाएँ खरीदता हूँ, विलायत से भी मँगाता हूँ। सारी किताबें घर में पड़ी हैं, लेकिन पढ़ने वाला कोई नहीं है। यह देखकर तकलीफ होती है—'

'............' मैं श्रोता बना, सुनता रहा।

'इसी तरह, अचानक एक दिन 'स्टेट्समैन' अख़बार में छपी एक कहानी पर नज़र पड़ी। कोई नया लेखक था, लेखन भी कच्चा था। लेकिन वह कहानी अर्से तक मेरे दिमाग़ में घूमती रही। कई साल गुज़र गये। लेकिन, वह कहानी मेरे दिमाग़ से विस्मृत नहीं हुई। मैंने उसी कहानी पर बाद में फ़िल्म बनायी—प्यासा! वह भी सफल

और सार्थक फ़िल्म थी। उस फ़िल्म की वजह से काफी नाम, दौलत और प्रतिष्ठा अर्जित की।'

'......................'

'सुनिये, आप जैसा चाहें....'पे-रोल' पर गेस्टहाउस में रहना चाहें, तो रहें या किसी और तरीके से...। आपके लिए मैं एक फ्लैट का भी बन्दोबस्त कर दूँगा...।'

'नहीं, अब यह सम्भव नहीं है! ऐसा बहुत पहले हुआ होता, तो मैं सोचता....शायद यह सम्भव था।'

'आप अगर मेरे पास होते, तो बहुत बेहतर होता। यहाँ, बम्बई में कथा-लेखकों का बेहद अभाव है। मैंने यहाँ के लगभग सभी लेखकों से कहानियाँ लिखायीं, महीने-महीने रुपये देता रहा, लेकिन जब वे लोग कहानी लिखकर लाये, मुझे दिखाया, तब वे कहानियाँ पढ़कर मुझे हँसी आती रही...।'

गुरु ने अनगिनत लेखकों के नाम बताये। अब यहाँ उन लेखकों का नाम लेना उचित नहीं होगा।

मैंने गुरु को बांग्ला के प्रतिष्ठित कथा-लेखकों की कहानियाँ पढ़ने की सलाह दी।

गुरु ने कहा, 'ऐसा करें, आप एक लिस्ट बना दें, मैं खरीद लूँगा।'

मैंने एक लिस्ट बनाकर उसे थमा भी दी। बंगाल के किसी भी लेखक के नाम की छँटनी मैंने नहीं की। सभी लेखकों की श्रेष्ठ कहानियों, श्रेष्ठ किताबों की मैंने लिस्ट तैयार कर दी। लगभग पाँच सौ रुपये ख़र्च करके, गुरु के डिस्ट्रिब्यूटर ने वे तमाम किताबें उज्ज्वल बुक्स से खरीदीं और गुरु को भेज दीं।

गुरु ने कहा, 'चलो, अब ये किताबें एक-एक करके पढ़ डालूँगा।'

उस बार, जितने दिनों मैं वहाँ रहा, मैंने गुरु को खुश रखने की कोशिश की। लेकिन, हमारे वापस लौटने से पहले ही एक हादसा हो गया। बेहद भयंकर और मार्मिक हादसा! लेकिन उस हादसे के बारे में बताने से पहले एक और घटना बयान करता चलूँ–

एक दिन पहले तक किसी को कोई अंदेशा नहीं था। उस घटना का कहीं कोई लक्षण भी नज़र नहीं आया। हम सब बड़े आराम से गपशप करते रहे। सिर्फ आखिरी दिन ही नहीं, इस बार पूरे प्रवास में गुरु ने ढेर-ढेर बातें कीं। 18 मार्च से ही हम चारों लोग मानो एकाकार हो गये थे।

पिछले कुछेक दिनों से गीता लगातार कह रही थी, 'भाभी जी, बम्बई आयी हैं, आप इन लोगों को घुमाने-फिराने भी नहीं ले गये–'

काफी दिनों बाद, गुरु भी काफी खुश मूड में था। हम सबको बटोरकर, एक दिन वह निकल पड़ा। लोनावाला की तरफ दो-दो गाड़ियाँ चल पड़ीं। एक गाड़ी में

गुरु की माँ, वासन्ती देवी, मेरी पत्नी गीता और बेबी। बेबी ने अमृता राय के नाम से 'गुलमुहर' फ़िल्म में, नायिका का अभिनय किया था। सामने की गाड़ी में, मैं और गुरु!

बीच-राह में एक जगह गाड़ी रोककर, दोपहर का लंच ख़रीदकर, पैक कर लिया गया। गाड़ी जब अपने गंतव्यस्थल पर पहुँची, तब दिन ढल चुका था। खेतों के धान कट चुके थे। समूचा खेत साँय-साँय कर रहा था। विशाल फार्म हाउस! चारों तरफ काँटे-तार का बेड़ा! मुर्गियों का झुण्ड दाना चुगता हुआ! माली ने आकर सलाम किया। स्टोव पर चाय चढ़ा दी गयी। फार्म हाउस में हर तरह का इन्तज़ाम था। इलेक्ट्रिक लाइट, टेलीफोन, पलँग-बिछावन, यहाँ तक कि ट्रैक्टर तक मौजूद था। बिल्कुल छोर पर, एक कोने में, छोटी-सी नहर! गुरु ने उसमें मछली भी पाल रखी थीं। लेकिन, अब सारी मछलियाँ मर चुकी थीं।

गुरु मुझे वह जगह दिखाने लगा।

'देखिए, इतना बड़ा फार्म बनाया है। लेकिन इन सबकी देखभाल करने वाला कोई नहीं है। गीता अगर इन सबकी देखभाल कर पाती, तो कितना अच्छा होता।'

वहाँ, बगल में ही एक नदी थी। औरतें उस नदी में नहाने चली गयीं। मैं और गुरु, दोनों बाथरूम में ही नहा लिये। ज़िन्दगी में सिर्फ इसी जगह आकर, गुरु थोड़ी-बहुत राहत महसूस करता था। जब कभी वह अशान्ति से बेचैन हो उठता, दौड़कर यहीं भाग आता था। यहाँ आकर, इस शान्त-एकान्त आबोहवा में आकर, वह अपनी अनिद्रा, अशान्ति, असन्तोष—सब कुछ भूल जाने की कोशिश करता था।

मुझे अचानक याद आया—आज 18 मार्च है, मेरा जन्मदिन! गुरु का जन्मदिन 9 जुलाई को पड़ता था। ख़ैर, वह दिन आने में काफी देर थी। लेकिन, ठीक मेरे ही जन्मदिन पर गुरु ने यहाँ आने का कार्यक्रम क्यों बनाया। शायद यह संयोग ही था। आज अगर समूचा दिन भले-भले गुज़र जाए, तो मुझे थोड़ा चैन आये, क्योंकि गुरु के मामले में कुछ भी नहीं कहा जा सकता। जिस किसी पल, कोई भी हादसा हो सकता है। पहले से कोई अन्दाज़ा लगाने का कोई उपाय भी तो नहीं था।

शाम को मैंने कहा, 'चलिए, ज़रा टहल आयें—'

'चलिए!' गुरु राजी हो गया।

सामने ही पूना रोड! कोलतार बिछी, लम्बी-चौड़ी, विशाल सड़क! सड़क के दोनों ओर, ऊँचे-ऊँचे पेड़! बीच-बीच में दो-एक प्राइवेट गाड़ियाँ या लॉरी या बस गुज़रती हुई। सड़क का छोर, सुदूर दिगन्त में जा मिला था। हम दोनों अभी सड़क पर चल रहे थे। असल में, गुरु को कुछ देर टहलाना ही मेरा उद्देश्य था। गुरु सारे-सारे दिन या तो बैठा रहता है या गाड़ी ड्राइव करते हुए घूमता-फिरता रहता है। यह उसकी सेहत के लिए नुकसानदेह था। इस तरह थोड़ा-बहुत टहलने से, शायद उसकी सेहत बेहतर हो सके।

लेकिन इतनी-इतनी रातें जागते रहने के बावजूद उसकी सेहत ख़ास नहीं

बिगड़ी, यही अचरज की बात थी।

'आपको इसी तरह, बीच-बीच में टहलना चाहिए।' मैंने कहा।

'हाँ, सच, टहलना तो चाहिए।'

'तो फिर, बम्बई में टहलने क्यों नहीं जाते? सुबह-सवेरे जुहू बीच पर जाकर, कुछ देर टहल सकते हैं।'

'हाँ, कर तो सभी कुछ सकता हूँ, लेकिन...बस, सम्भव नहीं होता।'

'अभी, आपको टहलने में तकलीफ होने लगे, तो बताइएगा, हम लौट चलेंगे।'

गुरु को टहलना शायद अच्छा लग रहा था। इतने वर्षों से उसने यहाँ अपना घर बनाया था, लेकिन इस रास्ते पर, कभी यूँ टहलने नहीं आया।

उसने बातचीत जारी रखी, 'इस बार मैं गीता को लेकर काश्मीर गया था। वहाँ खूब-खूब टहलता था; खूब-खूब घूमता था। वहाँ एक साधु से भी भेंट हुई, बिमल बाबू! उसने क्या कहा, जानते हैं?'

'क्या कहा?'

'मेरा और गीता का बहुत दिनों का शौक है—हमारी एक बेटी हो! दो-दो बेटे हैं, एक बेटी भी हो जाए, तो अच्छा हो! उस साधु ने कहा कि इस बार गीता को बेटी ही होगी।'

'आपको साधु-संन्यासियों में विश्वास है?'

'विश्वास? मुझे किस पर विश्वास नहीं है, यह बताएँ? मेरा विश्वास है कि दुनिया में ऐसी बहुत-सी चीज़ें हैं, जो इन्सान के विश्वास-अविश्वास से परे हैं। मेरी अपनी ही ज़िन्दगी में ऐसी घटना घटी हैं। इधर कुछेक वर्षों से जिस यन्त्रणा में मेरी ज़िन्दगी गुजर रही है, उसका भी कोई तर्कसंगत कारण नहीं है। सारी घटनायें, मेरे पिता के निधन के बाद ही घट रही हैं। बेहद अशान्ति है...और साथ ही साथ ढेरों दौलत! इतनी अशान्ति आखिर कौन देता है? और इतने-इतने रुपये क्यों आते जा रहे हैं? आजकल मैं अक्सर सोचता रहता हूँ कि आखिर ऐसी कौन-सी अशान्ति... ऐसी कौन-सी बेचैनी थी, जो मैं आत्महत्या पर आमादा हो गया? यह सोचता हूँ और डर से आतंकित हो उठता हूँ। लेकिन उस दिन, बेहिचक स्लीपिंग-पिल निगलने में, मुझे कोई दुविधा नहीं हुई थी।'

समूचे रास्ते ऐसी ढेरों बातें होती रहीं। हम दोनों चलते-चलते, दो मील तक चले आये थे। अब, हम लौट चले।

लोनावाला से लौटते हुए, अस्सी मील के सफर के दौरान भी उन्हीं सब बातों का सिलसिला जारी रहा। बचपन की छोटी-छोटी यादें! कलकत्ते में अपने घर के सामने, गली-सड़क पर लट्टू नचाने की यादें।

'आपको बताऊँ, एक बार क्या तमाशा हुआ! मुहल्ले के लड़के ने अचानक मुझसे कहा, तू अपने पिता का गोद लिया हुआ बेटा है—'

'अरे!'

'यह बात उसने मज़ाक में कही थी। लेकिन मैं कुछ दिनों कितना मानसिक क्लेश झेलता रहा, आपसे क्या कहूँ!! मैं मन ही मन अपनी माँ की बातों, उनके बर्ताव वगैरह का विश्लेषण करता रहा। मुझे लगा कि उस लड़के ने सच ही कहा था। सच ही, ज़िन्दगी भर मेरी माँ ने मुझसे सही बर्ताव नहीं किया और मुझे पक्का विश्वास हो गया कि मैं अपने माँ-बाप का पाला हुआ बेटा हूँ।'

'फिर...?'

'फिर उसके बाद, सच सामने आ गया। असल में उस लड़के ने मज़ाक-मज़ाक में मुझे भड़काने की कोशिश की थी।'

'लो, इसी विषय पर अच्छी-सी कहानी बन सकती है।'

'तो लिखिए न!'

'ठीक है, लिखूँगा।'

हम बम्बई के नजदीक पहुँच गये थे। मैंने पीछे मुड़कर देखा, दूसरी गाड़ी भी हमारे पीछे-पीछे आ रही थी। गीता, गुरु की माँ, मेरी पत्नी और बेबी! पूरा दिन, सभी ने महा-आनन्द में गुज़ार दिया था।

गुरु की माँ, बसन्ती देवी ने मुझे आड़ में ले जाकर कहा, 'अर्से बाद मैंने गुरु के चेहरे पर हँसी देखी है।'

वैसे मेरी अपनी खुशी सबसे बढ़कर थी। वाकई, समूचा दिन काफी मज़े में गुज़र गया। गाड़ी बम्बई में लगभग दाखिल हो चुकी थी। अब किसी अशान्ति की आशंका नहीं थी। आखिरकार मुझसे रहा नहीं गया।

मैंने कह ही डाला, 'आपको एक बात बताऊँ। सुबह आपको नहीं बतायी। लेकिन, अब बताने से कोई नुकसान नहीं होना है, जानते हैं, आज मेरा जन्मदिन है।'

'अच्छा?' गुरु अचकचा गया 'हैपी बर्थडे टु यू! आपने पहले क्यों नहीं बताया?'

'बताने से, अगर कोई मुसीबत घिर आती, तो मेरे अफसोस की सीमा नहीं रहती।'

हमारी गाड़ी बिना किसी रुकावट के पाली हिल के बंगले में दाखिल हो गयी।

अपनी खुशी के साथ, अगर किसी दूसरे की खुशी भी आ मिले, तो खुशी दुगनी होकर, महाखुशी की वजह बन जाती है। मेरे मन को भी खुशी हुई है, यह सोचकर कि गुरु अपनी हज़ारहा तकलीफों के बावजूद कमोबेश खुश हो आया। मैंने देखा, गुरु की माँ के चेहरे पर भी खुशी की छाया है। गीता और बेबी भी खुश थीं। छुट्टी की ऐसी भरपूर खुशी जीने का मौका ज़िन्दगी में आखिर कितने दिन आता है।

स्क्रिप्ट लिखने का काम पूरा हो चुका था। सन् 1962 मार्च का महीना! 'आनन्द बाजार पत्रिका' के बाद शरद-अंक के लिए उपन्यास लिखना था। तकादे पर तकादा आ रहा था। लेकिन उन दिनों मैं बेतरह थका हुआ था। हाल ही में, मैंने 'खरीदी कौड़ियों मोल' ख़त्म किया था। उस वक़्त और कोई काम लेने का मन नहीं हो रहा था। लेकिन फिर भी निरुपाय था। कलकत्ता लौटने की तैयारी भी पूरी हो गयी।

वापस लौटने में, अभी भी दो दिन बाकी थे। अचानक वह हादसा हो गया।

पिछली रात भी, हम चारों जन, काफी रात तक गपशप करते रहे। खाते समय, गोलाकार बैठे हुए, हर रोज़ की तरह अड्डा जमा था। उसके बाद सभी सोने के लिए अपने-अपने बिस्तर पर जा लेटे।

सुबह नींद से जागते ही मैं आरामकुर्सी पर पीठ टिकाये बैठा हुआ था। मेरे कमरे के सामने ही बगीचा! बगीचे में ऊँचे-ऊँचे पेड़! ढेरों पंछी उन पेड़ों पर अपना बसेरा बनाये हुए! ये सारे दृश्य आँखों को बेहद अच्छे लग रहे थे। रतन हर दिन, मेरे लिए चाय वहीं हाज़िर कर देता था। घर के अन्दर से बातचीत की आवाजें मेरे कानों तक पहुँचती रहती थीं। घर के अन्दर रोजमर्रा के कामकाज की हलचल शुरू हो जाती थी। उसके बाद गीता भी आ पहुँचती थी। गीता के बच्चे सुबह-सुबह स्कूल जाते थे। गीता उन दोनों को अपने हाथों से तैयार करती थी। उसके बाद, गुरु के स्टुडियो जाने का समय हो जाता था। बदन पर लुंगी और कुर्ता चढ़ाकर, पान चबाते-चबाते, गुरु गाड़ी स्टार्ट करता था। उसकी बगल में मैं बैठा होता था। यह सब रोज़मर्रा का कार्यक्रम था।

लेकिन उस दिन अजीब-सी ख़ामोशी! कहीं, कोई शब्द...कोई आहट नहीं। हम दोनों को ताज्जुब हुआ। रतन अभी तक चाय नहीं लाया था। गुरु परिवार क्या आज काफी देर तक सो रहा है? आठ बजे, नौ बजे, साढ़े नौ भी बज गये। इन लोगों को क्या हो गया है?

काफी देर बाद, रतन चाय लेकर हाजिर हुआ।

'क्यों, जी, रतन, तुम्हारे साहब क्या जाग गये?'

रतन ने रटा-रटाया शब्द दुहरा दिया, 'जी-हाँ!'

रतन चला गया।

हम दोनों चकित-से बैठे-बैठे यह सोचते रहे कि गीता अब तक आयी क्यों नहीं? गुरु क्या आज स्टुडियो नहीं जाएगा?

अचानक एक काण्ड हो गया। मैंने देखा गीता की बड़ी गाड़ी, बगीचे के अन्दर दाखिल हुई। गाड़ी से ड्राइवर उतरा।

उसने करीब आकर मेरी पत्नी से कहा, 'भाभी जी, दीदीमणि ने आपको बुलाया है।'

दीदीमणि! उसकी ज़ुबान से यह शब्द सुनकर हम चकरा गये। दीदीमणि! यानी

गीता! गीता कहाँ चली गयी है?

ड्राइवर ने दुबारा कहा, 'दीदीमणि, सान्ताक्रुज में हैं।'

सान्ताक्रुज! यानी गीता का पीहर! गीता की माँ, भाई-बहन वहीं रहते थे। लेकिन पिछली रात, बारह बजे तक तो गीता यहीं...इसी घर में थी। वहाँ वह कब चली गयी? सारा किस्सा मुझे अजीब रहस्यमय लगा।

'दीदीमणि वहाँ कब गयीं? आज सुबह?'

'कल रात दो बजे, वे यह घर छोड़कर चली गयीं।'

'अरे! क्यों?'

ड्राइवर ने मेरे इस सवाल का कोई जवाब नहीं दिया। वह ख़ामोश खड़ा रहा। मेरी निगाहें अपनी पत्नी से जा मिलीं।

'साहब कहाँ हैं?' मैंने पूछा।

'यहीं...घर में!'

'सो रहे हैं?'

'जी-नहीं, जगे हुए हैं।'

अर्से पहले गीता ने मुझे जो-जो बातें बतायीं, उस पल मुझे अचानक याद आ गयीं।

खाने की मेज के सामने बैठे-बैठे, गीता ने एक दिन मुझे बताया था–'बिमल'दा, आपने 'साहब-बीवी-गुलाम' में जो कहानी लिखी है, हमारा यह घर भी बिल्कुल वैसा ही है।'

मेरी पत्नी ने ड्राइवर से कहा, 'तुम आधे घण्टे में आओ, तब तक मैं तैयार हो लेती हूँ, फिर चलती हूँ।'

ड्राइवर गाड़ी लेकर बाहर निकल गया।

गाड़ी बाहर जाते ही, गुरु एकदम से हाजिर हुआ! मैंने उसके चेहरे की तरफ देखा! वह फिर गम्भीर नज़र आया।

मेरी पत्नी पर नज़र पड़ते ही गुरु एकबारगी चौंक गया, 'क्या हुआ, भाभी जी, आप सान्ताक्रुज नहीं गयीं? गाड़ी आयी है, यह तो मैंने देखा–'

गाड़ी जब बाहर निकल गयी, तो गुरु को शायद यह लगा कि मेरी पत्नी उस गाड़ी में जा चुकी है।

'अचानक, गीता चली क्यों गयी?' मैंने सवाल किया।

गुरु ने संक्षिप्त-सा जवाब दिया, 'तबीयत अचानक बिगड़ गयी है–'

उल्टी-पुल्टी बातें! मेरे पल्ले कुछ नहीं पड़ा। गीता के ड्राइवर ने कुछ और बताया, गुरु कुछ और बता रहा था। मैं किसकी बात पर विश्वास करता?

उतनी देर में मेरी पत्नी तैयार हो गयी। कुछ देर में गाड़ी भी दुबारा आ पहुँची। मेरी पत्नी चली गयी–।

गुरु के मन के अन्दर आँधी चल रही है, मैंने गौर किया। इतनी खुशी, इतनी हँसी, इतना मेल, अचानक ही सारा कुछ नष्ट हो गया। नष्ट क्यों हो गया, मेरी समझ में नहीं आया। ऐसा क्यों होता है, मेरे पल्ले यह भी नहीं पड़ा। ऐश्वर्य के चरम शिखर पर बैठकर भी, बेचैनी और अशान्ति का तूफान झेलना—क्यों होता है ऐसा?

मुझे याद है, एक बार गुरु के घर पर ही था। अचानक, एक ज्योतिष हाज़िर हुआ। गुरु और गीता की जन्मपत्री देखकर, उसने काफी कुछ बताया था। काफी देर तक वह जन्मपत्री की जाँच-परख करता रहा। मैं अपने कमरे में बैठा-बैठा यह अन्दाज़ा नहीं लगा पाया कि इस वक़्त वे दोनों ऐसे कौन-से काम में उलझे हैं। बाद में, मैंने सुना कि कोई ज्योतिष पधारे हैं।

उस दिन मैंने अकेले-अकेले ही खाना खाया। जब ज्योतिष महाराज मोटी दक्षिणा लेकर चले गये, वे दोनों मेरे कमरे में आये।

मैंने पूछा, 'हाँ-जी, ज्योतिष महाराज क्या फरमा गये?'

'मेरा मंगल काफी बुरा है' गुरु ने जवाब दिया।

'मतलब?'

'ज्योतिष जी आगाह कर गये हैं कि मंगलवार को मैं कोई काम न करूँ। वैसे मैंने भी देखा है कि मेरा मंगल का दिन, हमेशा बहुत बुरा गुज़रता है। मेरी ज़िन्दगी में जितने भी हादसे हुए हैं, सभी मंगलवार के दिन हुए हैं।'

उसकी बात सुनकर गीता बोल उठी, 'तो तुमने मंगल के दिन मुझसे विवाह क्यों किया?'

अब इस सवाल का जवाब आखिर कौन देता?

काफी लम्बे अर्से से गुरु, गीता से विवाह कर लेने की जिद करता रहा। लगभग दो-तीन साल तक! अन्त में जब विवाह की तारीख तय हो गयी, तो वह था, वही कुख्यात 'मंगलवार'! गुरुदत्त की किस्मत में शायद यही लिखा था। अब निश्चित नियति को आखिर कौन टाल सकता है? उसके बाद मियाँ-बीवी में जितनी बार इस बारे में बात हुई, उतनी ही बार गुरु अपनी इस करतूत के पक्ष में कोई सफाई नहीं दे सका। अब, यह कौन बता सकता है कि उसने शादी के लिए मंगलवार ही क्यों चुना और उसी दिन शादी करने की ज़िद क्यों की? वैसे उन दोनों में कितना मधुर रिश्ता था। बहुत बार मुझे इस बात का भी नजीर मिला है कि वे दोनों एक-दूसरे के बिना रह नहीं पाते थे। आमतौर पर ऐसा आकर्षण पति-पत्नी में नहीं होता। गीता की अनुपस्थिति में गुरु अपने को बेहद अकेला और असहाय महसूस करता था। लेकिन, फिर भी दोनों ही यह बात दिल खोलकर कबूल नहीं कर पाते थे।

एक जन की आड़ में दूसरा जब भी मुझे पाता था। अपना-अपना दुःख सुनाता था। मैं भी उन दोनों का दर्द सुना करता था। लेकिन उनसे कहने के लिए मुझे सान्त्वना या प्रतिकार की भाषा नहीं मिलती थी। मैं एकान्त में ईश्वर से प्रार्थना करता

था—भगवान अगर तुम सचमुच हो, तो उन दोनों के मन की विसंगतियाँ दूर कर दो। लेकिन, दुर्ज्ञेय भवितव्य का ही एक और नाम है—'नियति'! उस नियति के अमोघ विधान का सिर्फ नीरव साक्षी बनकर ही रह गया, यही मेरा दुःख था।

गुरु के छोटे भाई आत्मा ने कहा, 'ज़िन्दगी में, मैं और कुछ नहीं चाहता, सिर्फ यही एक चाह है कि गुरु सुखी हों।'

सभी लोगों की इतनी शुभाकांक्षाएँ, इतनी दुआयें—सारा कुछ व्यर्थ करके, नियति की ऐसी मार्मिक-परिणति तक पहुँच जाएगी, उस दिन यह बात कौन जानता था?

शाम ढलकर रात में बदल गयी।

शाम को मेरी पत्नी सान्ताक्रुज से पाली हिल लौट आयी। उसके चेहरे पर विस्मय और आतंक की छाया थी।

मैंने ही पूछा, 'क्या हुआ था? गीता कैसी है?'

'गीता का हाथ कट गया है—' पत्नी ने बताया।

'हाथ कट गया है? क्या मतलब?'

'कल देर रात को गीता ने ब्लेड से अपने हाथ की नस काटने की कोशिश की।'

'अरे! यह कैसी बात? क्यों? गुरु ने उसको कुछ कहा था?'

'लम्बी कहानी है! अब तक वही सब सुन रही थी। अब जाकर खून बहना बन्द हुआ है। अब गीता ठीक ही है। लेकिन काफी कमजोरी आ गयी है। बिस्तर पर लेटी हुई है। मुझे ले जाने के लिए कल सुबह फिर गाड़ी भेजेगी।'

यह हादसा इतने आकस्मिक ढंग से हो गया कि हम दोनों ही विमूढ़ हो आये। हम उस घर के मेहमान थे, इसलिए इस घर के अन्दर महल के सभी मामलों में कौतूहली होने का, हमें कोई हक़ नहीं था। हम उनकी खुशी में हिस्सेदार हो सकते थे, दुःख में हमदर्द बन सकते हैं, लेकिन, इससे .ज्यादा हम क्या कर सकते हैं?

गुरु की मानसिक स्थिति का मैं अन्दाज़ा लगा सकता था।

गुरु ने मेरी पत्नी को भी इस उम्मीद से आमंत्रित किया था कि सभी लोग मिलजुलकर खुशी मनायेंगे। दुनिया में जब खुशियों के उपकरण की कमी नहीं है, तो गुरु द्वारा ऐसी उम्मीद करना, अन्याय भी नहीं था। गुरु ज़िन्दगी भर यही तो चाहता रहा। गुरु सिर्फ शान्ति की तमन्ना करता रहा। थोड़ा-सा चैन पाने के लिए, वह अपने अतुल ऐश्वर्य का सिंहद्वार तक खोल देने को हमेशा तैयार रहा। लेकिन उसकी चाह बहुत ज़्यादा थी। ईश्वर ने उसकी चाहत पर बार-बार आघात करके उसे हताश कर दिया था। मुझे अभी भी याद है कि इस हादसे के बाद, वह कुछ दिनों बेहद बुझा-बुझा रहा। गीता भी अपने सान्ताक्रुज वाले घर में बनी रही और गुरु भी अपनी फ़िल्मों के कामकाज में डूबा रहा।

उसके आस-पास मैं भी बना रहता था। मेरी निगाहें अक्सर उसके चेहरे पर टिकी रहती थीं। लेकिन हज़ारहा इच्छा के बावजूद, मेरी क्या औकात कि मैं उसे सुखी कर पाता? मेरी पत्नी रोज सान्ताक्रुज जाती थी, वहीं खाती-पीती थी और रात को इस मकान में लौट आती थी। गुरु से बातें करने वाला कोई नहीं था। गुरु की माँ, बासन्ती देवी भी कभी-कभी उसके पास जाकर बैठ जाती थीं। बेटे के अकेलेपन में साथ देने की कोशिश करती थीं। लेकिन, गुरु क्या ऐसा बेटा था?

गुरु एक दिन हमारे कमरे में आया।

वह मेरी पत्नी से गीता का हाल-समाचार सुनना चाहता था। गीता का क्या कहना है? गीता कैसी है?—यही सब जानना चाहता था।

मेरी पत्नी ने कहा, 'असल में आप गीता की तकलीफ समझ नहीं पाते। उसके मन में भी तो तरह-तरह की तकलीफें हो सकती हैं।'

'यह बात क्या गीता ने आपसे कही है?'

'जी-हाँ।'

'उसे क्या तकलीफ है? कैसी तकलीफ?'

'गीता का एक भाई अमेरिका में पढ़ रहा है। कुछ ही दिनों में उसे कई हज़ार रुपये भेजना है। रुपयों की फ़िक्र में वह काफी परेशान है।'

गुरु ने सारी बातें ध्यान से सुनीं।

'लेकिन, मैंने तो कहा है कि मैं रुपये भेजने की कोशिश करूँगा। इसके लिए उसे फ़िक्र करने की ज़रूरत नहीं है।'

'लेकिन कहने भर से क्या इन्सान सोचना या फ़िक्र करना बन्द कर सकता है?'

'गीता ने और क्या-क्या कहा? यहाँ कब आयेगी, कुछ बताया?'

'वह ज़रा ठीक हो ले, फिर लौट आयेगी।'

इससे ज़्यादा कुछ कहा भी नहीं जा सकता था। दो प्राणियों के आपसी रिश्तों को स्वस्थ परिणति में प्रतिष्ठित करने की कोशिश के तौर पर, जो-जो बातें कहना बेहतर होता है, मेरी पत्नी ने वही सब कहा।

गुरु उसकी सारी बातें ध्यान से सुनता रहा।

इस बारे में, मैंने भी बहुत बार, बहुत-बहुत तरीके से उसे समझाया। इसके अलावा गुरु कोई बच्चा तो था नहीं। ज़िन्दगी के बारे में गुरु के तजुर्बे क्या कम थे? गुरु ने, हम लोगों से क्या कम देखा है? कम सोचा है? कम पढ़ा है?

आज भी मैं अक्सर यही सोचता हूँ कि सब कुछ होते हुए भी, ऐसी परिणति क्यों हुई? सब कुछ जानते-समझते हुए भी, गुरु इस क़दर परेशान...इतना बौखलाया हुआ क्यों था? भाग्योदय या भाग्य-विमुखता को निस्पृह होकर ग्रहण करने का उपदेश तो शास्त्रों में भी दिया गया है। वे सब शास्त्र गुरु ने भी पढ़े हैं। उससे बातें करके, मैंने भी बहुत कुछ सीखा है। लेकिन, विपद-दुःख-विपर्यय के आमने-सामने खड़े

होकर, यूँ सिर झुकाकर, सब कुछ सहन करने की क्षमता, किसी और शख़्स में मैंने कभी नहीं देखी। गुरु ने हमसे कुछ भी नहीं छिपाया। अपना निष्कलंक चरित्र, उसने हमारे सामने निरावृत्त करके दिखाया। इसके बावजूद वह अशान्ति और बेचैनी से हर पल, लगातार क्यों पगलाया रहता था? सब कुछ उसकी बर्दाश्त-बाहर क्यों हो जाता था?

तीन दिन बाद ही हमें लौटना था। उस दिन गुरु सुबह-सुबह ही जाग गया और बरामदे में आ बैठा। उसी दिन हम दोनों को वापस आना था। प्लेन सुबह का था।

जिस दिन हम यहाँ आये थे, समूचा मकान हँसी-खुशी से मुखर था। उन दोनों ने जोड़े से हमारा स्वागत किया था, हमारी अभ्यर्थना की थी। कितना आनन्दमय दिन था। आज गीता नहीं थी। गुरु हमें विदा-अभिनन्दन ज्ञापित करने के लिए अकेला ही बैठा था।

मुझे गुरु की फ़िक्र थी। मैं उससे आँखें नहीं मिला पा रहा था। वह बेचारा, शायद कई रातों से सोया नहीं था। अपने मन की सारी अशान्ति सारी परेशानी छिपाकर वह हमारे प्रति स्वाभाविक कर्तव्य निभाये जा रहा था।

गुरु ने कहा, 'भाभी, सारा सामान एक बार अच्छी तरह चैक कर लें। गाड़ी में सारा सामान पहुँच गया है न?'

मुझे 1962 की 29 मार्च की तारीख याद है। मैं किससे विदा लूँ? उस वक़्त गुरु इन्सान नहीं था, पत्थर बन चुका था। महीनों-महीनों, साल-दर-साल बिना सोये-सोये, जागते-जागते, एकबारगी पत्थर हो गया था।

गाड़ी पाली हिल के बगीचे से निकलकर, बाहर सड़क पर आ गयी।

मैंने पीछे मुड़कर देखा—गुरु उस वक़्त भी बरामदे में बिल्कुल खामोश बैठा हुआ था।

मैं फिर कलकत्ता लौट आया।

फ़िल्म पूरी हो चुकी थी। पिछले दो सालों से गुरु जी-तोड़ मेहनत के वजनी बोझ तले दबा रहा; वक़्त का एक-एक पल अथक मेहनत में गुज़रा था। हम लोग, जो टिकट कटाकर बाहर से फ़िल्म देखने जाते हैं, फ़िल्म अगर अच्छी लगी, तो तारीफ़ करते हैं; अगर बुरी लगी, तो निन्दा में पंचमुख हो उठते हैं। लेकिन फ़िल्मकार किन-किन हालातों में फ़िल्म बनाता है, वह हम नहीं देखते, हम जानना भी नहीं चाहते।

फ़िल्म बनाना भी, बिल्कुल उपन्यास लिखने की तरह होता है। सिर के ऊपर से चाहे जितने भी शोक-ताप के आँधी-तूफान, झंझावात गुजर जाएँ, लेकिन हफ़्ते-हफ़्ते उपन्यास की किस्त लिखना ही पड़ती है। हफ़्ते के एक निर्धारित दिन, बिल्कुल तय वक़्त पर अगली किस्त सम्पादक के दफ़्तर तक पहुँचानी पड़ती है।

उसके बाद, किताब छपने के बाद, निन्दा भी सुननी पड़ती है और प्रशंसा भी सुननी पड़ती है। लेकिन वह उपन्यास किन परिस्थितियों में लिखा गया है, इसकी ख़बर कौन रखता है? रात के वक़्त जब सभी लोग सो रहे होते हैं, लेखक सोता है या नहीं, इसकी खोज-ख़बर रखने की ज़रूरत भला किसे है?

मैंने गुरुदत्त की हालत अपनी आँखों से देखी थी। अन्य किसी फ़िल्म-निर्देशक से मैं इतने अंतरंग ढंग से नहीं मिला था। लेकिन, जैसे सभी फ़िल्म एक जैसी नहीं होतीं, वैसे ही सभी फ़िल्मों के निर्देशक भी एक जैसे इन्सान नहीं होते। जैसे सभी लेखक एक जैसे नहीं होते। अनगिनत लेखक ऐसे भी हैं, जो इत्मीनान से लिखते हैं, काटा-कूटी करते हैं। उसके बाद, जब सारी किताब लिख ली जाती है, तभी उसे पत्रिका में छपने को भेजते हैं। कोई-कोई लेखक तीन-चार महीनों की किस्तें पहले से ही लिख रखते हैं। लेकिन दोस्तोव्स्की या वाल्टर स्कॉट जैसे लेखक भी तो हैं, जो लोग कर्ज़ चुकाने के तकाजे पर, सिर पर आग्नेयगिरि ढोते हुए, श्रेष्ठ साहित्य की मिसालें छोड़ गये हैं।

लेकिन, लेखकों की बात छोड़ें, पहले गुरु के प्रसंग पर आऊँ।

पूरे ढाई वर्ष तक 'साहब-बीवी-गुलाम' फ़िल्म तैयार होती रही। पूरे ढाई वर्ष तक वह बेचैनी और परेशानी के समुन्दर में गोते लगाता रहा। उसके पिता की आकस्मिक मृत्यु, आत्महत्या की कोशिश, सुन्दरवन में शिकार करने जाकर, किसी व्यक्ति का खून होते-होते बच जाना, बेटे की जानलेवा बीमारी, पारिवारिक अशान्ति, इन्कम-टैक्स का झमेला, अपने घर में किसी अन्य दम्पति को रखना और उसकी बीवी का, किसी और के साथ भाग जाना—बस, यही बातें कमोबेश याद हैं मुझे। उसके बाद, और भी कई-कई घटनायें घटीं। किसी को गाड़ी तले कुचल देने का मामला, किसी अभिनेता ने अपना इन्कम-टैक्स नहीं चुकाया, तो बाक़ायदा उसकी जमानत देना—ऐसी जाने कितनी-कितनी घटनायें। इतनी सारी घटनायें, भला किसी को याद रहती हैं? उस पर से नींद न आना। गुरु जो इतने झंझट-झमेले झेलते हुए, इतने दिनों वह ज़िन्दा कैसे रहा, शायद यही सबसे बड़े आश्चर्य की बात थी। गुरु को जब मैं उन सब हालातों में भी फ़िल्मों में अभिनय करते हुए देखता था, उसे हँसते हुए, गपशप, विचार-विमर्श करते हुए देखता था, तब मैं उसकी सहन-शक्ति देखकर, अवाक् रह जाता था। मुझे अहसास था कि बाहर से उसका हँसता हुआ चेहरा, दरअसल अपने ढेर-ढेर आँसू छिपाने का एक प्रलेप भर था। इस प्रलेप से ही वह अपनी नींद-जगी, सैकड़ों रातों का दर्द, उसने अपने सीने में दबा रखा था। बाहर से हम भले उसकी प्रशंसा करें या अहंकारी कहकर, उसकी निन्दा करें, लेकिन उसके मन के भीतर झाँकने का मौका भला कितने लोगों को मिला था?

गुरु ने अचानक एक दिन कहा, 'मिथुन-लग्न फ़िल्म, पूरी नहीं की, यह सुनकर आपको शायद धक्का लगे...।'

'तो फिर आपने मुझे पहचाना नहीं। मैंने ही आपको बांग्ला फ़िल्म बनाने को मना किया था, आपको शायद याद नहीं–'

'फ़िल्म क्यों नहीं बनायी, मालूम है? क्योंकि मैंने सोच देखा कि अगर मैंने बांग्ला फ़िल्म बनायी, तो बहुत ज़्यादा ख़र्च कर डालूँगा। मुझे तो हिन्दी फ़िल्म बनाने की आदत है।'

'चलो, बांग्ला फ़िल्म नहीं बनायी, अच्छा ही किया। लेकिन आप अगर बांग्ला फ़िल्मों में ऐक्टिंग करने को राजी हों, तो मैं यह इन्तज़ाम कर सकता हूँ।'

'अगर अच्छा डायरेक्टर हुआ, तो मैं ज़रूर तैयार हूँ।'

सच ही, गुरु का बेहद मन था कि वह बांग्ला फ़िल्म में अभिनय करे। अन्त में सारा कुछ तय हो गया। यहाँ 'अभया और श्रीकान्त' फ़िल्म के अनुबन्ध पर उसने दस्तखत भी कर दिए। लेकिन, आखिरकार वह फ़िल्म नहीं बनी। ख़ैर, यह क़िस्सा बाद में बताऊँगा।

इसी बीच मैं कलकत्ता आ पहुँचा। गुरु उन दिनों फ़िल्म की एडिटिंग में व्यस्त था। लुंगी पहने हुए, वह रात-दिन एडिटिंग-रूम में काम करता रहता था। फ़िल्म के प्रोड्यूसर तक को वह उस कमरे में घुसने नहीं देता था। सुबह से लेकर रात तक! किसी-किसी दिन, रात के दो-तीन बज जाते थे। स्टुडियो के सभी लोग घर चले जाते थे। गुरु के पीछे-पीछे सिर्फ रतन ही घूमता रहता था।

काम करते-करते, गुरु उसे सिर्फ आवाज़ लगाता था–'र-त-न!'

रतन समझ जाता था। वह फटाफट सिगरेट का पैकेट उसके आगे पेश कर देता था। सिगरेट का पैकेट लगातार ख़त्म होता रहता था और साथ ही गिलास भी खाली होता जाता था।

जब वह रात को गाड़ी में सवार होकर घर लौटता था, उस वक़्त उसे होश नहीं होता था। उन दिनों वह 'साहब-बीवी-गुलाम' फ़िल्म में मिलकर एकाकार हो गया था।

लेकिन, गीता? हम गीता को उसी हालत में छोड़कर चले आये थे। गीता घर में नहीं होती थी। अकेले गुरु, उस घर में बमुश्किल से रात गुजारता था। उसके बाद स्टुडियो में अपने कमरे में खामोश बैठा रहता था। वह कामकाज के दिनों में भी स्टुडियो जाता था और छुट्टी के दिनों में भी। स्टुडियो ही उसका एकमात्र चैन था; एकमात्र पनाह! उन परिस्थितियों में, एकमात्र मैं ही उसे चैन दे पाता था। लेकिन, अब मैं भी चला आया था। उन दिनों एक और प्राणी भी थी, जो उसे राहत दे पाती थी। वह थी–वहीदा रहमान! जिस औरत को वह हैदराबाद के निर्जन एकान्त से ले आया था और उसने उसे शोहरत के शिखर पर पहुँचा दिया था। वह भी गुरुदत्त की बहुत अहसानमन्द थी। अगर गुरु न होता, तो कौन उसे लिखा-पढ़ाकर, यूँ मशहूर कर देता? लेकिन, उन दिनों उसे करीब आने की मनाही थी। गुरु के जीवन से उसने अपने को अलग कर लिया था। वह अशान्ति की वजह बनकर, क्यों किसी का

दाम्पत्य जीवन तबाह करती?

बहरहाल, गुरु जब इन हालातों से गुज़र रहा था, बम्बई से अचानक ट्रंक-कॉल! क्या ख़बर? आगामी 24 जून को, बम्बई में 'साहब-बीवी-गुलाम' का 'प्रीमियर-शो' प्रदर्शित किया जाएगा। मैं फौरन चला आऊँ। सूर्य लाडिया भी आ रहा है। उसके साथ मैं भी बम्बई पहुँच जाऊँ।

24 जून, सन् 1962।

23 जून को मैं अचानक बीमार पड़ गया। मुझसे बिस्तर से भी उठा नहीं जा रहा था। उसके पिछले दिन तबीयत बेहद गिरी-गिरी थी। मुझे समझ नहीं आ रहा था कि ऐसी हालत में, मैं बम्बई कैसे जाऊँ। मैंने डॉक्टर को भी दिखाया। उसने मुझे लाल-लाल टैब्लेट्स खाने के लिए दिए। वह टैब्लेट लेकर, रात को मैंने ज़रा सोने की कोशिश की। लेकिन बिल्कुल भी नींद नहीं आयी। गुरु की तरह मुझे भी तो नींद न आने की बीमारी थी। रात के अन्तिम पहर में मेरे घर के सामने किसी गाड़ी का हॉर्न ज़ोर-ज़ोर से बज उठा। मैं समझ गया कि भोर के पाँच बज चुके हैं। गुरु के डिस्ट्रिब्यूटर, सूर्य लाडिया के साथ, यही तय भी हुआ था कि सुबह-सुबह गाड़ी आयेगी, मुझे नींद से उठाएगी और अपने साथ ले जाएगी। लेकिन, उसकी ज़रूरत ही नहीं पड़ी। मैं जगा हुआ ही था, सिर्फ बाहर आने भर की देर थी।

उसके बाद, रात के आखिरी प्रहर का वही कलकत्ता! सड़कों पर पानी के फव्वारे छिड़के जा रहे थे। दीवारों पर 'साहब-बीवी-गुलाम' के पोस्टर! विशाल दीवार पर गुरुदत्त की तस्वीर विराजमान!

हम दोनों दमदम पहुँचे और प्लेन में सवार हो गये। बम्बई पहुँचने में चार घण्टे लग गये। उन दिनों उस रूट पर वाइकाउंट सर्विस प्रचलित थी। पाली हिल के बंगले में जाकर, पता नहीं क्या देखना पड़े, इस बारे में दिमाग़ में काफी उथल-पुथल मची हुई थी। तीन महीने पहले, जब मैं वापस आ रहा था, गीता उस मकान में नहीं थी। वह बीमार थी और सान्ताक्रुज चली गयी थी। लेकिन इस बार जैसे ही मैं वहाँ पहुँचा, गीता सामने आ खड़ी हुई। वही हँसता-मुस्कराता चेहरा। वही, पहले की तरह गर्मजोशी से स्वागत।

'कैसे हैं, बिमल'दा?' गीता ने पूछा।

'यह बताएँ, आप कैसी हैं? गुरु? गुरु कहाँ है?'

'सो रहे हैं।' गीता ने जवाब दिया।

खुद मेरी भी तबीयत बेजार थी। पिछली रात नींद नहीं आयी थी। पलकें मुँदी जा रही थीं। बदन जवाब दे गया था।

'आप तो ठीकठाक हैं न?' मैंने पूछा।

गीता हमेशा से ही मितभाषी थी। अन्दर ही अन्दर छाती भले फट जाए, लेकिन वह अपना दुखड़ा सुनाकर, किसी और को बोझिल करने वाली औरत नहीं थी।

'मैं ठीक हूँ।' उसने संक्षिप्त-सा जवाब दिया।

मैंने बात आगे नहीं बढ़ायी। मैं अपने उसी कमरे में जाकर लेट गया। कुछेक महीनों पहले ही, यह घर छोड़कर जाते हुए, ढेरों तकलीफ और दुःख की यादें, सीने पर लादकर ले जाना पड़ा था। उस दिन गुरु का गम्भीर चेहरा देखते हुए, विदा ली थी। आज यही उम्मीद लेकर आया था कि आज उसका हँसता हुआ चेहरा ही देखूँगा। वह सो रहा है–यह सुनकर मैं निश्चिन्त हो आया। मुमकिन है, मेरी ही तरह, उसने पिछली रात जाग-जाग कर बितायी हो और अब सो गया है।

मैंने भी कपड़े-लत्ते नहीं बदले। जिन कपड़ों में पहुँचा था, उसी हालत में बिस्तर पर जा लेटा। मैं मन ही मन सोचता रहा कि आज रात ही, इन लोगों की जी-तोड़ मेहनत का नतीजा निकल आएगा। सब कुछ प्रमाणित हो जाएगा। कोई क़लम से लिखता है, कोई कैमरे से। कलम से लिखी हुई मेरी कहानी, पर्दे पर फ़िल्म बनकर प्रदर्शित होगी। लेकिन, इस बारे में भला मैं क्यों इतना परेशान हूँ? फ़िल्म अगर बुरी ही हुई; फ़िल्म अगर न भी चली, तो मेरा क्या? मुझे क्या फर्क पड़ता है? मैं इस फ़िल्म का होता कौन हूँ? मैंने उपन्यास लिख दिया, बस, मेरी छुट्टी! अब मेरी कोई जिम्मेदारी नहीं है। फ़िल्म अच्छी बनी है या नहीं, इस बारे में भला मैं क्यों सोचूँ? मैं तो साहित्य की दुनिया का आदमी हूँ। फ़िल्मों से मेरा क्या रिश्ता?

लेकिन मेरे मन में यह भी ख़याल आता रहा कि इतने सारे रुपये खर्च करके गुरु ने मुझे यहाँ बुलाया ही क्यों? ये रुपये तो वह बचा ही सकता था, जैसे सब बचाते हैं। जाने कितने ही लेखकों की, कितनी ही कहानियों पर फ़िल्में बनी हैं। कितने ही लाख-लाख, करोड़ों-करोड़ों रुपयों का श्राद्ध होता है। लेकिन, किसी ने भी, कभी भी, इतनी खातिर-तवाजो, इतने आदर-सम्मान से किसी कहानी-लेखक को आमंत्रित किया है? किसी ने भी, किसी लेखक का नाम, यूँ विज्ञापनों तक में लिखकर, उसे प्रख्यात नहीं किया? खासकर हिन्दी फ़िल्म जगत में। फ़िल्मों के बारे में मुझे जो तजुर्बा हुआ है, उससे मैं इतना तो समझ चुका हूँ कि फ़िल्म वाले कहानी को सामग्री के रूप में इस्तेमाल करते हैं। अगर तुम्हारी फ़िल्म मुझे अच्छी लगी, तो उस 'अच्छे लगने' की क़ीमत, मैं पैसे देकर चुकाऊँगा, क्योंकि हमारे बीच ज़रूरत का रिश्ता है। लेकिन, प्यार की क़ीमत मैं क्या देकर चुकाऊँ? यह कर्ज़ तो अनुराग दिये बिना चुकाया नहीं जा सकता।

अनुराग का ज़िक्र आते ही, मुझे गुरु का चरित्र याद आ गया। जितने कुछेक साल में गुरु से अन्तरंग हुआ था, उन सालों को देखा जाए, तो अनुराग के अलावा और कुछ भी याद नहीं आता, वर्ना कहाँ बम्बई, कहाँ कलकत्ता? बीच के तमाम दुर्गम नदी-पर्वत-मेघमालाओं का व्यवधान भी मानो कुछेक वर्षों के लिए अदृश्य हो गया

था। इसे क्या विषय-सम्बद्ध रिश्ता कहते हैं? अगर यही सच होता, तो वह जब भी, जहाँ भी होता था, ट्रंक-कॉल करके मेरी खोज-ख़बर आखिर क्यों लेता?

बहरहाल, इसी तरह सोचते-सोचते, उसी हालत में जाने कब तो मैं सो गया। मन ही मन मैं खुश था कि गीता दुबारा अपने घर लौट आयी है। गीता का खिला-खिला चेहरा देखकर ही मुझे अन्दाज़ा हो गया कि वह खुश है, अपने घर लौट आयी है।

जब मेरी नींद टूटी, दिन ढल चुका था। शाम के पाँच बज चुके थे। गुरु के बगीचे में, पाली हिल के गुम्बद पर धूप बुझ चुकी थी।

आँख खोलते ही, गुरु का घरेलू नौकर कृष्णा नज़र आया।

कृष्णा ने कहा, 'साहब जी, आपके कमरे में आये थे। आपको सोता देखकर, वे बाहर निकल गये। आपको वहाँ जाने को कह गये हैं।'

'कब?'

'रात साढ़े आठ बजे! आपको दीदीमणि के साथ जाना है! सभी लोग वहीं होंगे।'

पिछली रात बीमार तबीयत लेकर, कलकत्ता छोड़ा था। लेकिन इस वक़्त तन-बदन में शिथिलता या थकान का कोई नामोनिशान तक नहीं था। उस परिचित कमरे से बाहर निकलकर, मैं एक बार फिर आरामकुर्सी पर पीठ टिकाकर अधलेटा हो आया। तीन साल पहले, पहली बार इसी कमरे में आकर ठहरा था। यहीं बैठकर कई-कई दिन, कई-कई रात, कहानी पर विचार-चर्चा होती रही। कितनी-कितनी हँसी, कितने आँसू, कितने विपर्यय यहीं बैठे-बैठे देखता रहा। मेरी नज़रों के सामने, पिछले दिनों की तमाम पुरानी बातें, जुलूस की शक्ल में गुजरती रहीं। यहीं बैठे-बैठे 'ख़रीदी कौड़ियों मोल' की कितनी ही किस्तें, कलकत्ता की 'देश' पत्रिका के कार्यालय को भेजता रहा। उसके बाद, इसी कमरे में कितना बड़ा हादसा हो गया। इसी कमरे में किसी दिन तन्द्रा वर्मन और उसके पिता आकर ठहरे थे। इसी कमरे में ही किसी दिन सतीश भटनागर और उसकी विलायती मेम और वह लड़का आकर ठहरे थे। इसी कमरे में उसने अपनी बीवी को खो दिया। इस कमरे का बहुत सारा इतिहास है।

इस कमरे में बैठकर हेमन्त मुखर्जी ने—गुरु को 'साहब-बीवी-गुलाम' के गीतों के सुर सुनाये थे, इसी कमरे में ही फ़िल्म के लिए, दुकानदारों ने साड़ियों का पहाड़ खड़ा कर दिया था। गुरु ने अपनी पसन्द की साड़ियाँ, खुद चुन-चुनकर ख़रीदीं। यही वह कमरा था, जहाँ बिस्तर पर लेटे-लेटे गुरु ने 'आत्महत्या' के इरादे से, एक साथ नींद के अड़तीस टैब्लेट निगल लिये थे। सच पूछें, तो इस कमरे का बहुत सारा इतिहास है।

हैरत है! अब वह कमरा, आज वहाँ मौजूद नहीं है। सन् 1963 की जुलाई में, जब मैं बम्बई गया, तो मैंने देखा, वह बंगला ढहाकर, धूल में मिला दिया गया था।

मैंने गुरु से पूछा, 'ऐसा खूबसूरत बंगला, तोड़ क्यों डाला?'

गुरु हँस पड़ा।

ख़ैर वे सब बातें, बाद में बताऊँगा। पहले सन् 1962 का किस्सा बयान करता चलूँ।

सन् 1962, गुरु के जीवन में एक यादगार वर्ष था। इसी वर्ष के जून महीने में, पहली बार, 'साहब-बीवी-गुलाम' फ़िल्म रिलीज़ हुई। इससे पहले भी गुरु ढेरों फ़िल्में बना चुका था। करोड़ों रुपये अर्जित कर चुका था। इससे पहले, वह मशहूर भी हो चुका था। लेकिन 'साहब-बीवी-गुलाम' फ़िल्म बनाकर उसने पहली बार, साहित्यकार का सम्मान अर्जित किया। यही उसकी पहली और आखिरी फ़िल्म थी, जो सरकार की तरफ से बर्लिन भेजी गयी। जैसा साहित्य-पुरस्कार के मामले में होता है, फ़िल्म-पुरस्कार के मामले में भी वही होता है। असल में पुरस्कार का मतलब ही है—तदबीर! जिसके पास तदबीर का जोर होता है, वही श्रेष्ठ साहित्यकार या श्रेष्ठ अभिनेता होता है या श्रेष्ठ प्रोड्यूसर होता है। वैसे पुरस्कार के मामले में गुरु हमेशा से ही उदासीन था। क्या करने से, किसे पकड़ने से, कौन-सी सुविधा अर्जित की जा सकती है, इन सब मामलों में उसकी ख़ास दिलचस्पी नहीं थी। किसी भी सभा या समिति या पार्टी के प्रति उसकी अनुरक्ति कभी नज़र नहीं आयी। इस एक बिन्दु पर मुझमें और उसमें बेहद मेल था, इसीलिए मेरे और उसके मन का, इस हद तक मेल हुआ।

बहरहाल, उस दिन शाम होते-होते मैं तैयार हो गया। गीता भी तैयार होकर आ गयी। इसके बावजूद, घर से निकलते-निकलते रात के साढ़े सात बज गये। पाली हिल से चर्चगेट! 'इरोज़' सिनेमा-हॉल! लगभग सोलह-सत्तरह मील का रास्ता! हम दोनों के मन में सन्देह-आतंक-कौतूहल! यह फ़िल्म बनाने में लगभग बीस लाख रुपये खर्च हुए थे। फ़िल्म अगर न चली, तो गुरु का सर्वनाश हो जाएगा। 'काग़ज़ के फूल' फ़िल्म में उसे कई लाख रुपयों का नुक़सान हुआ था। अगर इस बार भी ऐसा हुआ, तो? तब मैं अपना चेहरा कैसे दिखाऊँगा?

'इरोज़' सिनेमा के सामने पहुँचकर, मैंने देखा, सड़क पर भीड़ ही भीड़! पुलिस का झुण्ड, सड़क पर जमा भीड़ को हटाने में व्यस्त था। आज के जमाने में फ़िल्में, इन्सान के लिए वेद-कुरान-बाइबिल जैसी होती हैं। भले हम यह बात पसन्द करें या न करें। रेडियो, टेलीविज़न, फ़िल्में—सारा कुछ साहित्य के सहारे ही पनपी हैं, लेकिन साहित्य का अतीत गौरव अब नहीं रहा, इस हक़ीक़त को अस्वीकार करें, ऐसी ताकत किसी में भी नहीं है। ऐसी परिस्थिति में भी अगर कोई फ़िल्म प्रोड्यूसर-डायरेक्टर, किसी साहित्यकार को उचित सम्मान देता है, तो हमें खुशी तो होती है न!

सिनेमा हॉल के बाहर जमी भीड़ को लाँघकर, जब मैं और गीता, अन्दर लॉबी में दाखिल हुए, तो गुरु पर मेरी नज़र पड़ी, वह मुस्कराते हुए, आमंत्रित मेहमानों-अभ्यागतों

के स्वागत में जुटा हुआ था। अबरार आल्वी, गुरुस्वामी, आत्माराम, मूर्ति (कैमरामैन) सामने ही खड़े थे। सभी चेहरे जाने-पहचाने! बम्बई की फ़िल्मी दुनिया की, ऐसी कोई भी हस्ती नहीं थी जो वहाँ न आयी हो। ख़ैर, सभी को मैं पहचानता भी नहीं था। सच पूछें तो, गुरु के अलावा मुझे और किसी को पहचानना भी नहीं चाहिए था। हम दोनों गुरु के सामने से ही गुजरे। बहरहाल, हमारे स्वागत के लिए जो लोग तैनात किये गये थे, उन लोगों ने हमें सम्मान सहित अन्दर ले जाकर बैठाया।

लेकिन गुरु ने जैसे हमें पहचाना ही नहीं! उस वक़्त वह अपनी ही सोच या दुश्चिन्ता में विभोर था। उसकी सूरत देखकर मुझे अन्दाज़ा हो गया कि पिछली रात, मेरी ही तरह उसने भी जागकर गुजारी है। उसके बाद, दोपहर को वह कुछ देर सो लिया था और इस वक़्त वह अपनी ज़िन्दगी की श्रेष्ठ फ़िल्म के लिए, सबके सामने हाथ जोड़े खड़ा था। आज के इस उत्सव, इस सभा, इन अभ्यागतों की करुणा पर ही उसका भविष्य निर्भर करता हो।

वैसे मैंने उसके बर्ताव का बुरा नहीं माना, क्योंकि जिसके दिमाग़ में इतनी दुश्चिन्ता, इतनी अनिद्रा बसी हो, वह मुझे पहचाने या न पहचाने, मुझे कोई फ़र्क़ नहीं पड़ता था। गुरु की फ़िल्म पसन्द आ जाए, तो बस, चैन मिल जाए। गुरु को रुपयों का नुक़सान न हो, उसका नाम हो जाए, बस, यही बहुत है। मैं इसी में खुश हूँ। उस फ़िल्म में कोई तात्विक भूल न हो, गुरु ने इसका बराबर ख़याल रखा था। एक-एक बात कहने या पूछने के लिए, वह बम्बई से फोन करता रहता था। हर बार पन्द्रह-सोलह रुपये खर्च करने में उसे ज़रा भी हिचकिचाहट नहीं होती थी। इसके अलावा यहाँ से मेरे बम्बई आने-जाने, रहने-खाने पर उसके हज़ारों रुपये खर्च हो जाते थे। इतने-इतने रुपये खर्च करने को मैं उसे मना भी करता रहा।

मैंने उसे आगाह करते हुए पूछा भी था, 'आप इतने-इतने रुपये क्यों खर्च करते हैं, इतनी फ़िज़ूलख़र्ची क्यों?'

गुरु ने जवाब दिया, 'आप इसे फ़िज़ूलख़र्ची क्यों कहते हैं? फ़िल्म अगर अच्छी हुई, तो मेरे सारे रुपये उठ आयेंगे?'

वही फ़िल्म आज जनता के दरबार में, विचार के कठघरे में खड़ी है—अब तुम लोग कहो, यह फ़िल्म तुम लोगों को कैसी लगी? अगर अच्छी लगी, तो मेरे उचित प्राप्य को सम्मान ज़रूर देना। इससे ज़्यादा मैं और कुछ नहीं चाहता। इसके अलावा, तुम्हारा सम्मान पाने के लिए, मैं किसी साजिश में लिप्त नहीं होना चाहता। समालोचना? इसके लिए भी लाखों-लाख रुपये ख़र्च करके, समालोचकों को घूस खिलाने की भी रीति प्रचलित है। उन लोगों की पत्रिकाओं में छपी तारीफ पढ़कर, कई-कई हज़ार लोग, कमोबेश गुमराह होकर वह फ़िल्म देखने जाएँगे। उसके बाद, दर्शक चाहे गालियाँ दें या फ़िल्म को सिर पर उठाकर नाचें, उस बारे में मुझे कोई सिर-दर्द नहीं है। मैं बस, यह चाहता हूँ कि लोग टिकट खरीदें। मेरी जेब में ढेरों-ढेरों

रुपये आयें–। लेकिन गुरु उस जाति का प्रोड्यूसर ही नहीं था। फ़िल्म बनाने के बाद, पत्रकारों को घूस देकर, प्रशंसा खरीदने की प्रवृत्ति, उसमें कभी भी नहीं थी। लेकिन वह परेशान ज़रूर था; रात-रात विनिद्र इन्सान ज़रूर था। फ़िल्म लोगों को पसन्द तो आयेगी न? लोग टिकट लेकर, फ़िल्म देखेंगे तो सही?

मुझे कुछ भी समझ में नहीं आ रहा था। गीता भी मेरी बगल में ख़ामोश बैठी हुई फ़िल्म देखती रही।

थोड़ी देर बाद, मध्यान्तर हुआ। चारों तरफ बत्तियाँ जल उठीं। चाय-कोकाकोला, स्नैक्स की बाढ़ उमड़ आयी। बम्बई के तमाम लोग, 'साहब-बीवी-गुलाम' फ़िल्म देखने आये थे।

गीता ने कहा, 'बिमल'दा, आपकी बगल की सीट पर जो बैठी हुई हैं, आप उनसे ज़रा हँसकर बातें करें, ये लोग फोटो लेना चाहते हैं।'

मैंने अपनी बगल की सीट पर नज़र डाली। इतनी देर, अँधेरे में उस तरफ नज़र नहीं गयी थी। बेहद सुवेशा-सुरूपा महिला!

मैंने पूछा, 'ये कौन हैं?'

गीता ने जो नाम लिया, वे बम्बई की फ़िल्म-दुनिया की सुविख्यात सुपर स्टार, फ़िल्मी धरोहर और मेरी फ़िल्म की हीरोइन थी। अब तक वह महिला भी ख़ामोशी से फ़िल्म देख रही थी। अपने अभिनय की जाँच-परख कर रही थी।

'और ये फोटोग्राफर किस अख़बार के हैं?' मैंने पूछा।

'स्क्रीन के! उनका अख़बार आप लोगों की तस्वीर छापना चाहता है।'

मैं एकबारगी सकुचा गया। कैमरे के सामने बेवजह ही जाने कैसा तो बुझा-बुझा...बेजान हो जाता हूँ। मुझे झट्‌ एक उपाय सूझ गया।

'आप एक काम करें। आप मेरी जगह आकर बैठें और मैं आपकी जगह बैठ जाता हूँ।'

यही मान लिया गया। हमने सीटों की अदला-बदली कर ली।

गीता मेरी जगह बैठकर, 'साहब-बीवी-गुलाम' की नायिका से बातें करने लगी। फोटोग्राफर ने तस्वीरें ले लीं। वह तस्वीरें 'स्क्रीन' के अगले अंक में प्रकाशित हुईं। तस्वीर में मैं एक किनारे बैठा हुआ, किसी दूसरी ही तरफ देख रहा था।

मध्यान्तर के बाद, 'फ़िल्म' दुबारा शुरू हो गयी। पर्दे पर फ़िल्म का शेषांक दिखाया जाने लगा। मैं उसी जगह बैठा रहा। मैं बेसब्री के साथ दर्शकों की राय का इन्तजार करता रहा।

फ़िल्म समाप्त हुई। मैं ख़ामोशी से बाहर निकल आया।

मैंने गौर किया, गुरु उसी तरह मुस्कराते हुए, मेहमानों को विदा कर रहा था। अब जाकर, उसकी नज़र मुझपर पड़ी।

'आप कब आये?' उसने पूछा।

उस वक़्त भी मैं इसी सोच में डूबा था, कि यह क्या बात हुई! फ़िल्म अच्छी थी या बुरी? दर्शकों को कैसी लगी? कोई भी तो कुछ बोल नहीं रहा है। सभी लोग, बस, होठों पर मुस्कान चिपकाये, गुरु से विदा ले रहे हैं।

सभी लोग एक ही जुमला दुहरा रहे हैं, 'दिल खूब खुश हो गया! वेरी गुड!'

लेकिन, यह तो खोखला जुमला था। इस जुमले का कोई मतलब नहीं होता। उन्हें आमंत्रण देकर बुलाया गया है। वे लोग क्या मुँह पर निन्दा करेंगे? गुरु के आस-पास ही उसका भाई, आत्मा, गुरु का डायरेक्टर दोस्त, अबरार आल्वी, मैनेजर और कम्पनी का डायरेक्टर, गुरुस्वामी—वे सभी लोग भी खड़े-खड़े आगत मेहमानों को विदा कर रहे थे। लेकिन असल में फ़िल्म कैसी लगी, यह बात किसी के भी चेहरे से जाहिर नहीं हो रही थी। मैं किसी से पूछ भी नहीं पा रहा था। मेरी उत्सुकता, अपने लिए उतनी नहीं थी, जितनी गुरु के लिए! वैसे गुरु के लिए यह पहला तजुर्बा नहीं था। वह तो इससे पहले भी पाँच-छह फ़िल्में बना चुका था। हर बार, प्रीमियर के दिन, उसने धड़कते दिल से और चेहरे पर मुस्कान बिखेरी होगी। उसके बाद, जनता-जनार्दन ने अपनी समुचित राय जाहिर की होगी। जो व्यक्ति, चाहे जितना भी महापुरुष हो, उसे असामी बनकर, जनता की अदालत में खड़ा होना ही पड़ता है। किसी को फूलों की माला नसीब होती है, किसी को निन्दा की। जिन लोगों की प्रतिष्ठा जनता के प्यार पर निर्भर होती है, उन लोगों को इसी तरह, धड़कते दिल से, अपने चेहरे पर मुस्कान खिलानी पड़ती है। एक-एक किताब लिखने या फ़िल्म तैयार करने में कितनी ही विनिद्र रातें, कितने ही अथक दिन गुजर जाते हैं। लेकिन तमाम दुश्चिन्ताओं का सफल उस एक दिन, उस एक पल में वसूल हो जाता है, जब लोग उसे 'अच्छा' कहते हैं। तारीफ के एकाध बोल बोलते हैं। एक-एक किताब लिखने में हम सबको भी पाँच-छह वर्ष लग जाते हैं। लिखते-लिखते पाँच-छह वर्ष की परमायु, शायद कम हो जाती है। लेकिन जब वही किताब लोगों को अच्छी लगती है, लोग तारीफ करते हैं, उस वक़्त उम्र के पन्द्रह साल बढ़ भी तो जाते हैं।

अस्तु, गुरु की दुश्चिन्ता, पीड़ा मैं समझ सकता था। लेकिन जनता की राय, आज मालूम नहीं हो सकेगी। आज रात उन सभी लोगों को जाग-जागकर गुजारनी होगी। सिर्फ उन दोनों को ही नहीं, उनकी फ़िल्म में जिन लोगों ने लाखों-लाखों रुपये लगाये हैं, उन लोगों को भी यह रात, विनिद्र ही बितानी होगी। लेकिन गुरु के लिए सिर्फ रुपयों का ही सवाल नहीं था, उसका सुनाम भी दाँव पर था। सुनाम रचने-गढ़ने में, इन्सान की समूची ज़िन्दगी गुजर जाती है, लेकिन वह सुनाम गँवाने में कुल एक सेकण्ड लगता है।

मेरी निगाह गीता के चेहरे पर टिक गयी। उसके चेहरे पर भी कोई अभिव्यक्ति नहीं थी। परेशान और चिन्तित तो वह भी थी। इस फ़िल्म में उसके गाये हुए गीत भी तो शामिल थे।

और मैं?

मेरी हालत अजीब थी। मैं तो फ़िल्म की कहानी लिखकर ही खल्लास हो गया। यह किताब लिखकर अर्थ-यश-प्रतिष्ठा–जितना कुछ पाना था, मैं पा चुका था। यह फ़िल्म तो 'फाव' थी! घेलुआ! अतिरिक्त इनाम! यह मिला, तो बेहतर, न भी मिला, तो भी कोई नुक़सान नहीं। इसके बावजूद मेरा थोड़ा-बहुत स्वार्थ तो इससे जुड़ा हुआ था। फ़िल्म की टाइटिल में, गुरु ने हिन्दी अनुवाद की तस्वीर दी थी। काफी दिनों तक 'स्क्रीन' के पन्ने पर बड़े-बड़े विज्ञापन देता रहा–'बंगाल का बेस्ट सेलर!' हिन्दी फ़िल्मों में आमतौर पर कथा-लेखक का नाम, छोटे-छोटे अक्षरों में दिया जाता है, यानी नगण्य होता है, लेकिन गुरु ने मेरे नाम के साथ ऐसा नहीं किया। महीनों पहले से अख़बारों के पन्नों पर मेरा नाम, बड़े-बड़े अक्षरों में छपवाता रहा। फ़िल्म रिलीज़ होने से पहले, फ़िल्मी पत्र-पत्रिकाओं में मेरी तस्वीर! मेरी जीवनी! मेरा स्वभाव-चरित्र! मेरे बारे में काफी कुछ छपवाता रहा। ख़ासकर मराठी भाषा के अख़बारों में मेरे बारे में व्यंग्य-विद्रूप भी छपा। इतने सारे झमेले के बाद भी, अगर फ़िल्म नहीं चली, तो मेरी भी जिम्मेदारी कुछ कम नहीं है। खासकर जब मैं गुरु के शुभाकांक्षी के रूप में जाना-पहचाना जाने लगा हूँ।

सिनेमा हाउस के सामने उस वक़्त असंख्य लोगों की भीड़! उस भीड़ में अधिकांश सड़क के बिगड़े-दिल लड़के-छोकरे थे। उन लोगों को हॉल के अन्दर नहीं आने दिया गया, लेकिन फ़िल्म स्टारों को देखने का चाव, उन लोगों को यहाँ खींच लाया था।

हम फटाफट गाड़ी में सवार हो गये, मैं, गुरु और गीता। उस वक़्त रात के एक बजे थे। समूचा बम्बई शहर गहरी नींद में सो चुका था।

गुरु ने कहा, 'चलिए, पहले एक और जगह जाना है। वहाँ से घर जाएँगे।'

'कहाँ?'

'के. आसिफ साहब के घर! यहीं पास में ही है।'

हमारी गाड़ी जाने कहाँ-कहाँ से होकर आगे बढ़ती रही, मेरे पल्ले नहीं पड़ा। आधी रात का बम्बई शहर। बेहद निर्जन, बेहद ख़ामोश शहर। यह शहर अभी कुछ देर पहले तक जीवन्त था, अभी-अभी बेजान हो गया था। समूचा शहर सो चुका था, लेकिन गुरु की आँखों में नींद नहीं थी। उस हालत में, अपनी नींद भगाने के लिए ही, वह शायद किसी और अड्डे की खोज में निकल पड़ा था। साथ में गीता और मैं।

के. आसिफ साहब! मशहूर डायरेक्टर!

कुछेक दिनों पहले ही उनकी मशहूर फ़िल्म 'मुगले-आज़म' रिलीज हुई थी और उसमें उन्होंने करोड़ों रुपयों का मुनाफा कमाया था। उनके यहाँ महफ़िल सरगर्म थी। दूसरी मंज़िल के विराट हॉल-कमरे में, उस वक़्त ज़बर्दस्त महफिल जमी हुई थी। सभी

लोग जमकर बैठे हुए। उस जमावड़े में दो-एक महिलायें भी मौजूद थीं। गुरुदत्त का स्टुडियो-मैनेजर, गुरु स्वामी भी वहाँ हाज़िर था। गुरु का गुजराती मित्र, काँजी भी वहाँ मौजूद था। उन लोगों के अलावा, चंद कहानी-लेखक, फ़िल्म पटकथा लेखक, अभिनेता भी नज़र आये। एक जुमले में कहा जाए तो, महफिल चरम जोश में थी। बाद में मैंने सुना कि इस क़िस्म की जमघट यहाँ रात दो-तीन बजे तक सरगर्म रहती थी। रात तीन बजे से पहले, आसिफ साहब के घर की महफिल किसी दिन भी नहीं उठती थी।

एक विचित्र वजह से, उस दिन की वह महफिल मेरे लिए यादगार बन गयी। अनिल विश्वास मेरे बेहद पुराने दोस्त थे। किसी ज़माने में, कलकत्ते में जब हिन्दुस्तान रिकॉर्डिंग कम्पनी के अक्रूर दत्त लेनवाले कार्यालय में, मैं अड्डा दिया करता था, वहीं अनिल से मेरी जान-पहचान हुई थी। उन दिनों वह बेहद मामूली आदमी था। बाद में वह बम्बई चला आया और ख़ासा मशहूर आदमी बन गया। मैंने यह भी सुना था कि उसने यहाँ विवाह भी कर लिया था। उसके बच्चे भी हैं। लेकिन, लम्बे अर्से से, मेरा उससे सम्पर्क टूट चुका था।

इतनों दिनों बाद, उनके यहाँ उसकी बीवी और बेटी से भी मिला। उन लोगों को इस महफिल में देखकर मुझे ताज्जुब भी हुआ। मैंने अपना पुराना परिचय देकर, उन लोगों को संकोच में नहीं डाला। लेकिन इतनी रात गये तक उन लोगों को वहाँ जमे हुए देखकर मैं सिर्फ अचरज में पड़ गया।

गुरु ने आसिफ साहब से मेरा परिचय कराया।

आसिफ साहब ने हँसते-हँसते कहा, 'पता है, गुरु, यह 'साहब-बीवी-गुलाम' कहानी घटनावश तुम्हारे पास चला गया, वर्ना यह फ़िल्म मैं ही करता।'

यह बात सच भी थी। जब आसिफ साहब के साथ पत्राचार हो ही रहा था, तभी अचानक गुरु का आदमी आकर अनुबन्ध पक्का कर गया। मैंने आसिफ साहब को गौर से देखा खासा बलिष्ठ पंजाबी मुसलमान! बेहद मिलनसार और रसिक इन्सान! गुरु की तरह ही गपशप-प्रेमी शख़्स! दिलदरिया मिज़ाज। हर रोज़ महफिल में बैठे-बैठे, यार-दोस्तों के साथ ही रात का खाना-पीना निपटाते थे।

ढेर सारा खाना आ पहुँचा! गोश्त के तरह-तरह के व्यंजन! बेहद लज़ीज़। खाते-खाते गपशप जारी रही। सभी लोग दल बाँधकर 'साहब-बीवी-गुलाम' देखकर लौटे थे। अस्तु, ताज़ा-ताज़ा चर्चा छिड़ गयी। फ़िल्म अच्छी बनी है या फिजूल, इसी विषय पर चर्चा जारी रही।

आसिफ ने कहा, 'गुरु, तुम्हारी फ़िल्म का अन्त अच्छा नहीं लगा।'

'क्यों?' गुरु ने सवाल किया।

'फ़िल्म का अन्त, ट्रैजेडी न करके, अगर कॉमेडी में करते, तो यह फ़िल्म तुम्हें पैसा देती।'

यह मन्तव्य सुनकर, बाकी लोग सोच में पड़ गये। यह मन्तव्य आसिफ साहब की ज़ुबान से निकला था। यह मन्तव्य उड़ा देने लायक नहीं था।

इस बात पर बहस छिड़ गयी। जब कोई बहस छिड़ जाती है, तो देर तक चलती है। गुरु इस मन्तव्य के पक्ष-विपक्ष में तरह-तरह के तर्क देता रहा। मुझे गवाह बनाया गया, क्योंकि मैं उस कहानी का लेखक था। लेकिन मैं किसी भी पक्ष में अपनी राय नहीं दे पाया। मैं वहाँ निष्पक्ष ही बना रहा।

लेकिन, लोगों की बातें सुनकर मुझे लगा गुरु कहीं पस्त पड़ गया था। एकदम से चुप हो गया। रात और-और गहराती रही। आसिफ की भी गृहस्थी थी; बीवी-बच्चे थे। वे लोग भी जैसे होड़ लगाकर जगे हुए, गपशप में मग्न थे। अचानक गुरु का पान ख़त्म हो गया। शायद तब जाकर, उसे शायद यह भी ख़याल आया कि सोने के लिए भी थोड़ा वक़्त दरकार होता है।

असल में उस वक़्त घड़ी रात के चार बजा रही थी। लगभग सुबह ही हो चुकी थी। लेकिन गुरु का मन भारी हो आया था। जिस फ़िल्म के लिए इतने दिनों तक, इतने-इतने रुपयों का प्रबन्ध, इतनी-इतनी मेहनत की, वह फ़िल्म पूरी तरह पानी में गयी? बिल्कुल बेकार साबित हुई?

रात बदस्तूर ढल गयी। रात चाहे जितनी भी परेशानी भरी हो, ख़त्म तो होती ही है। इन्सान की आशा-उद्यम-दुःख-वेदना-आनन्द—सारा कुछ अस्वीकार करके ही दिन-रात की परिक्रमा चलती रहती है।

सुबह ड्राइंगरूम में गुरु से दुबारा मुलाकात हुई। गुरु अभी-अभी नींद से जागा था। सुबह से ही एक के बाद एक फोन का ताँता लगा हुआ था। उसके यार-दोस्त फोन पर यह मन्तव्य दे रहे थे कि वह फ़िल्म किसे, कैसी लगी। सभी लोग उसे मुबारकबाद दे रहे थे। आमंत्रित मेहमान, कोई भी गृहस्वामी के आतिथ्य या आयोजन की निन्दा नहीं करते। यही रीति है।

गुरु भी यह बात जानता था। इसीलिए वह विचलित नहीं हुआ।

दो दिन गुज़र गये। फोन पर ही चारों तरफ से बुकिंग की रिपोर्ट मिलती रही। फ़िल्म का अन्त देखकर, दर्शकों में सुगबुगाहट जाग उठी है। मानो कहानी का अन्त उन लोगों को पसन्द न आया हो। अन्त उन लोगों के मनलायक नहीं हुआ। यानी फ़िल्म क्या नहीं चलेगी? टिकट की बिक्री कैसी हो रही है? हाउस-फुल जा रहा था। लेकिन लोगों में इस फ़िल्म के प्रति उतना खिंचाव नहीं है।

अगर यह ख़बर सच है, तो डर की बात है।

उस रात भी गुरु मुझे लेकर दुबारा के. आसिफ के यहाँ पहुँच गया। उस रात भी महफिल जमी हुई थी।

'क्यों भई, रिपोर्ट क्या कहती है?'

'बुरी नहीं है, लेकिन अच्छी भी नहीं है।'

'अन्त को कॉमेडी में बदल दो! खूब चलेगी—' के. आसिफ ने कहा।

'कॉमेडी कैसे बनाऊँ?' गुरु ने पूछा।

'ऐसा करो, अन्त में छोटी बहू ने दारू पीना छोड़ दिया। फिर ठीक-ठाक हो गयी। मियाँ-बीवी में मेल हो गया। उनकी गृहस्थी फिर खुशियों का साम्राज्य बन गया।'

गुरु सोच में डूब गया।

काफी रात गये, घर लौटकर, हम दोनों सोने के लिए अपने-अपने कमरे में चले आये। देर रात भी गुरु सो नहीं पाया। फोन पर फोन आते रहे। दिल्ली-पंजाब-बम्बई के सभी सिनेमा-हाउस में मिनट-मिनट पर फोन करता रहा। मैनेजर गुरु स्वामी, आत्मा से लेकर और भी लोग बार-बार आते-जाते रहे। रिपोर्ट बेहद बुरी है। टिकट खरीदारी की वैसी हुड़क नहीं है।

शनिवार की सुबह-सुबह अबरार आल्वी को, उसके घर से बुलाया गया। अबरार आल्वी भी आ पहुँचा।

गुरु ने कहा, 'फ़िल्म का अन्त बदल देना होगा। उसे कॉमेडी बना दो।'

अबरार का चेहरा गम्भीर हो आया।

वह बहस पर उतर आया, तरह-तरह के तर्क देने लगा। वह कहानी, कोई चलताऊ कहानी नहीं है। यह फॉर्मूला कहानी भी नहीं है। यह तो जीवन और जीवन-संग्राम का मानवीय दस्तावेज़ है।

लेकिन, गुरु नाछोड़बन्दा! फ़िल्म का मालिक-मुख्तार भी वही था। उसकी बात ही ब्रह्मवाक्य थी! औरों का काम है, उसके हुक्म का पालन करना। और मैं? मेरी कहानी तो आपकी सहूलियत के लिए है। जैसे चाहें, बदल दें, मुझे कोई नुक़सान नहीं होना है। मेरी किताब प्रकाशित हो चुकी है। हिन्दी, बांग्ला सभी भाषाओं में। यह किताब पाठक-पाठिकाओं के अन्दरमहल में, यहाँ तक कि रसोई तक दाखिल हो चुकी है। आप चाहे उसे हज़ारों तरह से विकृत करें, उसे उसके आसन से हटा नहीं सकते।

बातें करते-करते गुरु अचानक उठकर खड़ा हो गया और कमरे से बाहर निकल गया। उस वक़्त उसका सिर्फ पगला जाना ही बाकी था। मैं और अबरार हतबुद्ध मुद्रा में कमरे में ही बैठे रहे।

अबरार गम्भीर मुद्रा में, किसी गहरी सोच में डूब गया और मैंने कलम उठा ली। 'साहब-बीवी-गुलाम' कहानी को बदलने की कोशिश करने लगा। जो कहानी लाखों-करोड़ों पाठकों के मन बस गयी है, उसे बदलना, कोई आसान बात नहीं थी। यह तो अपनी हड्डी-पसली, अपने ही हाथों तोड़ने जैसा था।

लेकिन, चाहे जो भी हो, मुझे यही करना होगा। इससे अगर गुरु के कारोबार में फायदा होता है, तो यही करना होगा। उसकी इतने दिनों की मेहनत, इतना रतजगा, इतना बड़ा स्टुडियो, इतने-इतने स्टाफ के भरण-पोषण का पक्ष—ये सब बड़े हैं या मेरा यूँ गढ़-गढ़कर कहानी-किस्सा लिखना बड़ा है?

अब नये सिरे से शूटिंग करनी होगी। नायिका मीना कुमारी को ख़बर दी गयी। उसे भी सारी बातें समझाकर बतायी गयीं। स्टुडियो में बनाया गया सेट तोड़ दिया गया था। सेट जल्द से जल्द दुबारा तैयार करने का हुक्म दिया गया। स्टाफ ने दुबारा काम शुरू कर दिया।

सारा कुछ तैयार हो गया। मेरा लिखना, थोड़ा बच रहा था। वह भी मैंने पूरा कर डाला। उस वक़्त शाम के चार बजे थे। सिर्फ अबरार का, उसे हिन्दी में अनुवाद करना बाकी रह गया था। वह बांग्ला स्क्रिप्ट को हिन्दी में बदल दे, तो पूरी स्क्रिप्ट भी तैयार हो जाएगी।

अचानक गुरु हाज़िर हो गया।

बेहद परेशान-चिन्तित चेहरा।

'नहीं, बिमल बाबू, मैंने सोच देखा। फ़िल्म का अन्त जैसा है, वैसा ही रहेगा। मैं फ़िल्म का अन्त नहीं बदलूँगा।'

गुरु की बात सुनकर, मैं दुबारा हैरत में पड़ गया।

गुरु दुबारा शुरू हो गया, 'भले कोई मेरी फ़िल्म न देखे, मुझे लाखों-लाखों का गच्चा लगे, तो लगे; मुझे कोई फ़र्क़ नहीं पड़ता। लेकिन, मैं फ़िल्म का अन्त नहीं बदलूँगा। यह फ़िल्म...इसका अन्त बदलने लायक है ही नहीं। यह अलग क़िस्म की कहानी है। लोग अगर समझ सकें, तो भला, अगर न समझें, तो नुक़सान उनका है, मेरा नहीं।'

गुरु की बातें सुनकर, मैं अवाक् नज़रों से गुरु का चेहरा पढ़ता रहा।

गुरु तब भी धाराप्रवाह बोलता रहा, 'के. आसिफ चाहे जो कहे, मैं भी आखिर डायरेक्टर हूँ, मुझमें भी बुद्धि-विवेचना है। मैं दोपहर भर सोचता रहा। अन्त मैं हरगिज नहीं बदलूँगा। किसी शर्त पर भी नहीं।'

उस वक़्त भी मेरी हतबुद्ध निगाहें, गुरु के चेहरे पर गड़ गयीं।

उस दिन पहली बार मुझे अहसास हुआ कि गुरु कितना बड़ा...कितना महान आर्टिस्ट है। उसे सिर्फ अभिनेता कहना गलत होगा, सिर्फ रसिक कहना भी सही नहीं होगा। अगर वह कथाकार या उपन्यासकार होता, तो बहुत बड़ा, महान कथाकार होता, यह मैं बाज़ी लगाकर कह सकता हूँ।

विपर्यय के पलों में ही इन्सान की महत्ता या इन्सानियत की पहचान होती है। विपत्ति के समय पशुता या हीन-मानसिकता भी दबी-ढँकी नहीं रहती, वर्ना बाहर से तो हम सब एक जैसे हैं। हम सब यानी अड्डेबाज़ हम लोग, किसी भी विषय में किसी से कमतर नहीं हैं। अड्डेबाजी करते हुए, भारी-भरकम जुमलों के आडम्बर तले, हम सब बड़ी आसानी से जानकार, तजुर्बेकार विद्वान पंडित का मुखौटा ओढ़ लेते हैं। अड्डे

के माहौल में हम सब लेखक, समालोचक, पाठक, पंडित–सभी कुछ बड़े इत्मीनान और आराम से बन जाते हैं।

लेकिन इन तमाम कार्यक्षेत्रों में, परीक्षा की घड़ी में, पूरी सफलता से उत्तीर्ण कौन हो पाता है?

लेखक, प्रोड्यूसर, गायक–सभी को, जीवन में किसी न किसी दिन, उस परीक्षा का सामना करना ही पड़ता है। अगर ऐसा न हो, तो उसकी क्षमता की दौड़ नहीं साबित होती। इसका इम्तिहान न हो, तो यह राय नहीं दी जा सकती कि तुम वक़्त की कसौटी पर टिकोगे या नहीं।

इस बारे में, मैं अपनी बात कह सकता हूँ। साप्ताहिक पत्रिकाओं में उपन्यास लिखते हुए लम्बे तकलीफदेह तजुर्बों के दौरान, मुझे बहुत बार ऐसी परीक्षाओं का सामना करना पड़ा है। हाथ में कुछ ही घण्टों का समय। उतने-से समय में ही मुझे कहानी के चरम बिन्दु पर, सटीक निशाना लगाना होता था। उस वक्त मुझे हिम्मत बँधाने वाला कोई नहीं होता था। अकेले ही जाल बुनकर मुझे कहानी को जटिल बनाना होता था और अकेले ही उस जाल को काटना भी पड़ता था।

वह एक महा-परीक्षा होती थी, ऐसी परीक्षा के पलों में बहुत-से लेखक-साहित्यकारों ने मौत को गले लगा लिया। साहित्य के इतिहास में ऐसे ढेरों नज़ीर उपलब्ध हैं। लेकिन फ़िल्मों के मामले में उन दिनों मैंने गुरु को भी उस भयंकर इम्तिहान में सफल होते हुए भी देखा। एक तरफ उसकी फ़िल्म बाज़ार में प्रदर्शित हो चुकी थी। डिस्ट्रिब्यूटर समुदाय की तरफ से हताशाजनक रिपोर्ट और मन्तव्य पहुँच रहे थे, दूसरी तरफ गुरुदत्त की वह परीक्षा! अमोघ 'हाँ' या 'ना'!

हमें छोड़कर, गुरु ने अपने कमरे में जाकर दरवाजा बन्द कर लिया था, तब असल में वह सोया नहीं था। कमरे के अन्दर छटपटाता रहा था। उस वक़्त उसके दिमाग में सैकड़ों परेशानियाँ हलचल मचाये हुए थीं। एक तरफ लाखों-लाख रुपयों के नुकसान का सवाल, दूसरी तरफ आर्ट! कला! आखिर वह किसे बचाये? रुपये बचाये या आर्ट?

हर महान कलाकार की ज़िन्दगी में कभी-न-कभी यह समस्या मुँह बाये आ खड़ी होती है। तभी फैसला लेने का वक़्त आता है। उस विकट स्थिति में जो कलाकार सही फैसला ले पाता है, लोग उसे ही असली कलाकार कहते हैं।

उस दिन गुरु को देखकर, मुझे यही सब ख़याल आता रहा।

उस रात हम सभी विक्षुब्ध मन से सोने के लिए बिस्तर पर गये। अगले दिन अख़बारों में फ़िल्म की समीक्षा प्रकाशित होने वाली थी। हम सब इसी इन्तज़ार में थे।

रात अभी पूरी तरह ढली भी नहीं थी। हम सभी मुँह-अँधेरे ही जाग गये। गुरु के ड्राइंगरूम में जाकर, गुरु अख़बारों के ढेर में डूबा हुआ था। कोई एक अख़बार नहीं, किसी एक भाषा का अख़बार भी नहीं! अंग्रेजी, हिन्दी, गुज़राती, मराठी–सभी

भाषाओं के ढेरों अख़बार!

गुरु ने एक अख़बार मेरी तरफ बढ़ा दिया। वह 'टाइम्स ऑफ इण्डिया' अख़बार था। उस अख़बार के फ़िल्मी पन्ने पर, बड़े-बड़े अक्षरों में सुर्खी थी–'ए क्लासिक इन सेलुलाइड'! यानी 'फ़िल्मी पर्दे पर खूबसूरत कथा!'

बम्बई की फ़िल्मी दुनिया के इतिहास में आज तक इतनी तारीफ, शायद किसी और फ़िल्म के बारे में नहीं छपी थी। वाकई, अद्‌भुत बात थी।

एक-एक करके सभी भाषाओं के अख़बार पढ़े जाने लगे। बम्बई शहर में जितनी भी भाषाओं के जितने भी अख़बार थे सभी मँगाये गये थे। साथ ही साप्ताहिक अख़बार, पत्रिकाएँ भी हाज़िर थीं। यथा, ब्लिट्ज़। गुरु खुद भी ढेरों भाषाएँ पढ़ सकता था। सिर्फ गुजराती भाषा ही उसके काबू में नहीं थी। लेकिन गुरु का चपरासी रतन, खुद गुजराती था ड्राइवर, रामसिंह भी गुजराती था। उन लोगों ने प्रकाशित समीक्षाएँ पढ़-पढ़कर सुनायीं-समझायीं।

तब तक एक-एक करके स्टुडियो के सभी लोग आ पहुँचे। बाहर से भी कुछेक यार-दोस्त भी चले आये। सभी लोग अख़बारों के मन्तव्य पढ़ने-सुनने लगे। वैसे और भी फ़िल्मों को तारीफ नसीब होती है, भविष्य में भी नसीब होती रहेगी। निन्दा भी होती है, होती रहेगी। मुझे व्यक्तिगत तौर पर, एक साहित्यकार की हैसियत से निन्दा-आलोचना सुनने की इस हद तक आदत पड़ चुकी है कि अब वह मुझे छूती ही नहीं। मैं निन्दा-स्तुति, दोनों मामलों में प्रायः निर्लिप्त रहता हूँ।

लेकिन, उस दिन जो सब तारीफें छपी थीं, वे सब सिर्फ गुरु को ही नहीं, मुझे भी पल भर के लिए विचलित कर गयीं। इतनी-इतनी तारीफें भी तो भली नहीं होतीं। 'भारतज्योति' ने तो यहाँ तक लिख मारा था कि–'जैसे यह किताब महान-गाथा है, उसी तरह यह फ़िल्म भी महा-गाथा है।'

मैं मन ही मन हँस पड़ा। चलो, शुक्र है, गुरु की पिछले कुछेक दिनों की अशान्ति-बेचैनी, कुछेक पलों के लिए ही सही, दूर हो गयी। मेरी निगाह उसके चेहरे पर जा टिकी। उसके चेहरे पर मन्द-मन्द मुस्कान थी।

'चलो, जिम्मेदारी पूरी हुई!'

'लेकिन, मैंने तो आपको पहले ही कह दिया था कि फ़िल्म की अगर निन्दा भी हुई, तो मैं उसके लिए कभी आपको जिम्मेदार नहीं ठहराऊँगा।'

'फिर भी...! मुझे यह ख़याल कतई भला नहीं लगता कि मेरी कहानी पर फ़िल्म बनाकर या प्रकाशित करके किसी का नुक़सान हो।'

मैंने सारा मामला उसे विस्तार से समझाया।

मैंने कहा, 'जिस प्रकाशक ने यह किताब छापी, इसके प्रकाशन के बाद, उन्होंने अपना घर खड़ा कर लिया। जिस प्रोड्यूसर ने बांग्ला में इस कहानी पर फ़िल्म बनायी, वे कर्ज़ में बाल-बाल डूबे हुए थे। यह फ़िल्म बनाने के बाद, उन्होंने अपने कर्ज का

पैसा-पैसा चुका दिया। अर्से तक मैं सरकारी नौकरी करता रहा। यह किताब लिखने के बाद, मैं आज़ाद जीविका कमाने लगा। इतना सारा कुछ 'साहब-बीवी-गुलाम' की बदौलत सम्भव हुआ। आज, यह जो मैं यहाँ बैठा हुआ हूँ, वह भी उसी किताब की बदौलत! बांग्ला किताबों की दुनिया में किसी भी अन्य उपन्यास की इतनी बिक्री नहीं हुई। किसी को भी न इतनी प्रशंसा मिली, न इतनी निन्दा! बांग्ला-जगत में इस किताब ने रिकॉर्ड बनाया है। इस किताब का स्वेच्छाकृत अनुवाद, प्रायः सभी भाषाओं में छप चुका है। वैसे बंगाल का सुधी समाज किसी अन्य किताब पर इस हद तक खड्‌गहस्त नहीं हुआ। इसलिए जहाँ तक, जिस हद तक उनकी औकात थी, उन सबका इस्तेमाल करते हुए, उन लोगों ने जी-जान से कोशिश की। इस किताब पर कोई सरकारी तमगा न मिल जाए, इसके खिलाफ उन लोगों ने जान लड़ा दी। इस किताब के खिलाफ अपने नाम से, छद्‌म नाम से सैकड़ों लेख छपवाये।'

बहरहाल, उन विविध अख़बारों और लेखों की मिसाल देकर इस रचना को दीर्घतर करने की ज़रूरत नहीं है। इतना बयान ही काफी है।

जिस गुरु को उस दिन जितना खुश देखा था, फिर कभी उतना खुश नहीं देखा। गुरु की शायद वह पहली रात थी, जब वह जी-भर सोया।

अगले दिन से चारों तरफ से रिपोर्ट आने लगीं। गुरुदत्त का अभिनन्दन! गुरुदत्त को बधाई! मुबारकें! उस दिन, रात को गुरु के. आसिफ के घर दुबारा गया। वह तो मुझे भी अपने साथ ले जाना चाहता था। लेकिन वहाँ जाने की मेरी दिलचस्पी खत्म हो चुकी थी।

वह फ़िल्म कलकत्ता में रिलीज होनी अभी बाकी थी। बम्बई में प्रदर्शित होने के सात दिनों बाद, कलकत्ता में प्रदर्शित होनी थी। मैं वापस लौटने को हड़बड़ा रहा था। 'आनन्द बाज़ार पत्रिका' के पूजा-विशेषांक के लिए, मैं नया उपन्यास देने का वादा कर चुका था। उस वक़्त मेरे दिमाग़ में मेरी जिम्मेदारी का वज़न मुझे परेशान किये हुए था।

कलकत्ता में उस फ़िल्म का डिस्ट्रिब्यूटर था—सूर्य लाडिया। जब वहाँ, यहाँ से प्रिंट लेकर जाएगा, तभी वह फ़िल्म कलकत्ता में रिलीज़ होगी। वह इसी काम में व्यस्त था।

लेकिन, मेरे लिए मुश्किल आन पड़ी। मुझे लौटने की बुकिंग नहीं मिली। जहाज़ में सीटों की कमी थी। सात दिनों के अन्दर 'न स्थानम् तिल धारयेत'। सूर्य लाडिया से पता चला कि उसके लौटने की बुकिंग बहुत पहले से ही हो चुकी थी। लेकिन, असल में उसे लौटने में दो दिन और देर लगेगी।

'तो ऐसा करें न, आप अपनी टिकट मुझे दे दें। मैं आपके नाम से कलकत्ता लौट जाता हूँ। आप मेरे नाम की टिकट पर चले जाइएगा।'

यानी मैं, सूर्य लाडिया बन जाऊँ और सूर्य लाडिया, बिमल मित्र! इसमें कोई असुविधा नहीं थी। बस, मुश्किल यह थी कि मुझे प्लेन में शाकाहारी खाना, खाना

होगा और उसे मांसाहारी क्योंकि हम दोनों की टिकट पर इसी क़िस्म की हिदायत दी गयी थी। चलो, ठीक है, मुझे इसमें कोई परेशानी नहीं थी। कटलेट के बजाय कचौड़ी ही खा लूँगा। वैसे वे दोनों ही मेरी सेहत के लिए ज़हर थे।

इस बार, गुरु को बेहद ख़ुश देखा।

लेकिन, इस बार मैंने एक विचित्र बात गौर की। स्टुडियो के आस-पास भी, मुझे वहीदा रहमान कहीं नज़र नहीं आयी। वैसे पहले वह सैकड़ों काम के बहाने यहाँ आया करती थी। कोई शूटिंग नहीं भी होती थी, तो आकर गुरु से गपशप कर जाती थी। बाहर किसी अन्य प्रोड्यूसर की फ़िल्म में, अगर शूटिंग कर रही होती, तो भी फोन-वोन कर लिया करती थी। मैं बख़ूबी गौर कर चुका था कि वह औरत गुरु को, गुरु की तरह ही श्रद्धा-भक्ति करती थी। ज़िन्दगी में वह जाने कितनी ही बातों के लिए, गुरु की अहसानमन्द थी, यह अपने आचरण, व्यवहार बातचीत में भी वह हमेशा जाहिर करती थी।

मैं कलकत्ता लौट आया।

लौटने से पहले गुरु ने मुझे वे सारे अख़बार थमा दिये।

'आप ये अख़बार रखना चाहते थे न!'

मुझे याद आ गया। सच ही तो! एक बार ये सारे अख़बार मैंने गुरु से माँगे थे। कलकत्ते में जब बांग्ला में 'साहब-बीवी-गुलाम' फ़िल्म प्रदर्शित हुई थी, तब प्रायः सभी अख़बारों में अप्रिय समालोचना छपी थी। उन दिनों मेरे इस बेचारे उपन्यास की किस्मत में बेवजह ही ढेरों दुर्भोग झेलना पड़ा था। मतलब आज से तेरह वर्ष पहले! वह किताब जितने धड़ल्ले से बिक रही थी, पत्र-पत्रिकाओं के तन-बदन में उतनी ही तीखी आग जल उठी थी। जब इस किताब पर फ़िल्म बनकर प्रदर्शित हुई, तब बाज़ार में इसका नंगा प्रदर्शन नज़र आया। यह सिर्फ़ एक किताब ही नहीं थी। कहना चाहिए, यह मेरी स्थायी भाग्यलिपि बन चुकी थी। जन-साधारण और सुधी समाज ने अपना आकंठ और अकृपण समादर दिया, मगर पत्र-पत्रिका महल को खुश करने में, मैं नाकाम रहा। इसके लिए थोड़ा-बहुत, शायद मेरा व्यक्तिगत स्वभाव ही जिम्मेदार था। मैं स्वभाव से ही शर्मीला इन्सान! जगह-जगह जाकर सबसे मिल-जुल बेवजह ही हँसना-बोलना, जान-पहचान करना मुझे नहीं आता। मुझे तो बस, एकान्त-निर्जन में बैठकर, सिर गड़ाये-गड़ाये किताबें पढ़ना और लिखना ही आता था।

बहरहाल, उन सब अख़बारों को अपने साथ कलकत्ता लाने का मकसद था, ज़रूरत पड़ने पर वे अख़बार, यहाँ के पत्र-पत्रिका वालों को दिखा सकूँ। वे लोग जानें तो सही कि जिस कहानी को उन लोगों ने उपेक्षा दी, बदनामी और निन्दा से उसे कलंकित कर डाला, बंगाल के बाहर, उसी कहानी को गैर-बंगालियों ने कितना

सम्मान दिया है। बांग्ला साहित्य पर उन लोगों ने कितनी श्रद्धा जाहिर की है। बंगाल के किसी अज्ञात-अनाड़ी लेखक का उन लोगों ने कितना गुणगान किया और श्रद्धा अर्पित की।

लेकिन जिस स्वभाव का मैंने पहले ही ज़िक्र किया था, वह गुरु का भी सहज स्वभाव था। मेरा मतलब है, गुरु भी शर्मीले स्वभाव का ही था। स्टुडियो में जो उसका नितान्त निजी कमरा था, उसके बाहर प्रायः हर वक़्त ही लाल रोशनी जलती रहती थी। आमतौर पर, बिना अनुमति के, कोई फट् से उसके कमरे में नहीं जा सकता था। इसीलिए उसने अपने कमरे के बगल वाले कमरे में गुरु स्वामी को बिठा रखा था। जब गुरु स्वामी अनुमति देता था, तभी किसी को गुरु के कमरे में जाने की इजाजत मिलती थी।

असल में, वह उसका मुखौटा भर था। बेवजह हँसकर या बेवजह टसुये बहाकर लोगों की हमदर्दी या प्रीति या लोकप्रियता वसूल करने की जो आसान राह थी, वह गुरु की राह नहीं थी। वह गुणों पर भरोसा करता था। मुझमें अगर कोई ख़ूबी है, अगर कोई प्रतिभा है, तभी तुम मुझे प्यार करना। बस, इससे ज़्यादा मैं कुछ नहीं चाहता।

इसके अलावा, मैंने उसमें एक ख़ास ख़ूबी भी देखी थी। सिर्फ फ़िल्म बनाने से बात नहीं बनती; सिर्फ साहित्य लिखने से भी बात नहीं बनती। साहित्य लिखने के साथ-साथ, जैसे थोड़ी-बहुत राजनीति करने की ज़रूरत होती है और राजनीति किये बिना, जैसे तुम साहित्यकार के तौर पर भी स्वीकृति नहीं पा सकते, कोई सरकारी इनाम भी नहीं पा सकते, बिल्कुल उसी तरह, फ़िल्मों के लिए और ज़्यादा राजनीति की ज़रूरत होती है, क्योंकि फ़िल्म और ज़्यादा ख़र्चीला माध्यम है, और ज़्यादा व्यापक है। ख़ासकर आज के ज़माने में। अगर आपने थोड़ी-बहुत राजनीति नहीं की, तो चाहे जितनी भी अच्छी फ़िल्म बनायें, आप अप्रतिष्ठित ही रह जाएँगे। यानी भारतीय सरकारी पुरस्कार तो हरगिज नहीं मिलेगा, विदेश जाने के सुयोग-सुविधा से भी वंचित रह जाना होगा। यानी थोड़ी-बहुत खुशामद, थोड़ी-बहुत कोशिश-तदबीर नहीं की, आपकी प्रतिष्ठा की उम्मीद धरी की धरी रह जाएगी।

इस मामले में गुरु बिल्कुल मेरी ही तरह था। लोगों की भीड़ में वह हाँफ उठता था। इसीलिए बाहरी लोग उस पर कटाक्ष करते थे, उसे अहंकारी और घमण्डी कहते थे। पत्र-पत्रिकाओं में उसके बारे में जो सब कटूक्तियाँ, गन्दी-गन्दी अफ़वाहें प्रकाशित होती थीं, वह भी इसी वजह से।

मुझे याद है, सन् 1963 में कलकत्ता में बी. एफ. जे. ए. ने उसे 'श्रेष्ठ अभिनेता' का पुरस्कार दिया था। वह उसी उपलक्ष्य में कलकत्ता आया हुआ था। मुझे यह भी बख़ूबी याद है कि वह बेहद ख़ुश नज़र आ रहा था।

अगली बार जब मैं बम्बई गया, गुरु ने अचानक पूछा, 'बिमल बाबू, आपने

देखा है, 'अमृत बाज़ार पत्रिका' में मेरी तस्वीर पहले पन्ने पर छपी है?'

'कहाँ? मैंने तो नहीं देखा—'

वह अख़बार अलमारी से निकालकर गुरु ने मुझे दिखाया। सच ही, पहले पन्ने पर उसकी तस्वीर!

गुरु ने कहा, 'मेरी तस्वीर पहले पन्ने पर क्यों छापी, बताइए तो?'

इन सब मामलों में गुरु, बिल्कुल बच्चों जैसा था। कोई उसे अगर प्यार देता था, तो वह पिघल जाता था, एकदम से गद्गद हो आता था। लेकिन उसके इस बच्चों जैसे स्वभाव के बारे में, भला कितने लोग जानते थे? उसे सिर्फ इसी बात का तो दुःख था। जिन लोगों को उसके करीब आने का मौका मिलता था, वे या तो उसकी चापलूसी करने आते थे या उसकी ख्याति या दौलत का फ़ायदा उठाने आते थे। ऐसा कोई भी नहीं था, जो प्यारवश उसके करीब आना चाहता हो।

समूचे आकाश में उड़ान भरता हुआ, मैं इन्हीं सब सोच-विचार में डूबा रहा। लेकिन जैसे-जैसे कलकत्ता के करीब आता गया, मेरा मन फ़िल्मों के बजाय साहित्य की ओर झुकता गया। फिर वही लिखना! लिखे जाना! फिर वही कलम घिसना! एक तरफ राहत और दूसरी तरफ यंत्रणा! इन दोनों के आपसी संघर्ष में ही, समूची ज़िन्दगी क्षत-विक्षत होती रही।

कलकत्ता लौटने के बाद गुरु के बारे में चिन्ता-फ़िक्र जैसे भूल ही गया। मैं दुबारा अपने कामकाज में डूब गया। उस वक़्त 'साहब-बीवी-गुलाम' रत्ती भर भी याद नहीं रही। 'ख़रीदी कौड़ियों मोल' को लेकर पाठकों के मन में सुगबुगाहट शुरू हो गयी थी। कभी पाठकों से ढेरों स्तुति, ढेरों लानतें मिलती थीं। लेकिन इस बार पाठक-पाठिकाओं में बिल्कुल नये क़िस्म का आकर्षण जाग उठा था। जिन लोगों ने यह घोषणा की थी कि मैं सिर्फ अतीत की घटनाओं के बारे में ही लिख सकता हूँ, वर्तमान के बारे में कुछ नहीं लिख सकता, वे लोग अचकचा गये। इतने दिनों बाद, मेरे बारे में, उन लोगों की सारी धारणाएँ बदल गयीं। यह उनकी समझ में नहीं आ रहा था कि अब, वे मुझ पर किस तरफ से हमला करें, मुझ पर कौन-सा आक्षेप लगायें, क्योंकि 'ख़रीदी कौड़ियों मोल' और 'साहब-बीवी-गुलाम' में काफी फ़र्क़ था। तकनीक की बात छोड़ भी दी जाए, तो वक्तव्य का विस्तार देखकर वे लोग मन ही मन भौचक्के रह गये थे।

उन दिनों सभी लोग एक-दूसरे के पास जाकर आपस में सवाल उछालते रहे—'यह क्या हो गया?'

'कौन-सा, क्या हो गया?'

'आपने 'ख़रीदी कौड़ियों मोल' पढ़ी?'

'भई, अच्छा-बुरा तो हम नहीं समझे, लेकिन वह किताब, बांग्ला साहित्य में

वृहद्तम उपन्यास है, इस बारे में कोई शक़ नहीं है।'

यह बात अस्वीकार योग्य नहीं है, यह बात सभी लोग एक जुमले में स्वीकार करने लगे। सबने उपन्यास के पन्ने गिनकर देखे। कीमत भी ज़्यादा! कम से कम किताबों के बाज़ार में, बिक्री के इतिहास में, यह बिल्कुल अभिनव घटना थी। सभी लोग यह किताब क्यों खरीद रहे हैं? अगर वह किताब इतनी ही फिजूल है, लोग रुपये ख़र्च करके, वह किताब ख़रीद क्यों रहे हैं? उन दिनों लाइब्रेरियों के पाठकों में बाक़ायदा खलबली मच गयी थी। वे लोग आखिर यह किताब क्यों पढ़ रहे हैं? वे यह किताब क्यों ख़रीद रहे हैं?

बाक़ायदा रिपोर्ट संग्रह की गयी और जानकारी मिली कि पाठक-पाठिकाओं को यह किताब पसन्द आयी है। यानी वह किताब क्या इतनी अच्छी बन पड़ी है? जो लोग बांग्ला साहित्य का झण्डा उठाये हुए थे, उन लोगों ने फतवा जारी किया, 'इस बात से तुम लोग डरो मत! किताब का ज्यादा बिकना ही अच्छे साहित्य का लक्षण नहीं है। 'साहब-बीवी-गुलाम' भी काफी ज़्यादा संख्या में बिका था। इससे नुक़सान में कोई बढ़ोतरी नहीं हुई। देखना यह है कि उस किताब को हम लोगों ने 'अच्छी' कहा है या नहीं—'

हिन्दी फ़िल्म के बारे में बंगाल में किसी ने कोई प्रतिक्रिया नहीं की, जो विषय उन लोगों के इख़्तियार के बाहर था।

लेकिन गुरुदत्त बिल्कुल मेरी तरह था। पहले भी ढेरों फ़िल्में बनाकर वह ढेरों दौलत कमा चुका था। इस बार उसने अलग क़िस्म की फ़िल्म बनायी थी। इस बार, कोई भी यह नहीं कह सकता था कि गुरु ने पैसा पीटने के लिए फ़िल्म बनायी है। इस फ़िल्म में एक सन्देश भी था। पत्र-पत्रिकाओं ने उसकी इस फ़िल्म की तारीफ की थी। हिन्दी फ़िल्म जगत में गुरु एक नवीनता लाया था। उसको थोड़ा-सा सम्मान भी देने का मतलब था, हिन्दी फ़िल्म को सम्मान देना।

इसीलिए इस फ़िल्म के रिलीज़ होने के बाद ही, हिन्दी फ़िल्म के दर्शकों को एक नये क़िस्म का रस मिला, जो उन लोगों को पिछली किसी फ़िल्म में नहीं मिला था। ऐसे में गुरु पर चारों तरफ से सम्मान-प्रशंसा की बरसात होने लगी। 'फ़िल्मफेयर' पत्रिका ने इस फ़िल्म को 1962 की सर्वश्रेष्ठ फ़िल्म घोषित किया। पत्र-पत्रिकाओं के वोट में भी वही नतीजा घोषित हुआ। कुछ-कुछ ख़बरों की लहर बंगाल तक भी आ पहुँची। फ़िल्मी-समाचारों में ये ख़बरें थोड़ी-बहुत प्रकाशित भी होने लगीं। अन्त में अचानक यह घोषणा हुई कि भारतीय फ़िल्म के तौर पर वह फ़िल्म 'बर्लिन फ़िल्म फेस्टिवल' में भेजी जाएगी।

मैं लगातार कलकत्ते में ही बना रहा, क्योंकि इस मामले में मेरे लिए कुछ करने को नहीं था।

गुरु का भाई, आत्मा कलकत्ता आया। उसकी ज़ुबानी ख़बर मिली कि गुरु

आजकल सारे-सारे दिन 'एडिटिंग' में व्यस्त है। उसका ध्यान-ज्ञान, सारा कुछ उस फ़िल्म में समाहित हो गया है। कोई फ़िल्म विदेश भेजने से पहले, काफी सारे काम करने होते हैं। मसलन—सब-टाइटिल! उसे ही पूरा करने में गुरु इन दिनों सारा कुछ भुला बैठा है।

'गुरु है कैसा?' मैंने पूछा।

'बस, वही हाल है।'

'आजकल उसे नींद नहीं आती है?'

'यह कैसे पता चले? गुरु तो हमें कुछ बताता नहीं।'

सच ही, गुरु के मन में ऐसा कौन-सा दर्द है, वह किसी को नहीं बताता। चूँकि वह किसी के सामने खुलता नहीं, इसलिए सारा दर्द अपने सीने में समोये रखता है। इसी वजह से वह इस क़दर अशान्त और बेचैन रहता है।

इधर, सन् 1962 के नवम्बर महीने से एक नया उपन्यास लिखने में हाथ लगाया था, जो धारावाहिक रूप से प्रकाशित हो रहा था—'इकाई-दहाई-सैकड़ा'। यह धारावाहिक 'घरवा' पत्रिका में छप रहा था। यह मेरे उपन्यास त्रयी का आखिरी पर्व था। जो उपन्यास, 'साहब-बीवी-गुलाम' से शुरू हुआ था, यह उपन्यास उसी की परिसमाप्ति था। खण्ड-खण्ड में दो सौ वर्षों का सामाजिक, ऐतिहासिक, राजनैतिक इतिवृत्त!

सन् 1963 के मध्य में, जब मैं यह उपन्यास लिखने में लगा हुआ था, अचानक एक सुबह ट्रंक कॉल आया।

उधर से गुरु ने पूछा, 'कैसे हैं, बिमल बाबू?'

'आप कैसे हैं?'

'ठीक हूँ! आप एक बार यहाँ आ सकते हैं?'

'क्यों?'

'बेहद व्यस्त हैं क्या? मुझे आपकी ज़रूरत थी! हम एक साथ मद्रास जाएँगे। महीने-डेढ़ महीने वहीं रहेंगे। आ सकेंगे?'

'किसी कहानी का मामला है?'

'आ जाएँ, फिर सब बताऊँगा। कब आ सकते हैं?'

मुझे कोई जवाब नहीं सूझ पड़ा। ज़्यादा वक़्त भी नहीं था। इधर 'इकाई-दहाई-सैकड़ा' पूरा होने में, अभी महीने भर देर थी। उपन्यास के अन्त के बारे में, मैं ज़्यादा परेशान रहता हूँ। अन्त तक आकर ही, मुझे बेचैनी होने लगती है।

मैंने हड़बड़ाया-सा जवाब दिया, 'ठीक है, पहुँच जाऊँगा।'

'इकाई-दहाई-सैकड़ा' उपन्यास उन दिनों 'घरवा' पत्रिका में किस्तवार प्रकाशित हो रहा था। एक तरफ पाठकों को जितनी उत्सुकता थी, मैं अन्दर ही अन्दर उतना ही

परेशान था। ख़ैर, मेरी परेशानी के बारे में पाठकों को कहाँ जानकारी होती? वे लोग तो हर हफ्ते के बृहस्पतिवार की सुबह, उपन्यास की अगली किस्त पढ़कर ही खुश थे। लेकिन इस बात की किसे ख़बर थी कि यह उपन्यास किन मानसिक परिस्थितियों में लिखा जा रहा है। यह जानने में भला किसे दिलचस्पी होती है कि पिछली रात लेखक सोया या नहीं?

लेकिन, लेखक की कोशिश यही रहती है कि उसके लेखन पर, उसकी परेशानियों की छाप न पड़े। पढ़ते-पढ़ते, किसी को लेखक के दुःख, अशान्ति, उद्वेग के बारे में आभास न मिले।

बहरहाल, उस वक़्त यह सब सोचने का अवकाश नहीं था। मैंने फोन पर ख़बर दे दी थी कि मैं आ रहा हूँ। अस्तु, जाना ही होगा। यथासमय सारा इन्तज़ाम हो गया। एक दिन शाम की फ्लाइट में सवार भी हो गया। यात्रा शुरू हो गयी। फ्लाइट ने हमेशा की तरह सान्ताक्रुज पहुँचा दिया।

इस बार, यथारीति राम जी एअरपोर्ट पर खड़ा मिला।

'राम जी, तुम? रतन कहाँ है?'

राम जी गुरु का ड्राइवर था।

'रतन नहीं है! वह नौकरी छोड़कर चला गया।'

मुझे जाने कैसा तो अचरज हो आया। रतन ने नौकरी क्यों छोड़ दी? उसके बिना गुरु का काम कैसे चलता होगा?

'और तुम्हारे साहब? वे कैसे हैं?'

'जी, ठीक हैं।'

थोड़ा ठहरकर उसने फिर कहा, 'दीदीमणि आज लन्दन जा रही हैं, रात दस बजे!'

'क्यों?'

'गाना गाने–'

गीता दत्त गाना गाने के लिए लन्दन जा रही है? ख़ैर, यह कहीं से अस्वाभाविक भी नहीं है। गाने के लिए इण्डिया से बाहर जाना, कोई नयी घटना नहीं है। अख़बार वाले भी हरदम बाहर जाते रहते हैं। फ़िल्मी हस्तियाँ भी जाती-आती रहती हैं। इसमें किसी को चकित होने जैसी बात नहीं है। हाँ, लिखने-पढ़ने के लिए, कोई छात्र या छात्रा विदेश जाता है, तो वह अस्वाभाविक घटना होती है। इससे इण्डिया की महत्ता कम हो जाती है।

ख़ैर, ये बातें जाने दें। गाड़ी जब घर के करीब पहुँची, तो मैं और ज़्यादा अचकचा गया। यह किस मकान में गाड़ी दाखिल हो रही है? यह मुझे किसके मकान में ले जाया जा रहा है? पाली हिल के पहाड़ पर ज़रा ऊपर चढ़कर, कुछ दूर जाते ही, बायीं तरफ तिमंजिला घर, घर के सामने न बगीचा, न कोई और शोभा! सड़क पर ही वह घर सीधा खड़ा, ऊपर की ओर उठा हुआ।

मैं गाड़ी से उतर आया। कोई और उसे रास्ता दिखाते हुए अन्दर ले आया। वह पुराना नौकर, कृष्णा, सामने ही नज़र आ गया। कृष्णा ने कई-कई दिनों मेरी खिदमत की थी। मुझे साथ लेकर वह दूसरी मंजिल के एक कमरे में दाखिल हुआ। उस कमरे में एक जोड़ी पलँग, एक अदद अलमारी! सड़क की तरफ कई-कई खिड़कियाँ! खिड़की से सामने के मकान का नज़ारा साफ नज़र आता था। वह मकान भी किसी अभिनेता का ही था। मैंने सुना, उनका नाम है—दिलीप कुमार! दिलीप कुमार उन दिनों मशहूर हीरो थे।

कई दिनों मैंने देखा, सुबह-सुबह पचास-साठ लोग सड़क की फुटपाथ पर बैठे हुए हैं। दिलीप कुमार जब अपनी गाड़ी में निकलते थे, वे लोग उठकर खड़े हो जाते थे और सलाम ठोंकते थे। उसके बाद, और कोई बातचीत नहीं होती थी। उस भीड़ में कोई नौकरी का उम्मीदवार होता था, कोई फ़िल्म में पार्ट करने का इच्छुक! इसी क़िस्म के काम!

ख़ैर, ये बातें छोड़ें।

जिस दिन मैं उस घर में पहुँचा, उस वक़्त रात के साढ़े नौ बज रहे थे। कमरे में मेरा सामान रखा गया। उसके बाद, कृष्णा मुझे—तीसरी मंज़िल पर ले गया। कमरे में गुरु गम्भीर चेहरा बनाये बैठा हुआ था। मुझे देखकर, उसके चेहरे पर मुस्कान झलक उठी। लेकिन वह पहले वाली मुस्कान नहीं थी।

'क्यों? तबीयत खराब है?' मैंने पूछा।

'नहीं! गीता अभी-अभी एअरपोर्ट चली गयी। उससे झगड़ा हो गया। ख़ैर, आप बताएँ, कैसे हैं?'

'मैं तो ठीक हूँ। लेकिन, इस घर में आप कब आये? आपका वह अड़तालीस नम्बर का बंगला क्या हुआ?'

'मैंने वह बंगला तोड़-ताड़ डाला—'

'तोड़ डाला?' मैं यह ख़बर सुनकर स्तम्भित रह गया।

गुरु की बात सुनकर, शुरू में मैं अचकचा ज़रूर गया। लेकिन बाद में सोचा, असली गुरुदत्त यही तो है! अगर वह ऐसा न होता, तो मैं उस विनिद्र शख़्स के बारे में हरगिज नहीं लिखता। वैसे वह बंगला, गुरु ने कितने शौक से बनवाया था। लगभग तीन बीघा ज़मीन पर उसका वह बंगला! चारों तरफ बगीचा और बीच में शान से खड़ा, उसका बंगला! प्रायः सात बड़े-बड़े कमरे! बंगले के पीछे, आउट-हाउस!

बहुत दिनों पहले अभिनेता देवानन्द इसी पाली हिल में रहा करते थे। गुरु उन दिनों इसी शहर के किसी किराये के मकान में ज़िन्दगी गुज़ार रहा था। काम-बेकाम वह अभिनेता देवानन्द के पास आया-जाया करता था।

गुरु के मन में उसी दिन से यह शौक पलने लगा कि अगर किसी दिन वह इस लायक हुआ, किसी हैसियत तक पहुँच सका, तो इसी पाली हिल पर वह अपना मकान बनवाएगा। मकान उसके बचपन का सपना था। ख़ैर, इन्सान के अन्दर कई-कई शौक पलते रहते हैं। लेकिन, सारे शौक क्या पूरे होते हैं?

लेकिन गुरु के जीवन में ऐसा हुआ! एक दिन, उसका यह शौक पूरा हुआ! उन दिनों गुरु के हाथ में, बस, थोड़ी-सी जमा-पूँजी थी। उसने अख़बार में विज्ञापन देखा कि पाली हिल का कोई बंगला बिक रहा है।

वह बंगले के मालिक से मिला।

'क्या क़ीमत है, इस बंगले की?' उसने दरयाफ़्त किया।

'एक लाख, पच्चीस हज़ार!'

ख़ैर, पच्चीस हज़ार नहीं, पूरे एक लाख पर दस्तख़त हो गये।

गुरु एक दिन अपनी बीवी समेत, खुद खरीदे हुए, अड़तालीस नम्बर के इस नये बंगले में आ बसा। बस, उसी दिन से उसकी वह असहनीय यन्त्रणा भी शुरू हो गयी। बाथरूम के लिए विशुद्ध इतालवी मार्बल मँगाये गये। बगीचे में बहारी फूलों के पौधे लगाये गये। बरसात के मौसम में एक दिन छत से पानी टपकने लगा। मैंने उसे सलाह दी कि छत पर कंकरीट की ढलाई कराके, उसे पक्का करा ले!

गुरु ने कहा, 'ना! पक्की छत बेहद बुरी लगेगी।'

उस छत के लिए एक दिन काश्मीर से लकड़ियाँ आ पहुँचीं! काश्मीर मिस्त्री तलब किया गया। छत तैयार हो गयी। सिर्फ छत ही नहीं बनी, उस मिस्त्री से एक नाव भी तैयार कराई गयी। बम्बई के पवई झील में नौका-विहार किया जाएगा।

सारा कुछ बनकर तैयार हो गया। उन दिनों मैं बम्बई में ही था।

लेकिन, गुरु आखिर कितनी-सी देर घर में टिकता था? और वह कब तो नौका-विहार करता? सुबह साढ़े सात बजे वह घर से निकल जाता था और देर-रात गये, घर लौटता था।

और गीता? दोनों बेटे तो सुबह-सवेरे स्कूल चले जाते थे। उस वक़्त समूचा बंगला कब्रिस्तान बन जाता था। उस निर्जन-बेआवाज़ बंगले के अन्दर गीता की ज़िन्दगी असहनीय हो उठती थी। वह भी सान्ताक्रुज के लिए निकल पड़ती थी। वहाँ गीता के भाई-बहन, माँ होती थीं, जब बेटों के लौटने का वक़्त होता था, गीता आकर कुछ देर बरामदे में बैठी रहती थी। लेकिन, उससे ज़्यादा देर वहाँ बैठा भी नहीं जाता था। घर में कुछ भी करने को नहीं था। कामकाज के लिए नौकर-चाकर मौजूद थे; घर की पहरेदारी के लिए दरबान था; खाना पकाने के लिए महराज था। गीता के लिए कोई काम नहीं बचा था।

मैं कलकत्ते से धूल-धुआँ-आवाज़ से भागकर वहाँ जाता था। अपने लिए मुझे वह घर स्वर्ग लगता था। यहाँ मेरे कमरे के बरामदे पर बगीचे के विराट पेड़ों की छाया

झुकी होती थी। उसी बरामदे में मैं आरामकुर्सी खींचकर बैठा रहता था और कल्पना के पंखों पर सवार स्वर्ग-मर्त्य की सैर किया करता था। गीता जिस बंगले को कब्रिस्तान कहती थी, मुझे वह स्वर्ग लगता था।

उसी बंगले में ही गुरु ने कितने ही कुत्ते पाले थे। कितनी-कितनी लेग-हॉर्न मुर्गियाँ पाल रखी थीं। दोनों गायों को उसने नाम दिया था—गंगा और जमुना! मैंने कितना दही खाया था, दूध पीया था। सिर्फ मैं ही क्यों, मुझ जैसा, जो भी वहाँ आया, उस बंगले को देखकर मुग्ध रह गया, वहाँ रहकर उसकी सेहत लौट आयी। मद्रास में फ़िल्मों का कथा-लेखक, श्री सदाशिव ब्रह्म, उसी बंगले में महीनों रहकर गया। कलकत्ता की हीरोइन, तन्द्रा वर्मन और उसके बूढ़े पिता ने कितनी ही रातें, इसी बंगले में गुज़ारी थीं। सभी लोगों को वह घर 'भूस्वर्ग' लगता था। उसी बंगले को गुरु ने यूँ बेरहमी से ढहा दिया?

बातें करते-करते काफी रात हो गयी। गीता का प्लेन सान्ताक्रुज एअरपोर्ट से शायद उड़ चुका होगा। घर में कोई नहीं था।

'पता है, गीता को एक बेटी हुई है।' गुरु ने कहा।

'अच्छा?'

'हाँ! नाम रखा है—नीना! कैसा लगा नाम?'

'अच्छा ही नाम तो है।'

'लेकिन, कोई अच्छा-सा, खूबसूरत नाम ज़रूरी है।'

काफी वर्षों से गुरु को चाव था कि उसकी एक बेटी हो और दो बेटे। बेटी आ जाती है, तो गृहस्थी पूरी हो जाती है—।

गुरु ने कहा, 'जब हम दोनों काश्मीर गये थे, तो वहाँ एक साधु ने हमारा हाथ देखकर कहा था कि इस बार बेटी होगी। अन्त में उसी की बात सच हो गयी।'

बातचीत करते-करते गुरु के मन में घिरे बादल, अचानक छँट गये। मैंने देखा, उसका चेहरा दुबारा हँस पड़ा है। उसके होठों पर दुबारा मुस्कान झलक उठी है; उसकी जुबान से फिर बोल फूटने लगे हैं।

उसने फिर बातों की कड़ी जोड़ी, 'वह घर ढहा देने के बाद हमने कुछ दिन 'सन ऐंड सैंड' होटल में गुज़ारे, क्योंकि रहने के लिए एक घर तो चाहिए था। लेकिन वहाँ का खाना अच्छा नहीं लगा, इसलिए यह घर किराये पर ले लिया।'

'इस घर का किराया कितना है?'

'दो हज़ार रुपये।'

'बुलाया क्यों?'

गुरु हँस पड़ा, 'बस, ऐसे ही! दिल उदास हो गया था।'

'इन दिनों कौन-सी फ़िल्म बना रहे हैं?'

'एक फ़िल्म बना तो रहा हूँ! शाहिद लतीफ को उसके डायरेक्शन का जिम्मा

सौंपा है। नाम दिया है–'बहारें फिर भी आयेंगी।' शाहिद पुराना डायरेक्टर है। उसकी बीवी अच्छी लेखिका है। न्यू थिएटर्स में 'प्रेसिडेण्ट' नाम की एक फ़िल्म बनी थी। मैं उसी पर हिन्दी फ़िल्म बना रहा हूँ–'

'लेकिन, वह फ़िल्म क्या अच्छी होगी?'

'इस बारे में मुझे नहीं सोचना है, क्योंकि मैंने सारा जिम्मा शाहिद को सौंप दिया है।'

अर्से बाद गुरु से मेरी भेंट हुई थी। मुझे भी बेहद भला-भला लग रहा था। अभी कुछ ही देर पहले लन्दन जाने को लेकर उसने गीता से झगड़ा किया था, उसके बाद ही मैं जा पहुँचा। मुझे पाकर गुरु जैसे सब कुछ भूल गया। वैसे ज़्यादा देर तक घर-बार या स्टुडियो के बारे में सोचना, गुरु को बिल्कुल अच्छा नहीं लगता था। इसीलिए उसके मन में इतनी यन्त्रणा थी। जितनी देर वह यह यन्त्रणा भूला रहता था, उतनी देर वह मज़े में रहता था।

मेरे वहाँ जाते ही वह कहानियों के प्रसंग छेड़ देता था। कहानियों की चर्चा करते हुए, उसकी तबीयत चंगी हो जाती थी। इस बार भी गुरु ने क्या-क्या पढ़ा, मैंने क्या-क्या पढ़ा, इस बारे में चर्चा छिड़ गयी।

गुरु ने कहा, 'जानते हैं, इस बार जब मैं कलकत्ता गया था, अर्से बाद अचानक उदयशंकर से मिलने जा पहुँचा। उसे एक दिन अपने होटल आने की भी दावत दी। आपको मालूम है न, अलमोड़ा में, मैं उदयशंकर के दल में शामिल था।'

'हाँ सुना है।'

'मेरा नृत्य-गुरु उदयशंकर ही थे।'

उसके बाद, काफी देर तक उदयशंकर के बारे में बातें होती रहीं। बातों ही बातों में काफी रात गुजर गयी।

अचानक उसने कहा, 'अच्छा, ज़रा इस किताब पर नज़र डालें। यह किताब मैंने लन्दन की फुटपाथ से खरीदी थी।'

कोई अंग्रेज़ी किताब थी। इण्डिया की पौराणिक कथाओं पर आधारित।

'आप इसे ले जाकर पढ़ डालें। देखिए, इस पर कोई रंगीन फ़िल्म तैयार की जा सकती है या नहीं।'

वह किताब लिये-लिये, मैं अपने कमरे में चला आया। नया मकान, नया कमरा, नया परिवेश! मैं इस मकान में पहले कभी नहीं आया था। दक्षिण की समूची दीवार पर खिड़की जड़ी हुई। काँच पर पर्दे पड़े हुए थे। सामने अभिनेता, दिलीप कुमार का मकान! मैंने देखा, काफी रात तक, उस मकान की बत्तियाँ जलती रहीं। वह किताब पढ़ते-पढ़ते, जाने कब मैं सो गया।

सुबह-सवेरे मेरी नींद टूट गयी। यथासमय मैं तैयार भी हो गया। गुरु मेरे कमरे में आया। मैंने उसका चेहरा पढ़ने की कोशिश की। लेकिन गुरु के चेहरे से यह

अन्दाजा लगाना मुश्किल था कि रात को वह सोया या नहीं।

'रात को आपको नींद आयी?' मैंने पूछा।

'जी-हाँ! और आपको?'

'जी! मैं भी सो गया था।'

'चलिए, स्टुडियो चलते हैं...'

हम दोनों स्टुडियो के लिए निकल पड़े।

रास्ते में ही मैंने बात छेड़ी, 'वह मकान तोड़ा क्यों?'

गुरु चौंक उठा!

'चलेंगे वह मकान देखने?'

'चलिए!'

गुरु ने गाड़ी घुमा ली।

हम ढलान भरे रास्ते से काफी नीचे उतर आये थे। हमने दुबारा चढ़ाई पार की और पीछे की तरफ बढ़ चले। कई-कई घुमाव लेते हुए हम उस बंगले के सामने आ खड़े हुए। वही पाली हिल का अड़तालीस नम्बर बंगला! बंगले के सामने लाला खड़ा था। गुरु का पुराना दरबान! दरवाज़ा खोलते ही, सामने बंगले पर नज़र पड़ी।

मैं एकदम से सन्न रह गया।

गुरु गाड़ी से उतरकर बंगले के अन्दर दाखिल हुआ।

मुझे लगा, वह मानो अपना गुरु नहीं है, मानो यह बम्बई नहीं है; मानो यह पाली हिल नहीं है। यह मानो शहर कलकत्ता है और यहाँ गाँव-देहात का लड़का, भूतनाथ आया है। वह भूतनाथ मानो बनमाली सरकार लेन में आकर, और उस हक्कानी कोठी के टूटे-फूटे खँडहर निहार रहा है।

उस टूटी-फूटी कोठी पर नज़रें गड़ाये-गड़ाये, मुझे ऐसा लगा, मानो उसकी बुनियाद की खुदाई की जाए, तो वहाँ से बहू-भाभी का कंकाल मिलेगा, बिल्कुल उसी पुराने ज़माने की तरह। उस वक़्त भी गुरु की नज़रें एकटक उस खँडहर पर गड़ी हुई थीं।

मैंने उसकी तरफ पलटकर पूछा, 'अच्छा, सच-सच बताएँ तो, इतने चाव से बनाया हुआ अपना प्रिय मकान आपने तोड़ क्यों डाला?'

गुरु हँस पड़ा। वह हँसी बेहद करुण थी।

'इसलिए कि आपकी कहानी, 'साहब-बीवी-गुलाम' पर मैं फ़िल्म बना रहा हूँ।'

'अरे! यह क्या बात हुई?'

'अरे, नहीं! यह सच नहीं है। मैंने यह घर किसी और वजह से तोड़ डाला।'

'कौन-सी वजह?'

'चलिए, गाड़ी में बैठें! गाड़ी में ही सारा किस्सा सुनाऊँगा।'

गाड़ी में सवार होते-होते भी मैं ठिठक गया। मैंने दुबारा पलटकर देखा। अब

वह कोठी नहीं रही, मगर वे ऊँचे-ऊँचे पेड़ अब भी अपनी-अपनी जगह सिर उठाये खड़े थे। बिल्कुल सही-सलामत थे। मैं जिस कमरे में सोता था, उसकी बगल में कटहल का एक पेड़ था। उस पेड़ में कटहल तो नहीं लगे थे, मगर उसमें नये-नये पत्ते, नयी डालें ज़रूर नज़र आ रही थीं। जिस कमरे में गुरु सोया करता था, अब उस जगह ईंटों का ढेर पड़ा हुआ था। बाथरूम की जगह वही इतालवी नीले मार्बल पड़े हुए थे, और कुछ भी नहीं था। सामने की तरफ के फूल के बाग़, काँटेदार झंखाड़ों से पटे हुए थे। मेरे और गुरु की ढेर सारी रातें, ढेरों दिन की यादों के हस्ताक्षर, इस घर की ईंट-ईंट में, हर पेड़ में दर्ज हैं।

मैंने गीता से भी एक बार सवाल किया था, 'आप बता सकती हैं, गुरु ने वह मकान क्यों ढहा दिया?'

'मैं भी तो आपसे यही पूछ रही हूँ। आपको उसने कुछ बताया?'

'नहीं! लेकिन आपको जो-जो पता है, वही बताएँ।'

उस दिन मुझे कहाँ पता था कि किसी दिन मुझे ही यह कहानी लिखनी पड़ेगी और वह कहानी इतनी लम्बी होगी? अगर पता होता, तो सब कुछ लिख रखता। वैसे आज तो गुरु को ज़िन्दा रहना चाहिए था और मेरे चले जाने की बारी थी। इन कुछेक सालों में कितनी ही मौतें देखीं, कितने ही जन्म देखे। शायद अभी और भी कितना कुछ देखूँगा, कौन जाने? लेकिन मन में बसा दर्द जो भयंकर तीखा हो उठता है, तो मैं सिर्फ यह प्रार्थना करता हूँ कि इतनी यन्त्रणा, इतना संघर्ष, इतना दुःख, अब न देखना पड़े। पता नहीं, क्यों तो ऐसा होता है। ऐसा लगता है कि दुनिया में दुःख-पीड़ा की संख्या ही निरन्तर बढ़ती जा रही है। मानो जन्म से मृत्यु अधिक हो रही है! दुःख मानो आनन्द को निगलने की जुगत किये जा रहा है। मुमकिन है, यह मेरी उम्र का दोष है। उम्र होने पर शायद इसी तरह महसूस करने का नियम है। फिर भी कभी-कभी शक़ ज़रूर होता है। कहीं मैं नास्तिक तो नहीं होता जा रहा हूँ? निराशावादी बनता जा रहा हूँ?

इसके बावूजद मैंने गीता से दुबारा पूछा था, 'सच बताएँ, असल में हुआ क्या था?'

'मैं तो उस गेस्ट-हाउस में सोयी पड़ी थी। शाम चार बजे अचानक नींद टूट गयी। खिड़की से बाहर झाँका, तो मिस्त्री लोग पूरे मकान को तोड़कर, बिल्कुल मिट्टी में मिला चुके हैं।'

'आपको कुछ भी पता नहीं चला?'

'नहीं! मैं तो सो रही थी।'

'उसके बाद?'

'उसके बाद, मुझे समझ में नहीं आया कि मैं क्या करूँ! मुझे तो सिर्फ इतना ही मालूम था कि घर की मरम्मत हो रही थी, मिस्त्री लोग काम पर लगे हुए थे। लेकिन उन लोगों ने समूचा घर कब तोड़ डाला, यह समझ में नहीं आया। मैंने फोन

पर स्टुडियो में बात की, मैंने बताया भी कि—इन मिस्त्रियों ने तो हमारा घर ही तोड़ डाला।'

मैं यह सब सुनकर चकित!

'आपकी बात सुनकर गुरु ने क्या कहा?'

'उन्होंने कहा—तोड़ने दो! मैंने उन्हें तोड़ डालने का हुक्म दिया है।'

'आपने पूछा नहीं कि घर तोड़ डाला, तो हम रहेंगे कहाँ?'

'पूछा था, वह भी पूछा था। उसने कहा कि होटल में रहेंगे। होटल में कमरा बुक करा लिया है।'

होटल! यानी जुहू का 'सन ऐंड सैंड' होटल! बेहद विशाल, ख़ूबसूरत होटल! हर रोज़ प्रति व्यक्ति डेढ़ सौ रुपयों का खर्च! मैं खुद भी उस होटल में कई दिन रहा हूँ। साज-सज्जा, सुविधा, आराम—हर दृष्टि से बेहतरीन होटल! लेकिन गुरु जैसा शख़्स वहाँ नहीं रह सकता था। वहाँ कोई खाना बाहर से नहीं लाया जा सकता था। होटल का ही खाना खाना होगा। लेकिन गुरु खाने-पीने के मामले में, हमेशा से ही साधारण किस्म का रहा। मैंने खुद भी उसे चॉप-कटलेट के बजाय सब्जी-भजिया खाते देखा था। मैंने देखा है, कलकत्ता आकर वह द्वारिक घोष की दुकान में पूड़ी-चने की दाल खाकर तृप्ति महसूस करता था। चौरंगी का ग्रैंड होटल त्यागकर वह रास्ते-रास्ते पाइस होटल की तलाश में भटकता फिरता था।

गुरु अक्सर पूछता था, 'द्वारिक घोष की दुकान में अभी भी उसी क्वालिटी की पूड़ी-चने की दाल मिलती है?'

उसके बाद, कलकत्ता का पाइस होटल! उस ज़माने में कलकत्ता के पाइस होटल में जिसने भी खाया, वह उस जगह को कभी नहीं भूला।

मैं उसे बताता रहता था, 'अब उन सब जगहों पर स्तर गिर गया है। वे जगहें, अब पहले जैसी नहीं रहीं।'

मुझे याद है, इसके बावजूद, एक बार वह दिन भर भटकने के बाद भी एकाध पाइस होटल नहीं खोज पाया। गुरु का अर्से का चाव था कि वह पाइस होटल में शोरबेदार ईलिश मछली और भात खाये। उसका वह चाव, लाख कोशिशों के बाद भी, मैं पूरा नहीं कर पाया। गुरु ग्रैंड होटल के सामने वाले मैदान में जाकर घुगूनी, भेलपूरी, मसालेदार लइया खा आया। लेकिन पाइस होटल में बैठकर शोरबेदार ईलिश मछली-भात खाने का उसका शौक पूरा नहीं हुआ।

गाड़ी में बैठते ही, मैंने फिर सवाल किया, 'हाँ, उसके बाद? फिर क्या किया?'

'करना क्या था। एक दिन वह होटल छोड़ दिया और यह घर किराये पर ले लिया।'

'लेकिन वह बंगला तोड़ने का असली कारण तो बताएँ! क्यों वह बंगला...?'

बंगला तोड़ डालने का असली कारण गुरुदत्त शायद खुद भी नहीं जानता था।

गाड़ी चलाते-चलाते ही उसने जवाब दिया, 'गीता की वजह से—'

मैं अचकचा गया, 'यह कैसी बात?'

गुरु ने सिगरेट का लम्बा कश लेकर, धुआँ छोड़ते हुए कहा, 'घर न होने की तकलीफ से, घर होने की तकलीफ और भयंकर होती है। यह आप जानते हैं?'

'नहीं, आपकी यह बात मेरी समझ में नहीं आयी। ज़रा समझाकर कहें—'

गुरु ने फिर सिगरेट का कश लेकर, धुआँ उगला।

गुरु का बयान सुनकर मैं सोचता रहा हर इन्सान में कहीं न कहीं एक गुरुदत्त साँस लेता है। हम सभी अपने हाथों के सुख के लिए जो गढ़ते हैं, पाँवों के सुख के लिए, उसे तोड़ देते हैं। जाने कितने ही लोग तकलीफें झेलकर नाम अर्जित करते हैं। कोई किताबें लिखता है, कोई जेल की सजा काटता है, कोई-कोई रात जाग-जागकर किताबें पढ़ता है। उसके बाद किसी दिन उसके दरवाजे पर सफलता दस्तक देती है। उसके सामने हाज़िर होती है। उस वक़्त उस सफलता की खुशी में आत्महारा होकर, जाने कितने ही लोगों को मैंने लापरवाह होते हुए भी देखा है। सालों साल जेल की सजा काटकर, जाने कितने ही देश-सेवकों ने इन्सानों की श्रद्धा-भक्ति पायी है। जेल से रिहा होने के बाद उन्हें फूलों की मालायें पहनायी गयीं, उनका अभिनन्दन किया गया है। लेकिन उन्हीं देश-सेवकों को मैंने अपने ही हाथों से अपने चेहरे पर चूना-कालिख पोतते हुए भी देखा है। बाहरी लोगों ने उन्हें बस, जूतों की माला पहनाना भर बाकी रखा। यह तो दुनिया-जहान की नित्य-नैमित्तिक घटना है।

अगर यही सच है, तो गुरु से मिलकर मैं उसकी तरफ क्यों आकर्षित हुआ? क्या गुरुदत्त की दौलत की खातिर? या उसकी ख्याति की खातिर? या उसके मीठे-प्यारे स्वभाव की खातिर?

लेकिन मुझे तो इन सबमें से किसी की भी ज़रूरत नहीं थी। मेरी ज़िन्दगी में तो मेरे पाठकों ने ही मुझे काफी कुछ दे डाला है। मैं उन सबका अहसानमन्द हूँ। वे लोग मुझे जितना देते हैं, उससे ज़्यादा की माँग मैं नहीं करता। इसलिए गुरु के प्रति मैं निस्पृह भाव से खिंचता चला गया था। कहना चाहिए, मैं महज दर्शक था। साहित्य के अन्दरमहल से फ़िल्मों की दहलीज पर! फ़िल्मी दुनिया के लोग भी तो आखिर इन्सान ही होते हैं। गुरुदत्त ने, उन लोगों को देखने, उन लोगों से मिलने का मौका दिया, इसके लिए मैं उसका कृतज्ञ हूँ।

'इकाई-दहाई-सैकड़ा' की समाप्ति में अभी चार किस्तें बाकी थीं। 'घरवा' के सम्पादक उन दिनों किस्तों के लिए तकादा पर तकादा किये जा रहे थे। गुरु के घर पर ही एक बार उनका फोन भी आ गया। सम्पादक जनाब ने किसी से अनुरोध किया था कि वे फोन करके मुझे उपन्यास की किस्तों की याद दिला दें। उस वक़्त

मैं गुरु के किराये वाले मकान की तीसरी मंज़िल के कमरे में बैठा-बैठा गुरु से ही बातें कर रहा था।

गुरु ने पूछा, 'आपका फोन? यहाँ आपको भला किसने फोन किया? आप तो किसी से भी नहीं मिलते-जुलते...'

मैंने उसे मामला समझाकर बताया।

'तब तो मैंने आपका नुक़सान कर दिया।'

ख़ैर, गुरु नहीं जानता था कि चाहे जो भी यन्त्रणा हो, जितनी भी तकलीफ हो, मैं लिखना नहीं भूलता। भूल सकता नहीं! चूँकि मैं लिखना नहीं भूल पाता, इसलिए सेहत के मामले में कभी-कभी मुश्किल में पड़ जाता हूँ। ज़िन्दगी भर मैं अपने इस शरीर को ही काबू में नहीं कर पाया। इसलिए जब मैं बम्बई जाता हूँ, तो मेरा मन कुछ दिनों के लिए हल्का हो आता था।

मैं गुरु से कहता भी था, 'आप जो मुझे यहाँ बुला लेते हैं, इससे मेरा भला ही होता है।'

गुरु को मेरी बात समझ में नहीं आयी।

'सो कैसे?' उसने पूछा।

'यहाँ आकर मैं लिखने के ख़याल से ज़रा मुक्त हो लेता हूँ।'

'आप इतना लिखते क्यों हैं?'

'मैं तो लिखना नहीं चाहता, मगर जाने कौन है, जो मुझसे लिखवा लेता है।'

'मतलब?'

'आप बताएँ, आप क्या फ़िल्म बनाये बिना रह सकते हैं? आप तो ढेरों दौलत भी कमा चुके हैं। अब आपके पास ढेरों रुपये हैं फिर आपको क्या पड़ी है, जो फ़िल्मों में लगे रहते हैं?'

गुरु मेरी बात समझ गया।

'मालूम है, आजकल चारों तरफ से फ़िल्मों में ऐक्टिंग करने के लिए मेरी पुकार हो रही है। काफी बुलावा आ रहा है।' गुरु ने कहा।

'यह तो अच्छी ख़बर है। जितने दिनों आपकी सूरत ठीक-ठाक है, तब तक तो ऐक्टिंग कर ही लें—'

'अब तक तो सिर्फ अपने ही प्रोडक्शन की फ़िल्मों में हीरो की ऐक्टिंग करता रहा हूँ। इस बार मद्रास में एक हिन्दी फ़िल्म के लिए, मुझे ढेरों रुपये मिल रहे हैं। लेकिन अपने बारे में मैंने एक बात गौर की है। बम्बई छोड़कर, जैसे ही मैं मद्रास जाता हूँ, वहाँ मेरी सेहत एकदम से ठीक हो जाती है। पूरे पाँच पौण्ड वजन भी बढ़ जाता है। लेकिन जैसे ही बम्बई लौटता हूँ, मेरे वजन का वह पाँच पौण्ड, फौरन घट जाता है।'

'मेरे साथ भी, यही किस्सा है! कलकत्ते में होता हूँ, तो दिन पर दिन,

महीने-दर-महीने, सालों-साल लिखता रहता हूँ। जब यहाँ आता हूँ, तब भी लिखने से मुक्ति नहीं मिलती। यहाँ आकर भी लिखना तो पड़ता है, मगर यहाँ कलकत्ते जैसी तकलीफ नहीं होती।'

बहरहाल, सुबह से लेकर रात बारह बजे तक, हम दोनों लिखते रहते थे, गपशप करते थे, घूमते-फिरते थे। गुरु भी मेरे साथ सैर पर निकलता था, बेचैन रहता था, छटपटाता रहता था। उन दिनों मद्रास में तीन-तीन फ़िल्मों का ऑफर मिला था। एक फ़िल्म थी, 'भरोसा', दूसरी 'बहूरानी' और तीसरी फ़िल्म थी—'सुहागन'।

मैंने पूछा, 'कैसी फ़िल्में हैं?'

'अब यह सब न पूछें। उस तरह की फ़िल्मों में ऐक्टिंग करके भी सन्तोष नहीं मिलता। इस क़िस्म की फ़िल्में मैं सिर्फ रुपयों के लिए करता हूँ। वे लोग काफी रुपये देते हैं। वहाँ जितने रुपये कमाता हूँ, सारा का सारा यहाँ, इस स्टुडियो में लगा देता हूँ।'

हम दोनों 30 जुलाई को मद्रास जाने वाले थे और मैं 24 जुलाई को ही बम्बई पहुँच गया था यानी पूरे छह दिन हम दोनों ने साथ गुज़ारे। उन्हीं कुछेक दिनों में मैंने देखा, गुरु के घर में काफी कुछ बदल गया था। रतन, गुरु के पास नहीं था, यह बात कल्पना से बाहर थी। रतन का मतलब ही था गुरु; गुरु का मतलब ही था रतन! काफी अर्से से मैं देखता आ रहा था कि रतन के बिना गुरु अचल होता था। वही रतन गुरु को छोड़कर चला गया, यह ख़याल ही अविश्वसनीय था।

'रतन क्यों चला गया?' मैंने पूछा।

'मैंने ही उसे निकाल दिया। रतन का ख़याल था उसके बिना मैं अनाथ हो जाऊँगा।'

'लेकिन, अब आपका काम कैसे चलेगा?'

गुरु ने कोई जवाब नहीं दिया। लेकिन, गुरु की बात ही सच साबित हुई। रतन दुबारा लौट आया। लेकिन, चलें छोड़ें, यह किस्सा बाद में।

गृहस्थी में एक नये मेहमान का आगमन हुआ था। वह थी, गुरु की बेटी—नीना!

गुरु उसे गोद में उठाये-उठाये, मेरे पास ले आया।

'यह देखिए, काश्मीर के एक साधु बाबा ने कहा था, इस बार मुझे बेटी होगी, सो यह आ गयी।'

मैंने नीना को निहारा! सूरत-शक्ल काफी कुछ गुरु जैसी! लेकिन, उसे निहारते हुए मैं दुःखी हो आया। छोटी-सी बच्ची! अभी साल भर की भी नहीं हुई। अगर थोड़ी सयानी होती, तो समझ जाती कि उसकी माँ यहाँ नहीं है। माँ गाना गाने के लिए

लन्दन गयी है। उस वक़्त, नीना अपने पापा की गोद में झूलती हुई खिलखिलाकर हँस रही थी।

गुरु ने नये नौकर को आवाज़ दी, 'अरे, कहाँ है तू? ले, इसे ले जा—'

नये नौकर का नाम मैं भूल गया।

मुझे आड़ में बुलाकर, उसने कहा, 'बाबू जी, आप आ गये, तो साहब जी के चेहरे पर हँसी खिल आयी है। इतने दिन साहब जी बड़े उदास थे।'

जो इन्सान दिन-रात फ़िल्मों की दुनिया में रमा रहता है, दिन-रात दौलत और ख्याति की विडम्बना से अस्थिर रहता है, उसे ज़रा चैन पाते देखकर भला लगता है। उसकी हल्की-सी मुस्कान भी काफी बेशकीमती होती है। उसके चेहरे पर मैं मुस्कान खिला सकता हूँ, यह ख़याल भी बेहद सुखद है। उस दिन मेरी समझ में आया कि मौका पाते ही गुरु मुझे क्यों बुला भेजता है। अंग्रेजी में एक शब्द है—Introvert! अन्तर्मुखी। दुनिया में जो इन्सान के तौर पर अन्तर्मुखी है, उन्हें Introvert यानी आत्मकेन्द्रित कहा जाता है! गुरु बिल्कुल वही था। सच तो यह है कि मैं खुद भी उसी दल में था। हमारे चेहरे से, हमारे मन का पता नहीं मिलता। इसीलिए बाहरी लोग, हमेशा ही हमें ग़लत समझ लेते हैं। कोई हमें 'अहंकारी' मान लेता है, कोई ख़ामख्व्वाह 'गम्भीर' मान लेता है और कोई हमें अनमना समझ लेता है। इसके अलावा, कोई-कोई यह सोच लेता है कि हम बेहद 'भावुक' हैं।

बहरहाल, बाहरी दुनिया के लोग चाहे जो सोचें-समझें, हमारे अन्दर बसे असली इन्सान का पता किसी को नहीं मिलता। चूँकि असली इन्सान को वह नहीं पहचान पाता, इसीलिए इतनी ग़लतफ़हमियाँ होती हैं, इतनी अशान्ति मची रहती है। इसीलिए, जब मैं बम्बई जाने-आने लगा, उसके बाद ही गुरु मुझमें अपनी झलक पाकर खुश होता था। शायद मैं भी समझ चुका था कि गुरु के मन की असली चाबी-काठी कहाँ है।

गुरु ने कहा, 'आपके हाथ में फिलहाल तो और कोई काम नहीं है?'

'बस, दो हफ्तों में मैं 'इकाई-दहाई-सैकड़ा' धारावाहिक उपन्यास पूरा कर लूँगा। उसके बाद मैं बिल्कुल फ्री—!'

'तो फिर, कल ही हम रवाना हो जाते हैं। कल भोर के वक़्त!'

घर में गुरु की पत्नी गीता नहीं थी। गुरु की माँ, श्रीमती बासन्ती देवी ने नयी बिटिया नीना की जिम्मेदारी अपने ऊपर ले ली थी। श्रीमती बासन्ती गुरु की माँ थीं, सिर्फ इसीलिए नहीं, उनकी निजी ख़ूबियों की वजह से भी उल्लेखनीय चरित्र था। बेटा और माँ! कभी यह माँ ही गुरु की सर्वस्व थी! गुरु जब छोटा था, तो इसकी माँ से ही उसे सर्वाधिक प्रोत्साहन मिला करता था। माँ ने ज़िन्दगी में, गुरु के किसी

भी काम में, कभी कोई बाधा नहीं डाली। माँ के मन में यही चाहत थी कि अपने पति के जीते जी, उनकी जो उम्मीदें पूरी नहीं हो पायीं, वह गुरु पूरी करेगा।

किसी दिन अचानक गुरु ने माँ से कहा, 'माँ, मैं शादी कर रहा हूँ–'

'कर लो–' माँ ने जवाब दिया।

गुरु किससे विवाह करेगा, लड़की कैसी है, क्यों विवाह करेगा–माँ ने कोई सवाल नहीं किया। गुरु कोई किताब पढ़ता था और वह किताब अगर उसे अच्छी लगी, तो गुरु वह किताब अपनी माँ के लिए ख़रीद लाता था। बेटा, जहाँ, जो कुछ भी करता था, जो कुछ भी देखता था, लौटकर सब कुछ वह अपनी माँ को बताता था। ज़िन्दगी में गुरु कभी भी शाम से पहले घर नहीं लौटा। जो लोग जीवन के नशे में मशगूल होते हैं, वे लोग इतनी आसानी से घर की दीवारों में अन्दर क़ैद नहीं होना चाहते। जब उसके पिता कलकत्ते में नौकरी करते थे, उन दिनों इस कलकत्ता को देख-देखकर उसने इस शहर का बिल्कुल नया आस्वाद लेने की कोशिश की थी।

छोटा भाई, आत्मा! वह भी अपनी माँ का दुलारा था। लेकिन, आत्मा, लायक बच्चे की तरह स्कूल से सीधे घर आता था। लेकिन गुरु जब घर लौटता था, तब काफी रात हो चुकी होती थी। रात ढले तक, माँ जगी हुई, उसका खाना लेकर उसकी राह देखती रहती थी। गुरु जब लौटता था, उतनी रात गये वह उसका खाना गर्म करती और गुरु को सामने बिठाकर खिलाती थी।

उसके बाद धीरे-धीरे, गुरु जैसे-जैसे बड़ा होता गया, वह अपनी माँ से अलग होता गया। अब माँ-बेटे में कभी-कभार ही भेंट होती थी। वही बासन्ती देवी गुरु के घर में दुबारा नज़र आयीं।

मैंने कहा, 'काफी दिनों बाद आपके दर्शन हुए मुझे बहुत अच्छा लगा।'

बासन्ती देवी ने जवाब दिया, 'गीता लन्दन गयी है; गुरु भी मद्रास जा रहा है, इसलिए नीना की देखभाल के लिए इस घर में मैं आयी हूँ–'

'क्यों?'

'गुरु हमेशा तो मुझसे बात करता नहीं–'

'आप इस बात से गुरु का विचार न करें। वह अपनी ही सैकड़ों समस्याओं में परेशान रहता है। देखा नहीं, ऐसा खूबसूरत-सा मकान कैसे तोड़-फोड़कर ढहा डाला?'

'सो तो देख रही हूँ। लेकिन बात करने में क्या दोष है?'

'लेकिन, गुरु मुझसे आपके बारे में ढेरों बातें करता रहता है। आपसे वह मन ही मन बहुत प्यार करता है। आपकी बेहद भक्ति करता है।'

'जानती हूँ। लेकिन इससे क्या मन भरता है। अब वह छुटपन की तरह मुझसे अपने दिल की बात क्यों नहीं करता?'

'उसके मन के भीतर अब सिर्फ दर्द ही दर्द पलता है। आपको पता नहीं,

रात-रात गुरु सोता नहीं! उसे नींद नहीं आती। नींद के लिए वह 'पिल' खाता है, व्हिस्की पीता है।'

बासन्ती देवी ने कहा, 'आजकल वह एक सत्यानाशी चीज चली है। अरे, भइया, हमारे जमाने में क्या कम दुःख-तकलीफ थी? उसे क्या पता नहीं कि मैंने कितनी तकलीफ उठाकर, उन बच्चों को पाल-पोसकर बड़ा किया? कितनी तकलीफ उठाकर, इस बुढ़ापे की उम्र में नौकरी की, तभी तो गृहस्थी चल पायी! लेकिन मैंने तो तब किसी से बात करना बन्द नहीं किया–'

'लेकिन मैंने तो गुरु को आपसे बातें करते हुए देखा है–'

'हाँ ऽऽ, कभी-कभार बात कर लेता है। तब वह खूब हँसता है, मुझसे ढेरों बातें करता है, फिर कुछ दिन एक भी बात नहीं करता! बिल्कुल अनबोला ठान लेता है! एकदम चुप हो जाता है। मुझको लगता है, गुरु के लिए मैं बेहद पुरानी हो गयी हूँ। उस समय, यहाँ रहना मुझे अच्छा नहीं लगता, इसलिए मातुंगा के घर चली जाती हूँ–'

'उसका स्वभाव ही ऐसा है! ऐसा स्वभाव, सिर्फ उसी का नहीं है, मेरा भी यही स्वभाव है। इसीलिए तो लोग हमें ग़लत समझ लेते हैं। देखिए, आप उसे ग़लत न समझें।'

मैं वहाँ से लौटने लगा।

अचानक बासन्ती देवी ने कहा, 'अच्छा, अभी जो आपने कहा कि गुरु मेरे बारे में आपसे बातें करता रहता है, क्या सच? गुरु क्या सच ही मेरे बारे में बातें करता है?'

मैंने जो गुरु से उसकी माँ के बारे में कितनी ही बातें की हैं, मैं उन्हें बताता रहा। सिर्फ माँ ही क्यों? पहली बार जब मैं बम्बई आया था, उसी दिन गुरु ने अपनी माँ के बारे में मुझे बताया था। उसकी माँ भी कहानियाँ लिखती है, यह बताते हुए गुरु का चेहरा गर्व से चमक उठा था।

आत्मा को मैंने तब तक नहीं देखा था। उन दिनों वह लन्दन में वर्मा-शेल कार्यालय में डॉकूमेंटरी फ़िल्मों का प्रोड्यूसर था। लेकिन गुरु की जुबानी उसके बारे में ढेरों बातें सुनता रहा था। इसीलिए सन् 1963 के जुलाई महीने में, जब मैं बम्बई गया, तब गीता के अलावा गुरु के तमाम नाते-रिश्तेदारों से बिल्कुल नये सिरे से भेंट हुई। कुल चार-पाँच दिन ही साथ रहे। मगर उन चार-पाँच दिनों में ही मानो चार-पाँच सालों के तजुर्बे जमा कर लिए।

मैंने गुरुस्वामी से पूछा, 'मद्रास में गुरु की कौन-सी फ़िल्म शुरू होगी? कहानी अच्छी है?'

गुरुस्वामी ने मुझे पूरी कहानी सुनायी। पहले उस फ़िल्म का नाम था–'शान्ति'! बाद में वह फ़िल्म बाजार में 'सुहागन' नाम से रिलीज़ हुई। बंगाल की तरह, मद्रास भी कहानियों का देश है। बाद में मद्रासी प्रोड्यूसरों से भी मेरी गहरी जान-पहचान हुई। उन लोगों से बातचीत करने पर, मेरी समझ में आया कि वे लोग भी कहानियाँ सुनने, कहानियाँ पढ़ने के शौकीन थे। तमिल-तेलुगु भाषा में कहानियों की किताबें बिकें या न बिकें, कहानियों की मासिक-साप्ताहिक पत्रिकाएँ, उनकी भाषा में खूब बिकती हैं। कम-से-कम हिन्दी-गुजराती-बांग्ला पत्रिकाओं से बीस गुने ज़्यादा बिकती हैं।

जिस दिन हम बम्बई से रवाना होने वाले थे, उससे पिछली रात भी हम दोनों में बदस्तूर कहानियों के बारे में चर्चा छिड़ गयी।

मैंने कहा, 'अब कोई एक फैसला कर डालें कि क्या करेंगे?'

'कोई एक किताब हाथ में आ जाए, तो फ़िल्म बनाने में सुविधा होती है।' गुरु ने कहा।

'ख़ैर, हिन्दी किताबों के बारे में तो मुझे जानकारी नहीं है। आप ऐसा करें, कुछेक अच्छी-अच्छी बांग्ला किताबें खरीद लें। मैं एक लिस्ट बनाकर आपको दे दूँगा।'

मैंने सच ही बांग्ला कहानियों की एक लिस्ट बनाकर उसे थमा दी और गुरु ने उस लिस्ट की किताबें खरीदकर, मँगाने का इन्तज़ाम कर डाला। वे किताबें अभी भी गुरुदत्त के स्टुडियो में, उसकी अलमारी में क़तार-दर-क़तार सजी हुई हैं। लगभग दो सौ किताबें! उसमें बंगाल के हर लेखक की किताब शामिल है। मैंने उस लिस्ट में किसी का भी नाम नहीं छोड़ा।

मैंने कहा, 'आप ये किताब अपनी सुविधानुसार फुर्सत में पढ़ते रहें। उसके बाद हम कहानियों के बारे में चर्चा कर लेंगे।'

अफसोस! वह दिन कभी नहीं आया। गुरु ने किताबें तो ख़रीद ली थीं, लेकिन पढ़ने का वक़्त उसे कभी नहीं मिला। इससे पहले ही वह चला गया।

बहरहाल, अगले दिन सुबह-सुबह हम दोनों एअरपोर्ट पहुँच गये। हम ठीक समय पर ही पहुँचे थे। लेकिन प्लेन उड़ने में शायद थोड़ी देर थी। जो लोग फ़िल्मों के स्टार होते हैं, उनके लिए स्टेशन या एअरपोर्ट पर टहलना बेहद परेशानी भरा होता है। लोग उन्हें देखने के लिए भीड़ लगा देते हैं, उँगलियों से इशारे करते हैं।

'चलिए, ऊपर चलते हैं।' गुरु ने कहा।

मैं सारा मामला समझ गया।

'आपको सभी देख रहे हैं न?'

मेरी बात का कोई जवाब न देकर गुरु ऊपर जाने के लिए सीढ़ियाँ चढ़ने लगा। कई एक पुलिस-कॉन्स्टेबल उसके सामने आ खड़े हुए और उन लोगों ने गुरु को

अदब से सलाम ठोंका। इशारा बिल्कुल स्पष्ट था। गुरु ने बैग से दस-दस के कई नोट निकालकर उन्हें बख़्शीश थमायी और अपनी जान छुड़ायी।

उस दिन पहली बार मैंने गुरु को अपने हाथ से मनीबैग से रुपये निकालते देखा। रतन जो नहीं था। आमतौर पर यह काम रतन ही करता था, यानी गुरु की सिगरेट-माचिस से लेकर सारा कुछ रतन के पास ही रहता था। वह हर वक़्त एक मोटा-सा बैग ढोता फिरता था। उसी बैग में गुरु की कुछेक किताबें भी मौजूद रहती थीं। गुरु को अगर अचानक कोई किताब पढ़ने का चाव होता तो वह झट् से निकालकर थमा सकता था।

मैंने अक्सर सोचा है, इन्सान की ज़िन्दगी की सार्थकता आखिर किसमें है? दौलत में? प्रसिद्धि में? स्वास्थ्य में? शान्ति में? लेकिन, इसमें से कोई भी तो नहीं है। अगर यह सच होता, तो वे सब इन्सान आखिर कहाँ गये, जो सारा कुछ पा लेने के बावजूद, आज विस्मृति के अतल में गर्क हो गये। या क्या ऐसा है कि चिरकाल प्रातःस्मरणीय बने रहने में भी कोई सार्थकता नहीं है?

गुरु कहा करता था, 'दुनिया में कुछ भी चिरस्थायी नहीं है।'

'लेकिन शेक्सपियर के नाटक, अजन्ता के गुफा-चित्र—ये सब तो, इतने दिनों बाद भी टिके हुए हैं।'

'कोई बात नहीं! कुछ दिन और गुज़र जाने दें, तब खुद देख लीजिएगा।'

'वह देखने के लिए मैं तो ज़िन्दा नहीं रहूँगा।'

'चलें, मैं या आप शायद ज़िन्दा न हों, लेकिन और-और लोग तो रहेंगे। तब वे लोग शेक्सपियर का नाम तक नहीं सुन पाएँगे; अजन्ता के गुफा-चित्र भी कुछ ही दिनों में बेनिशान हो जाएँगे। मुमकिन है कोई भूकम्प आये और...।'

गुरु ये तमाम बातें बड़ी मौज में करता था। लेकिन मुझे उसकी बातें सुनकर बेहद तकलीफ होती थी। इस दुनिया के महान क्रियाकलाप, कुछ भी बचे नहीं रहेंगे; सब विलुप्त हो जाएँगे, यह ख़याल ही मुझे हमेशा कष्ट देता था।

लेकिन असल में, गुरु और मुझमें, इस बिन्दु पर फर्क़ था। गुरु अच्छे-बुरे, सब कुछ में नश्वरता का विश्वासी था। उसकी राय में सब कुछ क्षणभंगुर था। पाप-पुण्य, स्नेह-प्यार, कीर्ति, महत्त्व—सब कुछ के प्रति उसके मन में अपरिसीम अनास्था थी। इसीलिए गुरु मानो मेरी उल्टी-पीठ यानी एक ही सिक्के का दूसरा पहलू था। चूँकि हम दोनों में इतनी-सी प्रतिकूलता थी, इसीलिए इतने-इतने लोगों के होते हुए गुरु से मेरी इतनी अन्तरंगता हो गयी थी।

जब हम मद्रास एअरपोर्ट पर उतरे, उस वक़्त प्रायः साढ़े बारह बज चुके थे।

मद्रास मेरे लिए नया नहीं था। लेकिन, पहले जब मैं आया था, तो ट्रेन से आया

था। वह भी बहुत साल पहले! कहना चाहिए बिल्कुल बचपन में।

लेकिन, सच तो यह है कि मेरे लिए कोई देश देखने का मतलब है, उस देश के लोगों को देखना! इतने दिनों, गुरु को मैंने या तो कलकत्ते में देखा या बम्बई में! बम्बई का वह घरेलू परिवेश ही गुरु को ज़्यादा शोभा देता था। इन्सान अन्दर से जितना सच्चा होता है, बाहर से भी उतना ही सच्चा होता है। मद्रास में, मैंने गुरु का बाहरी रूप देखा।

वह सन् 1963 के जुलाई की अन्तिम तारीख थी। मद्रास में उन दिनों भयंकर गर्मी का मौसम था। भारत के दक्षिणी हिस्सों में वर्षा नवम्बर में होती है। इसलिए कलकत्ता में जब बारिश की घनघोर घटायें छायी रहती हैं, उन दिनों मद्रास में चिलचिलाती हुई तीखी गर्मी! प्लेन के एअर-कंडीशन से बाहर आकर, आबोहवा का फ़र्क़ समझ में आया।

नयी-नयी जगह! एअरपोर्ट पर ए. एल. एस. कम्पनी के किसी डायलॉग-डायरेक्टर ने हमारा स्वागत किया। वे सज्जन अतिशय मिलनसार जीव थे। उनका बेटा पूना फ़िल्म इन्स्टीट्यूट में प्रशिक्षण ले रहा था।

मैंने हमेशा देखा है जो लोग फ़िल्म से जुड़े होते हैं, उनमें से हरेक बेहद मेहनती होते हैं। इसके अलावा अपने-अपने कामों में उन लोगों की अविचल श्रद्धा होती है। जो लोग फ़िल्म लाइन में होते हैं, उनमें से बहुत-से लोग आर्थिक तौर पर खास समृद्ध नहीं होते, लेकिन अन्यान्य विभागों के कर्मचारी की तरह आलसी और नाकारा नहीं होते? यह सब जानकारी मेरे अर्से का संचय है, इसीलिए मैं ऐसे निश्छल भाव से ये बातें कह सकता हूँ।

शहर के बीच से होते हुए गाड़ी एक होटल के सामने आ पहुँची। चूँकि किसी होटल में जगह नहीं मिली, इसलिए हम क्वीन्स होटल में ठहर गये। होटल के सामने ही बगीचा। बगीचे के सामने ही होटल का काउण्टर। वहीं दो ए सी कमरों में हम लोग ठहर गये। नयी-नयी जगह थी। गुरु से बातचीत तय हो चुकी थी कि वह शूटिंग करेगा और फुर्सत के वक़्त हम दूसरी-दूसरी कहानियों पर बातचीत करेंगे।

बहरहाल, सामान रखकर हम ए.एल.एस. स्टुडियो की तरफ रवाना हो गये। गुरु की 'सुहागन' फ़िल्म वहीं तैयार की जा रही थी। फ़िल्म का काम हाल ही में शुरू हुआ था। हमारे खाने-पीने की व्यवस्था भी नहीं थी। नासिर हुसैन साहब ने 'साहब-बीवी-गुलाम' फ़िल्म के सुविनय बाबू की भूमिका निभायी थी। काफी फर्राटे से बांग्ला बोल लेते थे। सुना कि पहले वे कलकत्ता के न्यू थियेटर्स में भी काम कर चुके थे।

मुझे फ़िल्म-स्टुडियो की आबोहवा में काफी उलझन महसूस होती थी। कुछ ही देर में उन लोगों की शूटिंग शुरू होने वाली थी। गुरु को वहाँ छोड़कर मैं होटल लौट आया। कमरे में अकेला बैठा-बैठा, मैं गुरु के लौटने की राह देखने लगा। होटल

खाली था। कम से कम मुझे ऐसा ही नज़र आया।

कुछ ही देर बाद, गुरु ने लौटकर मेरे दरवाजे पर दस्तक दी–'बिमल'दा! बिमल'दा!'

गुरु के आ जाने पर मैंने राहत की साँस ली। उस वक़्त अकेले-अकेले मन नहीं लग रहा था। गुरु आ जाता, तो हमारा काम शुरू हो जाता। लेकिन दरवाजा खोलते ही मैंने देखा कि गुरु अकेला नहीं था। उसके साथ कोई और था। यह कौन है?

गुरु ने ही परिचय कराया। नाम–मानू घोष! मद्रास के मशहूर मेकअप कलाकार, हरिपद घोष का बेटा! मद्रास की फ़िल्मी दुनिया में एक प्रसिद्ध जीव! काफी खुशमिजाज़ बन्दा!

इस तरह हर शहर में ही गुरु के काफी तादाद में यार-दोस्त मौजूद रहते थे। जैसे कलकत्ता में बागड़ी साहब, सूर्य लाडिया वगैरह मौजूद थे। लन्दन में रामू सारिया! बम्बई में कांजी भाई, भल्ला वगैरह! मद्रास में उसी तरह–मानू घोष!

मानू घोष ने मिनट भर में महफिल जमा दी।

वह मुझसे मुखातिब हुआ, 'आपने हमारी कम्पनी में, फ़िल्म के लिए जो कहानी भेजी थी, वह हमें पसन्द नहीं आयी।'

मैं तो जैसे आसमान से गिरा, 'मैंने...कहानी भेजी थी?'

मानू घोष ने विस्तार से बताया, 'आपने, अपनी छपी हुई किताब यहाँ वेनस पिक्चर्स कार्यालय में भेजी थी। किताब का नाम था–'वसन्त पपीहा'।'

मैं हतबुद्ध-सा मानू घोष का चेहरा निहारता रहा। ज़िन्दगी में कभी कोई पाप नहीं किया, ऐसा तो मैं नहीं कहूँगा, लेकिन किसी फ़िल्म कम्पनी के कार्यालय में, फ़िल्म बनाने के लिए, दरबार सजाया था, ऐसे पाप-कर्म की मैं कभी कल्पना भी नहीं कर सकता था।

'आपने यह कैसे सोच लिया कि वह किताब मेरी लिखी हुई है?' मैंने सवाल किया।

'किताब की कवर और किताब के अन्दर आप ही का नाम–'बिमल मित्र' लिखा हुआ था।' मानू घोष ने जवाब दिया।

यह मेरी ज़िन्दगी की एक और विडम्बना है! ख्याति की विडम्बना! मेरी किताबों की बिक्री-रिकॉर्ड देखकर, कोई व्यक्ति मेरे नाम से किताब छपाकर, कारोबार चला रहा था। वैसे इस क़िस्म की ख़बर मुझे पहले भी मिली थी। किसी विवाह में वधू को मेरे नाम से छपी नकली किताब उपहार में दी गयी थी। मेरे एक दोस्त ने वह किताब दिखाकर मुझसे कहा, 'आजकल तुम ऐसे 'ट्रैश' कहानी-उपन्यास लिखने लगे हो?'

'क्यों? क्या हुआ?'

'यह कहानी इतनी बुरी और बोरिंग है कि पढ़ा नहीं जाता। यह किताब क्या तुमने बायें हाथ से लिखी है?'

मैंने वह किताब उलट-पलटकर देखी।

थोड़ा ठहरकर मैंने कहा, 'यह तो मेरी लिखी हुई नहीं है। मेरा नाम भुनाकर किसी और ने लिखा है।'

बाद में, मुझे पता चला, बाजार में प्रायः तीन सौ नकली किताबें मेरे नाम से प्रकाशित हैं।

मद्रास से गुरु को जब पहली बार बुलावा आया, तो उन दिनों वह अपनी 'साहब-बीवी-गुलाम' फ़िल्म में व्यस्त था। अपनी कम्पनी से बाहर, किसी दूसरे की फ़िल्म में ऐक्टिंग का मौका गुरु को नहीं मिला था। जब आमन्त्रण मिला, तो उसे बहुत ताज्जुब हुआ था। उन दिनों मैं भी बम्बई में ही था।

गुरु ने ही एक दिन बताया, 'जानते हैं, अचानक ऐक्टिंग करने के लिए लोगों से बुलावा मिल रहा है—'

मेरे लिए इस समाचार की कोई अहमियत नहीं थी, क्योंकि मैं गुरु को अभिनेता के तौर पर ही जानता था। उसे बाहर वाले बुला रहे थे, इसमें अचरज की क्या बात है?

उसकी बातों से लगा, जैसे यह मौका पाकर उसे खुशी हुई है।

उसने कहा, 'अपनी फ़िल्मों में अभिनय करने से पहले मुझे अभिनेता बनने का बेहद शौक था। लेकिन उन दिनों मुझे किसी का बुलावा नहीं मिला। अब चारों तरफ से बुलावों की झड़ी लगी है—'

'किस-किस का बुलावा आया है?' मैंने पूछा।

'महेश कौल की तरफ से आमन्त्रण मिला है। वे मशहूर डायरेक्टर हैं। वे एक फ़िल्म बना रहे हैं—'बैकुंठ का वसीयतनामा'। इसके अलावा के. आसिफ ने बुलावा भेजा है। वे एक नयी फ़िल्म शुरू करने वाले हैं—'लैला-मजनूँ!'

इसके बाद, 'साहब-बीवी-गुलाम' फ़िल्म जब रिलीज़ हो गयी, तब मद्रास से फिर बुलावा आया। गुरु के लिए यह बुलावा ईश्वर के वरदान की तरह था। उसे रुपयों की ज़रूरत नहीं थी, बल्कि उसे कोई और चीज चाहिए थी। यही तो उसकी ख़ूबी थी। वह भाग जाना चाहता था, फ़रार हो जाना चाहता था। बम्बई शहर, बम्बई का स्टुडियो, बम्बई में उसकी अपनी गृहस्थी—सारा कुछ उसके लिए ज़हर हो उठा था।

वह अक्सर कहता था, 'बिमल'दा, मैं कलकत्ते में एक स्टुडियो ख़रीदूँगा।'

'कौन-सा स्टुडियो?'

'एम. पी. स्टुडियो बिक रहा है। सोचता हूँ, वहीं फ़िल्में बनाऊँगा। इन सबका क्या होगा? इतने सारे स्टाफ..?'

'वहाँ रहने के लिए मकान कहाँ मिलेगा?'

'उस स्टुडियो के अन्दर काफी सारी जगह खाली है वहीं स्टाफ-क्वाटर बना दूँगा—'

गुरु की बातें सुनकर मुझे ख़ौफ़ होता था। हाँ, कहा नहीं जा सकता, गुरु ने जैसे अपना बंगला तोड़-फोड़कर ध्वस्त कर दिया, उसी तरह किसी दिन स्टुडियो तोड़ डालने का भी हुक्म जारी कर देगा। सभी लोग सुबह आकर देखेंगे, मज़दूर लोग स्टुडियो ढहाकर, मिट्टी में मिला रहे हैं।

मैं उसे मना करता था।

'सुनिये, ऐसी ग़लती कभी मत कीजिएगा। मेहरबानी करके कलकत्ता कभी मत जाइएगा। कलकत्ता गये तो सारा कुछ नष्ट-भ्रष्ट हो जाएगा। आपकी क़िस्मत काफी अच्छी है, जो आपने बम्बई में स्टुडियो बना लिया। आप तो देख ही रहे हैं कि कलकत्ते में जितनी सारी कम्पनियाँ हैं, सब अपना-अपना ऑफिस उठाकर बम्बई ला रहे हैं। वहाँ रोज़-रोज़ हड़ताल! रोज़-रोज़ कामबन्द! अगर आप कलकत्ता गये, तो आपके स्टुडियो में हड़तालें शुरू हो जाएँगी।'

'मेरे स्टुडियो में कभी हड़ताल वगैरह नहीं होगी, बिमल'दा, मैं अपने स्टाफ को सबसे ऊँची तनख्वाह देता हूँ।'

अन्त में निरुपाय होकर, मैंने सारा किस्सा गुरुस्वामी को बताया। गुरुस्वामी भी दहशत से भर गया।

'आप उन्हें रोकिये। अगर वे वहाँ चले गये, तो हमारी कम्पनी में ताला पड़ जाएगा। यहाँ तो गुरु साहब, किसी को एक फोन भी कर दें, तो फौरन लाखों-लाखों रुपये हाज़िर हो जाएँगे।' गुरुस्वामी ने कहा।

लेकिन, गुरु शायद अपना लाव-लश्कर समेटकर कलकत्ता चला भी आता, अगर ऐन उसी वक़्त मद्रास से बुलावा नहीं आ जाता। इसीलिए मैंने कहा, मद्रास से बुलावा, उसके लिए आशीर्वाद सरीखा था।

असल में, सिर्फ मद्रास ही नहीं, उन दिनों गुरु की मानसिक हालत ऐसी थी कि बम्बई छोड़कर उस वक़्त वह जहन्नुम में भी जाने को तैयार था। सिर्फ उसकी मानसिक हालत की ही बात क्यों करूँ, उसकी शारीरिक हालत भी काफी शोचनीय थी। बाहर से अन्दाज़ा नहीं लगता था, लेकिन अन्दर ही अन्दर उसकी नसें और लीवर पूरी तरह ज़ख़्मी-हाल हो चुका था।

डॉक्टर रोबेरो, गुरु का घरेलू डॉक्टर था। उसे बार-बार तलब किया जाने लगा था। डॉक्टर आकर इन्जेक्शन लगाता था। उस इन्जेक्शन में काफी दर्द भी होता था। गुरु बेहद तकलीफ पाता था।

गुरु कहता था, 'अब, और इन्जेक्शन न लगायें! मुझसे बर्दाश्त नहीं होता।'

डॉक्टर रोबेरो जवाब देते थे, 'लेकिन एक शर्त है, आप व्हिस्की पीना बिल्कुल छोड़ दें! सिगरेट भी छोड़ना होगा।'

गुरु डॉक्टर की तरफ देखते हुए हँस देता था। वह हँसी काफी करुण होती थी।

वह कहता था, 'सब कुछ जानते-बूझते हुए भी, आप मुझसे व्हिस्की छोड़ने को कह रहे हैं, डॉक्टर? डॉक्टर, यह जो मैं अभी भी ज़िन्दा हूँ, यही बहुत बड़ी बात है।'

डॉक्टर उसकी इस बात का कोई जवाब नहीं देता था। इन्जेक्शन की सीरिंज में दवा भरकर, वह सूई गुरु के पेट में भोंक देता था। गुरु मारे दर्द के छटपटाने लगता था।

इस डॉक्टर रोबेरो के बारे में बहुत कुछ बाद में बताऊँगा, क्योंकि डॉक्टर जानता था कि उसकी इस बीमारी की जड़ कहाँ है। गुरु की मौत के बाद रामू सारिया इस डॉक्टर से मिला था।

उसने दरयाफ़्त किया था, 'गुरु की मौत की कौन-सी वजह थी, डॉक्टर रोबेरो? यह खुदकुशी है या दुर्घटना?'

लेकिन, यह बात यहीं छोड़ें। पहले मद्रास की बात बताऊँ—

मद्रास पहुँचकर, शुरू-शुरू में गुरु की सेहत में थोड़ा-बहुत सुधार ज़रूर आया।

एक बार गुरु के साथ गीता भी मद्रास गयी थी। गुरुदत्त और गीता दत्त! उस बार गुरु और गीता अर्से बाद एक साथ थे। लेकिन इससे क्या फ़र्क़ पड़ता था? गुरु तो दिन-दिन भर फ़िल्म के कामकाज में व्यस्त रहता था। गीता अकेले-अकेले होटल में वक़्त गुज़ारती थी। एकाध दिन उसके साथ वह स्टुडियो भी गयी। लेकिन, शूटिंग देखना तो और ज़्यादा उबाऊ था। गुरु, गीता से आखिर कब बात करता? दिनभर के व्यस्ततम शिड्यूल के बाद, थका-हारा गुरु! उस वक़्त गीता से बात होती भी थी, तो जाने कहाँ से झगड़ा छिड़ जाता।

गीता ने झुँझलाहट के मारे गुरु के साथ मद्रास जाना बन्द कर दिया।

गीता उसे उलाहना देती थी, 'मुझे यहाँ बिल्कुल अच्छा नहीं लगता। तुम सारे-सारे दिन काम में व्यस्त रहते हो, मैं क्या करूँ?'

'तो तुम आयी ही क्यों? न आतीं।'

'मुझे क्या पता था कि ऐसा होगा? तुम्हारे पास तो मुझसे थोड़ी-बहुत बातें करने की भी फुर्सत नहीं है?'

'अच्छा! तो मैं अपना कामकाज न करूँ, बैठकर तुम्हारे साथ गप्पें हाँकता रहूँ?'

इसके बाद, गीता ने गुरु के साथ जाना बन्द कर दिया। ये बातें गीता ने मुझे खुद ही बतायी थीं।

गुरु की मानसिक हालत की मुझे ख़बर थी। यह हालत सिर्फ गुरु की ही नहीं, मानव मात्र की होती है। हाँ, इसकी मात्रा कम या ज़्यादा होती है। लेकिन, जो लोग

ज़रा ज़्यादा आत्म-सजग होते हैं, वे ही लोग गुरु की तरह हर पल छटपटाते रहते हैं। नींद में भी वे लोग बुरे सपने देखते हैं; शान्ति में भी वे लोग भावी अशान्ति के आभास की कल्पना कर लेते हैं और भयंकर खौफ से भरे रहते हैं। इसीलिए वे विनिद्र होते हैं। इसीलिए रातों को उन्हें नींद नहीं आती। ज़रूरत से ज़्यादा नींद की गोलियाँ निगलने के बावजूद उन लोगों को नींद नहीं आती। इसीलिए गुरु को भी नींद नहीं आती। शायद इसीलिए वह हर पल काम में मग्न रहने की कोशिश करता था। अरे, जब कोई काम नहीं है, तो मौज-मस्ती करो। जितने दिनों वह खुद को भूला रहता था, उतनी देर उसे चैन मिलता था।

इसी वजह से शायद जब परेशान होने के लिए, किसी तरफ कुछ भी नहीं होता था, उस वक़्त भी गुरु छटपटाता रहता था, उस वक़्त भी कोई संगी-साथी खोजता था। भीड़ में अपने को गुम करके वह आत्मविस्मृत होने की कोशिश करता था।

उस दिन, जब मैं और मानू घोष उसके साथ थे, उसी वक़्त बगल के कमरे से एल्बर्ट सिन्हा का गुरु के लिए फोन आया।

एल्बर्ट सिन्हा, सिनेतारिका माला सिन्हा के पिता थे।

एल्बर्ट सिन्हा और उनकी पत्नी, दोनों ही प्राणी काफी मिलनसार, खुशदिल इन्सान थे। गुरु से उनका कहीं, कोई मेल नहीं था। न स्वभाव-चरित्र में कहीं कोई समानता थी, न चाल-चलन में। घरबारी इन्सान के तौर पर, उन दोनों की लोकप्रियता सर्वमान्य थी। उन दोनों की बेटी जहाँ कहीं भी अभिनय करने गयी, उसके माता-पिता भी उसके साथ जाते थे। माँ-बाप, दोनों दिनभर ताश खेलते रहते थे, हँसते-बोलते रहते थे, गपशप में वक़्त गुजार देते थे और बेटी अभिनय करती रहती थी। ख़ासकर एल्बर्ट सिन्हा मुझे काफी पसन्द थे। जिस दिन मैं स्टुडियो जाता था, मैं उनसे काफी गपशप किया करता था। वे धर्म से ईसाई थे, लेकिन जाति से सार्वजनिक थे। उन्होंने ईसाई धर्म क्यों ग्रहण किया, वह भी उन्होंने मुझे बताया था।

मद्रास स्टुडियो में हमेशा खाने-पीने का समारोह लगा रहता था। खाने-पीने का अनन्त आयोजन। जिसका, जितनी बार मन हो, वह डाव या लस्सी पी सकता था। कहीं, किसी तरह की कंजूसी नहीं थी। शूटिंग के समय बेटी की ऐक्टिंग देखने के लिए एल्बर्ट भी हर वक़्त हाज़िर रहते थे। एक-एक शॉट लिया जाता था और उसके बाद ही बेटी, अपने बाप का मन्तव्य जानने के लिए, उनकी तरफ देखती थी। पिता सिर हिला देते थे, यानी शॉट अच्छा हुआ है—पिता की अनुमति पाये बिना बेटी को जैसे खुशी ही नहीं होती थी।

उस दिन पहली बार शूटिंग शुरू हुई थी। एल्बर्ट को ख़बर मिली कि गुरु बगल के कमरे में ठहरा था। इसीलिए उन्होंने फोन किया था।

'अब फिर अड्डा शुरू?' मैंने कहा।

'चलिए न! चलकर देखिए, दुनिया में कितने क़िस्म के इन्सान बसते हैं।'

गुरु ने कहा।

आखिरकार जाना ही पड़ा! क्वीनूस-होटल के सामने, काफी लम्बा-चौड़ा बगीचा! बागान पार करके दूसरे कमरे में जाना होता था।

उस वक़्त रात के दस बजे थे। उस वक़्त हमने खाना भी नहीं खाया था। गुरु लुंगी पहने-पहने ही उनके कमरे में चला आया। मैं भी उसके साथ गया। कमरे में दाखिल होते ही एल्बर्ट पर मेरी नज़र पड़ी। वे सामने मेज़ पर ताश बिखेरे बैठे हुए थे।

एल्बर्ट ने हमारा स्वागत किया, 'आइए, बिमल बाबू, ताश खेला जाए।'

मैंने फिर देखा। एल्बर्ट सिन्हा ताश की गड्डी बिखेरे, खेलने को बिल्कुल तैयार बैठे थे। पति-पत्नी, दोनों ही ताश-भक्त इन्सान! गुरु खुद ताश खेलना ख़ास पसन्द नहीं करता था। लेकिन सच पूछें, तो उसे किसी भी चीज़ में ख़ास आपत्ति नहीं थी! यानी ताश ही अगर खेलना चाहो, तो खेलो, उसे कोई एतराज़ नहीं था। जब खेलने से तुम्हारा मन भर जाएगा, तब मैं भी उठ जाऊँगा।

मैंने बहुत बार देखा है, गुरु के मन में अपनी इच्छा-अनिच्छा का कभी कोई सवाल नहीं उठता था।

किसी ने आकर कहा, 'चलो, गुरु, मछली पकड़ने चलें।'

किसी ने प्रस्ताव दिया, 'चलो, गुरु रेस खेलें।'

किसी ने सुझाव दिया, 'चलो, गुरु, दारू चढ़ाएँ।'

गुरु किसी बात में 'ना' नहीं कहता था। लेकिन मुझे बहुत बुरा लगता था। जब मैं देखता था, ताश खेलते-खेलते गुरु हज़ारों रुपये हारने लगता था, तो मेरा मन होता था कि उसे मना करूँ। एक दिन मैंने देखा कि मेरी नज़रों के सामने ही दो-तीन हज़ार रुपये गुरु की जेब से निकल गये।

'मैं जानता था, आपको सभी लोग ठग लेते हैं। आपको यह बात समझ में नहीं आती?'

गुरु के होठों पर हमेशा की तरह मीठी-मीठी मुस्कान तैर जाती थी, 'थोड़ा-बहुत नुक़सान होना अच्छा है! ज़िन्दगी में सिर्फ लाभ ही लाभ कमाता रहूँ, यह सही नहीं।'

मैं पूछता था, 'आपको क्या लगता है, वे लोग आपको प्यार करते हैं?'

'प्यार नहीं करते, तो न करें। मैं भी तो उन लोगों से मिल-जुलकर, खुद भी कुछेक पलों के लिए सब कुछ भूला रहता हूँ। इससे तो मुझे ही लाभ है।'

शायद इसीलिए सैकड़ों कामों के बीच भी गुरु किसी न किसी को अपने साथ रखता था। बम्बई से जब भी वह मद्रास गया, किसी न किसी को अपने साथ लेकर गया। एकाध बार गीता भी उसके साथ गयी। बहुत दिन ऐसा भी हुआ कि स्टुडियो में सुबह

से ही शूटिंग शुरू हो जाती थी, साथ में गीता भी होती थी। गीता चुपचाप बैठी-बैठी घण्टों सिर्फ शूटिंग देखती रहती थी। बैठे-बैठे शूटिंग देखना और शूटिंग करना, ये दोनों ही कितने तकलीफदेह होते हैं, यह तो वही जानते हैं जो भुक्तभोगी हैं।

मैंने गीता से पूछा था, 'आपको तकलीफ क्या होती है? न कोई चिन्ता-फिक्र, न परेशानी! सिर्फ बैठे रहना ही तो होता है। आप साथ होती हैं, तो गुरु के पास कोई तो होता है, जिससे वह बोल-बतिया सके।'

गीता ने जवाब दिया, 'आप क्या सोचते हैं, उसे लोगों की कमी है? चारों तरफ से बहुत सारे लोग उसे घेरे रहते हैं।'

'लेकिन आपसे क्या औरों की तुलना की जा सकती है? आप गुरु की बीवी हैं। आप उसके पास हों, तो वह और किसी का साथ नहीं चाहेगा। आपको तो गुरु के साथ हर वक़्त होना चाहिए।'

'मैं साथ रहूँ भी, तो भी वह ताश खेलने बैठ जाता है। मेरे होते हुए भी उसके इर्द-गिर्द लोगों का जमघट लगा रहता है। उससे बातें करने की मुझे मुहलत ही कितनी मिलती है? दिन-रात मिलाकर, कुल घण्टा भर—'

'क्यों? इतना कम-सा वक़्त क्यों मिलता है?'

'सुबह नींद टूटते ही, वह जो स्टुडियो का हंगामा शुरू होता है, उसके बाद रात को ही घर लौटता है। दोपहर का खाना मैं वहीं भेज देती हूँ। घर लौटकर भी फिर वही दोस्त-यार...! और अगर किसी दिन यार-दोस्त नहीं आये, तो किताबों में मुँह गड़ाये-गड़ाये रात के तीन-चार बज जाते हैं। ऐसे में बातें कब हों? अगर कभी बातचीत होती भी है, तो फिर वही झगड़ा—'

मैं ताज्जुब में पड़ गया।

'झगड़ा? आखिर किस बात को लेकर आप लोगों में झगड़ा होता है?'

'गुरु मुझे गाने की हरगिज़ अनुमति नहीं देता।'

'अरे! यह क्या बात हुई? आपका गाना सुनकर ही तो गुरु ने आपसे शादी की थी न?'

'अब ये सब बातें वह भूल गया है! कभी वह मुझसे शादी करने के लिए पगला उठा था। उस वक़्त उसे गरज़ थी। अब वह गरज़ मेरी हो गयी है। जैसे उससे विवाह करके मैं ही कसूरवार बन गयी हूँ।'

'लेकिन, आपके गाने में उसे आपत्ति क्यों है?'

'आपत्ति इसलिए है कि मैं अगर गाने में लगी रहूँगी, तो गृहस्थी की देखरेख कौन करेगा?'

'लेकिन, आपकी गृहस्थी में देखरेख करने के लिए आखिर है क्या? आपके यहाँ नौकर-नौकरानी, लोगों की कमी कहाँ है?'

'उसे यह शिकायत है कि मैं घर की देखरेख नहीं करती, घर नहीं सँभालती।

मुझे वह सब कुछ देखना चाहिए–'

'लेकिन, घर की देखरेख तो आप करती ही हैं। कहा न, मैंने आपको सब्जी-तरकारी काटते हुए खुद अपनी आँखों से देखा है।'

'अगर मैं न होती, तो स्टुडियो में लंच कौन भेजता?'

'हाँ, इसके अलावा भी...मैं तो इतने दिनों से यहाँ हूँ! मैंने तो देखा है, आप सारे काम करती हैं। बच्चों को स्कूल भेजने की भी सारी तैयारी आप ही करती हैं।'

'लेकिन, वह कुछ सुनने को राज़ी नहीं है। मैं गाने गाकर रुपये कमाऊँ, यह वह नहीं चाहता। उसका कहना है, हमें रुपयों की ज़रूरत क्या है? मुझ पर कितनी तरह की जिम्मेदारियाँ हैं, आप जानते हैं? मेरा भाई अमेरिका में इन्जीनियरिंग की पढ़ाई कर रहा है, उसे रुपये भेजने होते हैं। पीहर में मेरी विधवा माँ, अभी ज़िन्दा है, उसे भी मैं मदद करती हूँ। ये सब रुपये आखिर कहाँ से आते हैं? वैसे भी गाना क्या कोई बुरी बात है?'

'कौन कहता है कि बुरी बात है? सुनिये, आप किसी शर्त पर भी गाना न छोड़ें! गुरु चाहे जो कहे। मुझे अगर कोई कहानी-उपन्यास लिखना छोड़ देने को कहे, तो क्या मैं छोड़ दूँगा?'

'आप ही ज़रा उसे समझाएँ न। मेरी बात तो वह बिल्कुल सुनता ही नहीं।'

'ठीक है। मैं कल ही बात करता हूँ। मैं उसे समझाऊँगा कि वह आपके गाने में कोई एतराज़ न उठाये।'

अगले ही दिन मैंने गुरु से बात की।

मैंने पूछा, 'आप गीता को गाना गाने से मना क्यों करते हैं?'

मेरा सवाल सुनकर, गुरु पहले तो हतप्रभ रह गया। उसके बाद, वह सँभल गया।

'लगता है, गीता ने ही आपसे यह सब कहा है–'

'हाँ, कहा है! गीता गाना न गाये, आपके बावर्चीखाने में बस खाना पकाया करे, आप यह कहना चाहते हैं? आखिर वह भी तो आर्टिस्ट है। उसका भी तो मन होता है कि वह अपने को ज़ाहिर करे; आत्म-प्रकाश करे। अब मुझे ही कोई कहानी-उपन्यास लिखने को मना करे, तो मैं क्या लिखना बन्द कर दूँगा?'

'नहीं, बिमल'दा, बात ऐसी नहीं है। जब मैंने गीता से शादी की थी, तब गायिका के तौर पर गीता का काफी नाम-यश था, लेकिन, धीरे-धीरे वह नाम घट गया। अब, उसमें पहले जैसा ग्लैमर नहीं है–'

'क्यों? है क्यों नहीं?'

'अरे, चिरकाल क्या किसी का ग्लैमर क़ायम रहता है?'

'ख़ैर, उस क़िस्म का ग्लैमर भले न हो, मगर गीता के गानों का अभी भी समादर है। अभी भी तो उसे चारों तरफ से बुलावा आता है।'

'हाँ, आता तो है। लेकिन यह बात उसकी समझ में नहीं आती कि अब उसकी

पहले जैसी लोकप्रियता नहीं है। जब किसी का नाम घटने लगता है, तो आर्टिस्ट को रुक जाना चाहिए। उसे ख़ामोश हो जाना चाहिए।'

गुरु की बातें तर्क-संगत थीं।

इसके बावजूद मैंने कहा, 'लेकिन अभी भी गीता की ऐसी हालत तो नहीं हुई है कि वह गाना एकदम से बन्द कर दे। इसके अलावा, किसी की प्रसिद्धि एक जैसी ही बुलन्दी पर रहेगी, ऐसा नहीं होता। नाम-शोहरत कभी बढ़ती है, कभी घट जाती है, यही तो नियम है।'

'देखिए, मैं उसके भले के लिए ही उसे गाने से मना करता हूँ। मैं तो चाहता हूँ, उसका नाम हो—'

'नहीं, आप नहीं चाहते कि गीता का और-और नाम हो...और-और शोहरत फैले—'

'अरे, यह क्या कह रहे हैं? मैंने तो ऐसी बात कभी नहीं सोची—'

'हो सकता है, आपने ऐसा न सोचा हो, लेकिन मन ही मन तुम्हारे अन्दर यही ख़याल काम कर रहा हो! जब आप लोगों की शादी हुई थी, तब उसकी बहुत ज़्यादा ख्याति थी और आपकी शोहरत कम थी। अब उल्टा हो गया है। इसीलिए गीता को अब लगता है कि उसके पतन के लिए आप ही ज़िम्मेदार हैं।'

गुरु कुछेक पल ठिठककर सोचता रहा।

थोड़ा ठहरकर उसने कहा, 'लेकिन, मैं तो अपनी हर फ़िल्म में, अभी भी उससे प्ले-बैक गाने गवाता हूँ—'

'आप क्या सोचते हैं, ऐसा करके आप महानुभाव बन गये?'

गुरु ने मेरे इस सवाल का जवाब देने के बजाय अगला जुमला जोड़ा, 'जानते हैं, मैंने एक फ़िल्म बनायी थी—'गौरी' नाम से! गीता ही उस फ़िल्म की नायिका थी। लेकिन मैंने किसी और वजह से वह फ़िल्म पूरी नहीं की—'

'क्यों? पूरी क्यों नहीं की?'

'वही...गीता की वजह से!'

'लेकिन, गीता ने तो बताया कि आपने किसी और वजह से वह फ़िल्म बीच में ही रोक दी—'

'गीता ने क्या वजह बतायी?'

'गीता ने बताया, वहीदा रहमान की वजह से।'

यह बात सुनते ही गुरु का गोरा चेहरा-आँखें एकदम से लाल हो उठीं।

अचानक उसने मुस्कराकर पूछा, 'अच्छा, तो गीता ने यह वजह जड़ दी?'

'जी-हाँ, उसने बताया कि गीता के साथ ऐक्टिंग करते हुए आपका मूड ठीक नहीं रहता—'

'झूठ बात! असली वजह सभी जानते हैं। रामू सारिया को तो आप पहचानते

हैं न? आप उसी से पूछ लीजिएगा, मैंने 'गौरी' क्यों अधूरी छोड़ दी? वही आपको सारी बात खोलकर बताएगा। मैंने उस फ़िल्म पर लाखों रुपये क्या झूठमूठ ही बर्बाद कर दिये? अर्से से मुझे चाव था कि मैं एक बांग्ला फ़िल्म बनाऊँ। लेकिन मेरा चाव कभी पूरा नहीं हुआ। गीता ही मेरी उस इच्छा में रुकावट बन गयी।'

गुरु की बात सुनकर, मैं अवाक् रह गया। मैंने सोचा कि रामू सारिया से ही असली वजह पूछूँगा।

कलकत्ता में एक दिन रामू सारिया से अचानक भेंट भी हो गयी। सारी दास्तान रामू की जुबानी ही सुनी।

गुरु उन दिनों बांग्ला फ़िल्म बनाने कलकत्ता आया हुआ था। बिल्कुल गाँव की फ़िल्म! हीरोइन भी ग्रामीण लड़की। नायिका की भूमिका में गीता अभिनय कर रही थी। उनके साथ गुरु की पूरी यूनिट आयी थी। कैमरामैन से लेकर नाई-धोबी, सभी साथ आये थे। न्यू अलीपुर में एक मकान किराये पर लिया गया था और पूरे दल-बल समेत सभी लोग वहीं ठहरे हुए थे।

आउटडोर शूटिंग का मतलब ही है—अनाप-शनाप ख़र्च! हालाँकि वह बांग्ला फ़िल्म थी, मगर आखिर गुरुदत्त की फ़िल्म थी। गुरुदत्त कम-खर्च में कुछ भी नहीं कर पाता था। अच्छी फ़िल्म बनाने के लिए रुपयों की कंजूसी नहीं चलती, गुरुदत्त बखूबी जानता था। चाहे वह हिन्दी फ़िल्म हो या बांग्ला फ़िल्म! दल-बल समेत गुरु और गीता भोर-भोर ही निकल जाते थे। बिल्कुल उजाड़-गाँव-देहात में शूटिंग चल रही थी। उस फ़िल्म का प्रोड्यूसर, निर्देशक और नायक, गुरुदत्त ही था।

समूचे हिन्दुस्तान में शोर मच गया था कि गुरुदत्त बांग्ला फ़िल्म बना रहा है। रुपया दोनों हाथों से पानी की तरह बहाया जा रहा था। फ़िल्म बनाते समय गुरु को बिल्कुल होश नहीं रहता था कि कितने रुपये ख़र्च हो रहे हैं! उसे सिर्फ यह ख़याल रहता था कि चाहे जैसे भी हो, फ़िल्म अच्छी बननी चाहिए। इसीलिए सुबह से लेकर शाम तक शूटिंग चलती रहती थी। उसके बाद, वहाँ से सब लोग न्यू अलीपुर के मकान पर चले आते थे। उसके बाद, गुरु रश-प्रिण्ट देखने चला जाता था। वहाँ रात भर शूटिंग-प्रिण्ट देखता था। अगली सुबह वह फिर अगली शूटिंग पर चल देता था।

शूटिंग क्या सिर्फ एक ही जगह होती थी? किसी दिन जंगली लतरों से भरी छोटी-सी पोखर किनारे, किसी दिन बुझी हुई नदी के घाट पर और कभी धान-खेतों के ऊबड़-खाबड़ खेतों पर। लेकिन एक दिन अचानक बाधा आ पड़ी।

कैसी बाधा?

रामू सारिया ने ही वह किस्सा बयान किया—'एक सुबह मैं भी उन लोगों के साथ गया था। गुरु शूटिंग शुरू ही करने वाला था। सारी तैयारियाँ हो चुकी थीं। उसने

गीता को मेक-अप के लिए भेज दिया।

वैसे मेक-अप करने को कुछ भी नहीं था। गीता को बस, एक अधमैली साड़ी पहननी थी। बाल खुले रखने थे। माथे पर घुँगची-कीड़े की बिन्दी। इससे ज़्यादा और कुछ नहीं।

सब कुछ ठीक-ठाक हो गया।

गुरु ने हुक्म दिया, 'गीता को बुला लाओ! कहो, सब रेडी है।'

आदमी गीता को बुलाने चला गया।

कुछ ही देर में उसने लौटकर ख़बर दी, 'थोड़ी-सी देर है, अभी भी मेक-अप पूरा नहीं हुआ।'

कुछ देर इन्तज़ार करना पड़ा। सभी लोग चुपचाप बैठे रहे। गपशप चल पड़ी। लेकिन शूटिंग का वक़्त बेहद क़ीमती होता है। इतनी लापरवाही से वक़्त बर्बाद करना बिल्कुल नहीं चलता। कितने ही क़िस्म की रुकावट आ सकती थी। आकाश में बदली छा सकती है; बारिश हो सकती है। इन सब मामलों में सैकड़ों तरह की रुकावट की सम्भावना होती है।

गुरु ने कहा, 'देखा, रामू, गीता कितनी देर कर रही है। इतनी देर कर दी, तो सारा कामकाज चौपट हो जाएगा।'

थोड़ा ठहरकर उसने फिर कहा, 'रामू, तुम जाओ तो! गीता को बुला लाओ–'

रामू गीता को लेने चला गया। उसने जाकर देखा, गीता ने बाल फिर खोल दिये हैं और अब वह नये सिरे से बालों की नयी स्टाइल बना रही है।

रामू ने कहा, 'भाभी, जल्दी कीजिए! सब रेडी है।'

गीता ने आईने में देखते हुए कहा, 'बस, हो गया, भइया।'

लेकिन और भी काफी वक़्त गुज़र गया। गीता के दर्शन नहीं हुए। गुरु एकदम से भड़क गया। अब सब कुछ उसकी बर्दाश्त-बाहर हो गया। इस बार वह खुद उठ खड़ा हुआ और सीधे मेक-अप रूम में चला आया। वहाँ आकर, गीता का जो मेक-अप देखा, तो वह आसमान से गिरा।

'यह क्या? यह क्या कर डाला?'

गुरु मारे गुस्से के सिर से पाँव तक आगभभूखा हो आया।

'किसने कहा? इस क़िस्म का मेकअप करने को किसने कहा?'

उस दिन उसी गाँव में एक अजीब घटना घटी। गुरुदत्त उस फ़िल्म का डायरेक्टर था और उसकी बीवी हीरोइन। पति-पत्नी का रिश्ता पारिवारिक रिश्ता होता है। वहाँ आपस में दया होती है, मोह-माया होती है, प्यार-प्रीति वगैरह होता है। लेकिन बाहर पति कलाकार होता है। कलाकार जब कला-सृजन करता है, तो कला की खातिर ही बेहद निर्मम-निष्ठुर होता है। उस वक़्त गीता भी गुरु की बीवी नहीं थी, वह सिर्फ फ़िल्मी नायिका थी और वही विरोध ठन गया।

जो लोग गुरु को जानते थे, वही बता सकते हैं कि सेट के बाहर गुरु बिल्कुल और ही इन्सान होता था। उस वक़्त वह दाता होता था, दोस्त होता था। उस वक़्त वह प्रेमी होता था, सामाजिक जीव होता था। सेट के बाहर, गुरु सहृदय पिता-पति-भाई—सब कुछ होता था। लेकिन सेट पर वह सिर्फ कलाकार होता था।

जैसे लिखने के समय मैं सिर्फ लेखक होता हूँ, और कुछ नहीं। उसी तरह फ़िल्म की शूटिंग के समय गुरु सिर्फ डायरेक्टर होता था। उस वक़्त वह खाना-पीना भूल जाता था, बच्चों को भूल जाता था, चैन-आराम भूल जाता था। उस वक़्त वह बेहद निर्मम इन्सान होता था। उस वक़्त वह किसी की भी बात सुनने को राजी नहीं होता था, भले वह अपनी बीवी या माँ-बाप हो।

उस दिन भी वही स्थिति आन पड़ी। इससे पहले भी कई अप्रिय घटना घट चुकी थीं। लेकिन उस दिन मामला चरम पर जा पहुँचा।

गुरु ने कहा, 'मैंने तुमसे कहा था कि नायिका का मेकअप बिल्कुल 'सिम्पल' होगा; ज़्यादा सिंगार-पटार नहीं होगा।'

'तो मैंने कौन-सा सिंगार-पटार किया है? तुमने जो मोटी-सी साड़ी चुनी थी, वही पहनी है।'

'लेकिन यह बालों की स्टाइल? गाँव-देहात की लड़की क्या ऐसा जूड़ा बाँधती है? तुमने ऐसी हेयर-स्टाइल क्यों की?'

गीता भी अब अपने को रोक नहीं पायी।

'यानी तुम चाहते हो? यही न कि मैं वहीदा रहमान से बदतर दिखूँ?'

अब कौन किसे रोकता? अचानक सिर पर जैसे बम-विस्फोट हुआ या बम-विस्फोट ही होता, तो इस स्थिति से बेहतर होता। गुरु वहाँ नहीं रुका। वह पैर पटकता हुआ कमरे से बाहर निकल गया।

सेट पर पहुँचकर वह दहाड़ उठा, 'पैक-अप! पैक-अप!'

उसके बाद, और कोई बात नहीं की। वह वहाँ रुका भी नहीं। वह दनदनाता हुआ सीधे गाड़ी में जा बैठा, स्टीयरिंग घुमायी और उल्टी तरफ चला गया। उन लोगों का डेरा न्यू अलीपुर में था। लेकिन उसने उस ओर रुख नहीं किया; उसने अपनी गाड़ी, चौरंगी की तरफ दौड़ा दी।

चौरंगी पहुँचकर, वह एक बार में जा घुसा।

बार में दाखिल होते ही उसने ऑर्डर दे डाला—'व्हिस्की!'

उस कुवेला में व्हिस्की सर्व कर दी गयी। गिलास पर गिलास, कई गिलास व्हिस्की उसने पेट में उतार ली। उसके साथ रामू सारिया भी था।

रामू ने पूछा, 'यह तुम क्या कर रहे हो, भाई? इतना ज़्यादा क्यों पी रहे हो?'

'तुम एक काम करो, रामू!'

'कौन-सा काम?'

'अपने फोन से एक बार बम्बई ट्रंक कॉल करो।'

'कहाँ? किसे? किसे ट्रंककॉल करूँ?'

'वहीदा को!'

रामू स्तम्भित हो आया।

गुरु ने फिर कहा, 'वहीदा से कहो वह कलकत्ता चली आये! अभी! इसी वक़्त! एक मिनट भी देर न करे। फौरन चली आये।'

लेकिन रामू वहाँ से नहीं हिला।

गुरु ने फिर गिलास भर व्हिस्की अपने गले में उँड़ेल ली। उसके बाद उसने ग्रेट-ईस्टर्न होटल फोन किया। उसने उस होटल को हिदायत दी, कि वहीदा रहमान के लिए एक कमरा बुक कर दिया जाए। फोन करके गुरु दुबारा गिलास लेकर बैठ गया।

उधर आउटडोर के सेट पर सारा कुछ उलट-पलट हो गया। गुरु स्वामी, कैमरामैन, मूर्ति, प्रोडक्शन का बन्दा, श्याम—सभी लोग हतप्रभ!

शूटिंग नहीं होगी? तो क्या गुरु यह फ़िल्म नहीं करेगा? सात रील फ़िल्म तो शूट हो चुकी है। अब क्या होगा? और गीता? गीता ने भी तब तक अपना मेकअप पोंछ डाला। उसे भी जानकारी नहीं थी कि उन सबको वहाँ छोड़कर, गुरु कहाँ चला गया? उस वक़्त भी किसी को यह ख़बर नहीं थी कि गुरु ने बम्बई ट्रंक कॉल करके वहीदा रहमान को कलकत्ता बुला भेजा है।

उस दिन रात को बम्बई से वहीदा रहमान अगर कलकत्ता न आती, तो क्या होता, कहा नहीं जा सकता। उस दिन उन दोनों में क्या बातचीत हुई, यह भी उन दोनों के अलावा और कोई नहीं जानता।

लेकिन दल-बल समेत, सभी लोग कलकत्ता छोड़कर चले गये। गीता भी बम्बई चली गयी। बम्बई से एक बांग्ला फ़िल्म बनायी जा रही थी, वह भी बन्द हो गयी। गुरु, जो असल में बंगाली था, वह जो बंगालियों की तरह ही फर्राटे से बांग्ला बोल सकता है, यह भी कोई जान नहीं सका।

अगले दिन रामू दुबारा होटल आ पहुँचा।

गुरु ने कहा, 'रामू, कल तुमने मुझे बचा लिया। वहीदा अगर न आती, तो मैं क्या करता, बता नहीं सकता।'

रामू सारिया आज भी इसी कलकत्ता में रहता है। आज भी वह कहानी बयान करते-करते रामू की आँखें छलछला उठती हैं।

यह रामू सारिया भी अद्भुत लड़का है। कलकत्ते के समाज में रामू सारिया का अच्छा-ख़ासा नाम है। चौरंगी में स्थित, 'ऑटो डिस्ट्रिब्यूटर्स' ऑफिस का वह मालिक

है। गुरु से उसकी मुलाकात, बेरुत एअरपोर्ट पर हुई थी। उस वक़्त गुरु गीता के साथ इण्डिया से इंग्लैण्ड जा रहा था। उसी एअरपोर्ट पर, रामू सारिया उन दोनों से मिला था। गुरु और गीता की नयी-नयी शादी हुई थी। उन दिनों गीता की शोहरत ज़्यादा थी, गुरुदत्त का ख़ास नाम नहीं था।

रामू सारिया गीता को पहचान गया।

उसने झट् अपनी जेब से एक ऑटोग्राफ-बुक निकालकर गीता की ओर बढ़ा दिया, 'प्लीज, एक ऑटोग्राफ–'

गीता ने दस्तख़त करते हुए कहा, 'ये मेरे हज़बेण्ड, गुरुदत्त हैं। आइए, इनसे आपका परिचय करा दूँ–'

गुरुदत्त ने हाथ जोड़ते हुए पूछा, 'आप क्या पंजाबी हैं?'

'जी नहीं! मारवाड़ी हूँ।'

बस, उसी दिन अन्तरंगता हो गयी। उसी दिन रामू सारिया से गुरुदत्त का परिचय हुआ। उसी दिन गुरु और गीता इंग्लैण्ड चले गये। रामू लन्दन से इण्डिया लौट आया। लेकिन उनका सम्पर्क उसी दिन ख़त्म नहीं हो गया। उन दोनों में पत्राचार जारी रहा। अपने पारिवारिक कारोबार के सिलसिले में, रामू भी समूची दुनिया घूमता-फिरता था। बचपन से ही बार-बार लन्दन जाते-जाते अब लन्दन उसका घर-द्वार बन चुका था। उसी की ज़ुबानी सुना कि विवाह के पहले छह वर्ष, उन दोनों में काफी मेलजोल था। गीता के बिना गुरु का पल भर भी काम नहीं चलता था। गीता जहाँ कहीं भी गाना गाने जाती थी, गुरु भी उसके साथ जाता था। उन दिनों गीता हज़ारों-हज़ार रुपये सालाना इन्कमटैक्स दिया करती थी और गुरु की उन दिनों कुल तनख्वाह थी सात सौ रुपये।

लेकिन, चाहे आप इसे ग्रह कहें या दुर्भाग्य, दोनों की ज़िन्दगी में एक दिन अचानक ही अँधेरा उतर आया। नहीं, वह अँधेरा वहीदा रहमान का नहीं था। वह अँधेरा उन दोनों के अपने मन का था। दोनों के मन में नीरसता और ऊब की यन्त्रणा। गीता कलाकार थी, वह गाने की दीवानी थी। उधर गुरु भी कलाकार था। वह फ़िल्म का दीवाना था। एक दिन सभी लोगों के अनुरोध-आग्रह की उपेक्षा करते हुए, उसने नशे की झोंक में गीता से विवाह रचा लिया। उसके बाद जैसी कि आम बात है, उन दोनों के मन में ऊब होने लगी। यह ऊब कलाकार की ऊब थी। हर कलाकार, हर रोज़, हर मुहूर्त नये सिरे से नवजन्म लाभ करना चाहता है। जो कुछ भी पुराना पड़ जाता है उसे छोड़ कर वह आगे बढ़ जाना चाहता है। इसीलिए गीता ने भी देखा कि गुरु भी उसे पीछे छोड़कर, दूसरी तरफ दौड़ पड़ा है।

लेकिन, उन दिनों एक-दूसरे से अलग होने का उपाय नहीं था।

उन दिनों गुरुदत्त की ख्याति, गीता की ख्याति से भी आगे बढ़ गयी थी। जीवन के जुए में गीता हारकर लौट आयी। गुरु की किस्मत में सिर्फ जय-विजय उसकी

भाग्यलिपि बन चुकी थी। अब वह सिर्फ अभिनन्दन, सिर्फ उन्नति बटोर रहा था। पाली हिल के शिखर पर गुरु का खूबसूरत बंगला बन गया। उसका विराट स्टुडियो तैयार हो चुका था। समूचे हिन्दुस्तान में उसकी ख्याति फैल चुकी थी। अब, गुरु से भेंट-मुलाकात ही जैसे एक समस्या बन गयी। गुरु अब, सुबह सात बजे ही स्टुडियो के लिए निकल पड़ता था और काफी रात गये घर लौटता था। गीता उस वक़्त भी घर में उसका इन्तज़ार करते हुए जाग रही होती थी। उसके इन्तज़ार में बैठे-बैठे उसकी पलकें झपकने लगती थीं।

लेकिन गुरु जब घर लौटता था, वह होश में नहीं होता था। तब तक ढेरों-ढेरों व्हिस्की उसके पेट में समायी होती थी। उस वक़्त उसकी जुबान लटपटायी हुई, पैर लड़खड़ाते हुए, हाथ काँपते हुए! उसे धर-पकड़कर बिस्तर पर लिटा देने की ज़रूरत होती थी।

'मैंने उन दिनों की घटना देखी नहीं सिर्फ सुनी थी।' रामू ने कहा।

'उसके बाद?' मैंने पूछा।

'उसके बाद ही, एक और घटना घट गयी...' रामू ने जवाब दिया।

गुरु की जिन्दगी में जो कुछ झूठ था, उस दिन से सच हो गया। जाने किन अशुभ पलों में गुरुदत्त 'गौरी' फ़िल्म बनाने के लिए यहाँ आया था। लेकिन यह बात कोई भी नहीं जानता कि उसी दिन से गुरु सिर से पाँव तक बदल गया। यह वही दिन था, जब अपनी सारी यूनिट को दल-बल समेत बम्बई भेजकर गुरु ने अपनी रात ग्रेट ईस्टर्न में गुज़ारी।

असल में वह कमरा रामू सारिया के नाम से बुक किया गया था। लोगों को यही जानकारी हुई कि वह रात रामू सारिया ने उस होटल में गुज़ारी।

लेकिन असली घटना कुछ और थी। बस, उसी दिन से वहीदा रहमान बदल गयी; गुरुदत्त भी बदल गया। बस, उसी वक़्त से शुरू हो गया गुरु के जीवन में अशान्ति का दौरदौरा! वहीदा रहमान जैसी शान्त-शरीफ अभिनेत्री ने अपने को नये रूप में आविष्कार किया। उस दिन पहली बार उसे अहसास हुआ कि वह सिर्फ अभिनेत्री ही नहीं है, वह भी एक औरत है।

और गुरुदत्त? उन दिनों गुरु को और कौन सँभालता? बेहद अभिमानी मर्द—गुरु! ज़िन्दगी भर वह सिर्फ अपने ही दिल की बात सुनता आया था। उसने अपने पिता की बात नहीं सुनी, माँ की नहीं सुनी, यार-दोस्त, नाते-रिश्तेदारों के हितोपदेश पर कान नहीं दिया। इसलिए अब, वह किसकी मनाही सुनता?

बम्बई पहुँचते ही वह और परेशानियों में उलझ गया। अख़बारों में उसे लेकर खुसफुसाहट शुरू हो गयी। उसके नाम बदनामी! उसके नाम फूहड़-फूहड़ अफवाहें! उसके नाम कलंक।

ख़ैर, लगता रहे उस पर कलंक! होती रहे बदनामी! उसे कोई फ़र्क़ नहीं पड़ता था। उन दिनों उसकी ख्याति चारों तरफ फैल चुकी थी। उसके निर्देशन की ख्याति, प्रयोजना की ख्याति, अभिनय की ख्याति! साथ ही, उसके दान, ध्यान, उदारता, कला-प्रतिभा की ख्याति में भी चार चाँद लग चुके थे।

लोग कहने लगे, 'यह तो किसी नयी प्रतिभा की मिसाल है।'

अब बम्बई ही क्या, भारत के पार भी उसका नाम फैल चुका था। उसकी 'प्यासा' फ़िल्म ने उन दिनों समूचे हिन्दुस्तान में नयी हलचल मचा दी थी। लाखों रुपयों की दौलत भी जमा होने लगी।

एक तरफ बेभाव दौलत, बेभाव शोहरत और साथ ही साथ दूसरी तरफ रातों की नींद-जगी पलकें, मन में शान्ति का अभाव, बेभाव नशा और अनगिनत उम्मीदें। ना, अब मुझे किसी की भी ज़रूरत नहीं है। जब मेरा घर ही नहीं रहा, तब और क्या लेकर जिन्दा रहूँ? बदनामी अगर हो ही रही है, तो अच्छी तरह हो। ठीक 'प्यासा' के हीरो की तरह ही गुरु ने भी आकण्ठ दारू में डूब कर अपना सफर शुरू किया। सिर्फ दारू और किताबें! कितनी-कितनी किताबें, जिनकी कोई गिनती नहीं थी। गुरु जब सोने आता था, रतन ढेरों किताबें और एक टेबल-लैम्प उसके सिरहाने रख देता था। दारू के नशे की तरह किताबों का भी शायद कोई नशा होता है। जिन्दगी भर दारू भले उसे चैन दे या न दे, किताबें चिरकाल उसे चैन देती रहीं। सिर्फ हिन्दी किताबें ही नहीं, सभी भाषाओं की किताबें! साथ ही साथ, बांग्ला की किताबें भी होती थीं। उस दिन के बाद से लेकर, जब तक वह ज़िन्दा रहा, उसकी रातें किताबों में ही गुज़रीं।

उन्हीं दिनों 'साहब-बीवी-गुलाम' उपन्यास उसके हाथ लगा। उस किताब का नाम वह पहले भी सुन चुका था। लेकिन, उसने वह किताब पढ़ी नहीं थी। वह किताब पढ़ने के बाद गुरु को लगा इस पर फ़िल्म बनायी जा सकती है। गुरु को यह भी ख़बर मिली कि इस किताब पर बांग्ला फ़िल्म भी बन चुकी है। उसने छूटते ही कलकत्ता ख़बर भेजी। कलकत्ते में सूर्य लाडिया उसका डिस्ट्रिब्यूटर था।

काफी खोज-खाजकर उसने मेरा घर खोज निकाला और एक दिन सुबह-सुबह मेरे घर आ धमका।

मैंने पूछा, 'आप कौन हैं?'

सूर्य लाडिया ने अपना नाम-धाम, परिचय देते हुए कहा, 'मुझे गुरुदत्त ने भेजा है। वह आपके 'साहब-बीवी-गुलाम' उपन्यास पर हिन्दी में फ़िल्म बनाना चाहता है। आपने इस उपन्यास का हिन्दी फ़िल्म-अधिकार क्या किसी को बेच दिया है?'

'ना—'

इस घटना का शायद पहले भी मैं उल्लेख कर चुका हूँ। मोल-तोल तय हुआ। लेकिन, रुकावट आयी स्वत्व को लेकर।

'देखिए, हमेशा के लिए स्वत्व नहीं बेच सकता। हाँ, दस वर्ष की अवधि के लिए अगर स्वत्व खरीदना चाहें, तो मैं राजी हूँ।'

'ठीक है, ट्रंक कॉल पर यही बता देता हूँ।' सूर्य लाडिया ने कहा।

लेकिन उसी समय स्टुडियो कार्यालय में एक लिफाफा आ पहुँचा। लिफाफे के ऊपर गुरुदत्त का नाम-पता लिखा हुआ था। गुरुदत्त के नाम आये हुए सारे ख़त, मैनेजर गुरुस्वामी ही खोलकर पढ़ता था। लेकिन, ख़त खोलकर पढ़ते हुए गुरुस्वामी अवाक् रह गया। खत के अन्त में वहीदा रहमान के दस्तख़त थे। वहीदा ने लिखा था—आपसे मुझे बेहद ज़रूरी और गोपन बात करनी है। कल रात नौ बजे, अगर आप 'ईरोज़' सिनेमा हॉल के सामने आ जाएँ, तो मुझसे मुलाकात हो जाएगी, मैं बेहद अधीर आग्रह से, आपका इन्तज़ार करूँगी। बेहद ज़रूरी बात है।—इति!

गुरुदत्त के कमरे में जाकर उसे वह ख़त थमाते हुए गुरुस्वामी ने कहा, 'गलती से मैंने यह ख़त खोल लिया।'

गुरुदत्त हँस पड़ा। उसका तो कुछ भी गोपनीय नहीं था। उसके नाम आया हुआ हर खत खोलने का गुरुस्वामी को हक़ था। यही तो नियम था।

गुरु ने वह ख़त अपने हाथों में लेकर कहा, 'नहीं, नहीं, तुमसे कोई ग़लती नहीं हुई!—'

इतना कहकर उसने पूरा ख़त पढ़ डाला। तब तक, गुरुस्वामी कमरे से बाहर चला गया था। गुरुदत्त ने रतन को आवाज़ दी। रतन चाय बनाकर दे गया। सिगरेट का नया पैकेट भी रख गया। उस वक़्त भी उसने देखा, उसके साहब जी, अनमनी मुद्रा में, बिल्कुल ख़ामोश बैठे हुए हैं। सिर्फ रतन ही नहीं, उस कमरे में जो-जो आया, उन सबने महसूस किया कि वह बेहद अनमनी मुद्रा में बातें कर रहा था। उसका दिल वहाँ मौजूद ही नहीं था। गुरु को यह अचानक क्या हो गया?

उस दिन वह यथारीति दोपहर का लंच करने बैठा। दोपहर का लंच गुरु के घर से ही आता था। गुरु स्वामी का लंच भी उसके घर से आता था। इसके अलावा, अगर कोई अचानक आ पड़ता था, तो वह भी लंच में शामिल हो जाता था।

लेकिन उस दिन कुछ ऐसा हुआ कि कोई भी नहीं आया। दोनों ने चुपचाप खाना खाया और उठ खड़े हुए। अभी हाल ही में कलकत्ता से बांग्ला फ़िल्म की शूटिंग बन्द करके दल-बल समेत सभी बम्बई चले आये थे। स्टुडियो में भी कोई काम नहीं था। अचानक कलकत्ता से ट्रंक कॉल आया। गुरुस्वामी ने टेलीफोन का रिसीवर उठाया।

'कौन...किससे बात करनी है? गुरुदत्त?'

गुरुस्वामी लपककर गुरुदत्त के कमरे में आ पहुँचा, 'गुरु जी, कलकत्ता से ट्रंक कॉल है। शायद सूर्य लाडिया है। क्या कहूँ उससे?'

'लगता है, वह 'साहब-बीवी-गुलाम' के बारे में बात करना चाहता है। तुम ही बात कर लो। कह दो, मैं स्टुडियो में नहीं हूँ।'

'लेकिन कहानी के बारे में क्या जवाब दूँ?'

'कोई भी जवाब देने की ज़रूरत नहीं है। कह दो, मैं अभी भी सोच रहा हूँ।'

गुरुस्वामी ने बात आगे नहीं बढ़ायी। वह कमरे से बाहर चला गया। लेकिन उसके बाद ही सादिक साहब आ पहुँचे। सादिक साहब बहुत पुराने डायरेक्टर थे। बहुत महीनों पहले उन्होंने गुरुदत्त को एक फ़िल्म का प्रस्ताव दिया था। उस वक़्त गुरुदत्त ने वादा किया था कि वह उनसे एक फ़िल्म ज़रूर बनवाएगा। लेकिन, वह दस वर्ष पहले की बात थी। उस वक़्त गुरुदत्त ने उनसे एक कहानी भी ख़रीदी थी। लेकिन उस वक़्त वह फ़िल्म शुरू नहीं हुई।

सादिक साहब ने पूछा, 'कुछ तय किया आपने, गुरु जी?'

'मैं 'साहब-बीवी-गुलाम' पर फ़िल्म बनाने की सोच रहा हूँ।'

'वह कैसी कहानी है?'

'एक बंगाली लेखक की कहानी है।'

'मैंने जो कहानी भेजी थी, उसका क्या हुआ?'

'वह क्या कहानी थी, बताइए तो? मुझे कुछ याद नहीं है।'

'नाम था—'चौदहवीं का चाँद'!'

'ठीक है! एक बार मैं वह कहानी फिर पढ़ता हूँ। पढ़कर आपको ख़बर दूँगा। देख लूँ, वह कहानी कैसी लगती है—'

सादिक साहब चले गये। गुरुदत्त ने उसी वक़्त वह कहानी खोज निकालने का हुक्म दिया। 'चौदहवीं का चाँद' की पाण्डुलिपि उसके हाथ में पहुँच गयी। वाकई, एकाध फ़िल्म बनाकर रुक जाने से नहीं चलेगा। एक के बाद एक फ़िल्म तैयार करते रहना होगा। अनवरत लड़ाई! लगातार संग्राम! संग्राम के जरिये ही अन्तिम परिणति तक पहुँचना होगा। जब तक ज़िन्दगी ख़त्म नहीं हो जाती, तब तक तो संग्राम जारी रखना होगा। स्टुडियो, स्टुडियो का स्टाफ, गृहस्थी—सभी उसके आसरे-भरोसे हैं और उसी का मुँह जोह रहे हैं। बाहरी लोग सिर्फ उसकी दौलत, उसकी सफलता-कथा ही जानते हैं। उसकी बदनामियों से फ़िल्मी पत्रिकाओं के पन्ने पर पन्ने भरे होते हैं। लेकिन वे लोग उसकी नींद न आने की ख़बर नहीं जानते। चूँकि उन सब यन्त्रणाओं में कोई शरीक नहीं होता, इसीलिए मौत के बाद उनका कोई रिकॉर्ड नहीं बचा रहता।

लेकिन, आज मैं जिस गुरुदत्त की कहानी लिख रहा हूँ, वह भी आखिर कितने लोगों को नसीब होती है? मुझे भी उससे यूँ घनिष्ठ होने का मौका कहाँ मिलता, अगर मैं 'साहब-बीवी-गुलाम' न लिखता।

बहरहाल, उस दिन वह पाण्डुलिपि पढ़ते-पढ़ते कब रात उतर आयी उसे होश नहीं रहा। स्टुडियो खाली हो चुका था। सभी लोग अपने-अपने घर चले गये थे।

अचानक घड़ी पर नज़र पड़ते ही गुरु चौंक गया। नौ बजने में कुल आधा घण्टा बाकी था। गुरु हड़बड़ाकर उठ खड़ा हुआ। रतन भी गाड़ी में बैठ गया।

गुरु ने गाड़ी की स्टीयरिंग सँभाली। बांद्रा से चर्च-गेट! रास्ता कम नहीं था! पूरे एक घण्टे का फासला! लेकिन जब गुरु के हाथ स्टीयरिंग पर हों और पाँव एक्सिलरेटर पर जमे हों, तो घण्टे भर का रास्ता, आधे घण्टे में तय कर लेना सरासर सम्भव था।

सचमुच ऐसा ही हुआ।

गुरु जब 'ईरोज़' सिनेमा-हॉल के सामने पहुँचा, तब पूरे नौ बज रहे थे। गाड़ी पार्क करके वह दौड़ता-दौड़ता सिनेमा-हॉल की लॉबी में पहुँचा। लेकिन, कहाँ? वहीदा रहमान कहाँ है? कहाँ थी वह छोटी-सी लड़की, जिसे गुरुदत्त ने हैदराबाद में खोज निकाला था और उसे यहाँ ले आया था? नहीं, उस जगह वह कहीं नहीं थी। तो क्या उसने जो अन्दाज़ा लगाया है, वही सच है? कोई उससे ब्लैकमेल करना चाहता है। किसी ने उसे फज़ीहत में डालने के इरादे से ही वह ख़त लिखा था?

उतनी रात को गुरु दुबारा बाहर निकल आया। वह ज़्यादा दूर नहीं, सान्ताक्रुज तक जा पहुँचा। मुमकिन है, गीता वहीं हो। वहाँ उसके भाई-बहन, माँ जो रहते हैं।

गुरु ने वहाँ पहुँचकर उसे आवाज दी, 'गीता...गीता!'

इतनी रात गये गुरु की आवाज़ सुनकर सभी लोग अवाक् रह गये।

'कौन?'

उस वक़्त गुरु की आवाज़ लड़खड़ा रही थी।

'गीता आयी है यहाँ?'

उस वक़्त गुरु का चेहरा देखकर सभी लोग आतंक से सिहर उठे।

'कहाँ गयी गीता? मेरे यहाँ तो वह नहीं है–' गुरु ने पूछा।

'वह तो दोपहर को यहाँ आयी थी। उसके बाद चली भी गयी।'

'कहाँ चली गयी?'

'यह तो पता नहीं।'

उसके बाद गुरु वहाँ पल भर भी नहीं रुका। लड़खड़ाते क़दमों से वह गाड़ी तक लौट आया और उसने दुबारा स्टीयरिंग सँभाली। गीयर की घड़घड़ाहट गूँज उठी, गाड़ी स्टार्ट होकर एकदम से अदृश्य हो गयी।

उसके बाद 'चौदहवीं का चाँद' फ़िल्म की शूटिंग पूरे दम से शुरू हो गयी। लखनऊ के मुस्लिम घराने की फ़िल्म! सादिक साहब पूरे दम से 'चौदहवीं का चाँद' की शूटिंग में जुट गये और गुरु उन दिनों वहीदा को लेकर लापरवाह हो उठा।

गीता भी उसी दुनिया में थी, लेकिन जाने कहाँ से तो रिश्ते छिन्न-भिन्न हो गये। गुरु कभी-कभी घर ही नहीं लौटता था। अगर लौट भी आता था, तो व्हिस्की लेकर बैठ जाता था। उस वक़्त उसका न तो बातचीत का मूड होता था, न क्षमता!

घर लौटते ही, वह बिस्तर पर लुढ़क जाता था और सो जाने की कोशिश करता था।

गीता एक बार करवट बदलकर उसका चेहरा निहारती। उसकी बगल में लेटे इन्सान में कहीं कोई हरक़त नहीं होती थी।

सुबह नींद से जागकर गीता ने पूछा, 'तुम क्या मुझसे नाराज हो?'

'नहीं, मैं अपना चरित्र खराब कर रहा हूँ! चरित्रहीन बन रहा हूँ!'

'मतलब?'

'मतलब, तुम मेरा इम्तिहान ले रही थीं न? वहीदा के नाम से जाली ख़त भेजकर, यह सोचा था कि मुझे पता नहीं चलेगा। तुमने मुझसे यह जवाब तलब किया था न कि मैं बदचलन हूँ या नहीं? इसलिए चरित्र बर्बाद करने की कोशिश कर रहा हूँ। अब से मैं और ज़्यादा दारू पीऊँगा। वहीदा रहमान से और ज़्यादा मिलूँगा।'

'तुम क्या उससे विवाह करोगे?'

'अगर कर भी लूँ, तो तुम मेरा क्या बिगाड़ लोगी?'

'उससे पहले, तुम्हें मुझसे तलाक तो लेना होगा।'

'तुम दे दोगी तलाक?'

'अगर न दूँ?'

गुरु कुछेक पल ख़ामोश रहा।

थोड़ा ठहरकर उसने कहा, 'अगर तलाक न भी दो, तो भी मैं तुम्हें नहीं मिल सकता। मुझे पाकर भी तुम मुझे खो दोगी। इस रूप में मुझे पाकर तुम सुखी रह सकोगी?'

'यानी अब तुम मुझसे बात भी नहीं करोगे?'

'शराबी-दुश्चरित्र शख़्स से बातें करके अगर तुम्हें खुशी मिले तो तुम इसी में खुश रहो।'

इस बात का गीता ने कोई जवाब नहीं दिया।

गुरु गाड़ी लेकर यथारीति स्टुडियो चला गया।

स्टुडियो में सूर्य लाडिया हाजिर था।

' 'साहब-बीवी-गुलाम' फ़िल्म तुम नहीं बनाओगे?' सूर्य लाडिया ने सवाल किया।

'चौदहवीं का चाँद पूरी हो जाए, बस, वह फ़िल्म शुरू कर दूँगा।'

'लेकिन इससे पहले कागजात भी तो तैयार करने होंगे?'

'इसके लिए बिमल बाबू को तुम यहाँ ला सकोगे? अगर ऐसा हो जाए, तो उनसे कॉन्ट्रैक्ट पर यहीं दस्तखत करा लूँगा।'

'तो मैं उन्हें ट्रंक कॉल करूँ?'

'हाँ, करो।'

सूर्य लाडिया ने फोन उठा लिया। गुरु फिर अपने मन की गहराइयों में गुम हो गया। फ़िल्म और जीवन! एक तरफ उसकी घर-गृहस्थी, दूसरी तरफ अपन स्टुडियो ही जैसे गुरु का जीवन! गुरु की उस ज़िन्दगी में ही जब घुन लग चुका है, तब 'साहब-बीवी-गुलाम' बनाकर ही वह अपने जीवन की परिसमाप्ति करेगा। जब वह दारू पीता ही है, तो खुलेआम पीएगा।

दारू पीने की मर्मान्तक परिणति की मिसाल दिखाकर ही, वह अपनी ज़िन्दगी समाप्त कर देगा।

'हलो...!' सूर्य लाडिया को कलकत्ता का कॉल मिल गया।

जो शक़ दिमाग़ में एक बार जाग उठता है, वह साँप जैसा होता है। वह साँप मौका पाते ही दंश मारने की कोशिश करता है। दंश का शिकार होते ही, इन्सान का अंग-अंग शिथिल और अवश हो उठता है। गुरु के साथ भी ऐसा ही हुआ।

सिर्फ सन्देह ही नहीं, उसे कलकत्ता की आउटडोर शूटिंग की भी बातें याद रहीं। अभी एक रात ग्रेट-ईस्टर्न होटल में रात गुज़ारने की घटना! वहीदा रहमान का आश्चर्यचकित चेहरा!

वहीदा ने उस रात सवाल किया, 'आपने मुझे यूँ कलकत्ता क्यों बुला भेजा? गीता जी को बुरा लगेगा न!'

गुरु ने जवाब दिया, 'गीता के बारे में मुझसे बात मत करो। आज से मैं उसे भूल जाऊँगा–'

'लेकिन आपने उनसे शादी की है। आपके बेटे हैं। आपकी गृहस्थी है–'

'झूठ! झूठ बात! गीता ने ही मुझे समझाया है कि मेरा कोई बेटा नहीं है। मेरी कोई गृहस्थी नहीं है। अब, मैं खुद भी अपने जैसा नहीं हूँ। आज से मैं बदल जाऊँगा–'

उस दिन गुरु की बातें सुनकर जाने क्या अन्दाज़ा लगाया। उसे गुरु की बातों पर भरोसा आया था या नहीं, यह भी कोई नहीं जानता। लेकिन, उस दिन के बाद से ही दोनों जन जाने कैसे तो बदल गये। हैदराबाद की मामूली-सी लड़की, मानो कैसी तो असाधारण हो उठी और गुरु भी कलाकार के रूप में जाने कैसा तो बालिग़ हो उठा। लोगों ने कहना शुरू कर दिया कि गुरुदत्त एक कलाकार है। सिर्फ कलाकार ही नहीं, महान् कलाकार! फ़िल्मों के गुरुदत्त ने, इन्सान गुरुदत्त को मात दे दी।

उसके बाद और कोई बात नहीं!

गुरुदत्त सीधा वहीदा रहमान के घर की तरफ दौड़ गया।

वहीदा ने कहा, 'अरे, आप गुरु जी? ऐसे असमय?'

गुरुदत्त ने वह ख़त अपनी जेब से निकालकर उसे दिखाया।

'यह ख़त क्या तुमने लिखा है? यह तुम्हारी लिखावट है?'

वहीदा का चेहरा देखकर ही गुरु सारा किस्सा समझ गया। उसने झटपट वह ख़त अपनी जेब में डाला और उठ खड़ा हुआ।

वह सड़क पर निकल आया और गाड़ी की तरफ बढ़ा।

'आप अभी ही चल दिये?'

'हाँ! स्टुडियो में फिर भेंट होगी।'

इतना कहकर गुरु वहाँ रुका नहीं। उसके पास और वक़्त नहीं था। पाली हिल, अपने घर पहुँचने में, वह बिल्कुल देर नहीं करना चाहता था।

गुरु का दिमाग़ ही बिल्कुल गड़बड़ा गया था। तीस-चालीस-पचास-साठ-सत्तर माइल स्पीड से उसकी फिएट उड़ चली। गाड़ी अगर वह इतनी तेज रफ़्तार से न चलाये, तो जीने का मज़ा क्या है? तमाम धूल-कालिख, कीचड़-कादा बचा-बचाकर चलना तो आसान है। यह काम तो सभी कर सकते हैं। इससे बेहतर है, जितने दिन भी जिन्दा रहूँ, इसी ढंग से ज़िन्दा रहूँगा। वह इसी तूफानी रफ़्तार से अपनी परमायु फूँक में उड़ाकर ख़त्म कर देगा।

कभी बचपन में उसके मन में ढेरों-ढेरों इच्छाएँ थीं, जैसी सभी लोगों के मन में होती हैं—एक अदद घर, एक अदद गाड़ी और सुख-चैन की एक अदद गृहस्थी। लेकिन बहुतेरे लोगों को यह नसीब नहीं होता। लेकिन मुट्ठी भर जिन लोगों को यह नसीब होता है, वे लोग भी क्या सुखी हो पाते हैं? अगर उन लोगों को भी सुख नहीं मिलता, तो आखिर क्यों नहीं मिलता। ऐसा क्यों होता है कि अदृश्य विश्व-विधाता के अभिशाप से इन्सान सब कुछ पाकर भी, सब कुछ से वंचित रह जाता है? यह उसके इस जन्म का या पूर्व-जन्म का अभिशाप होता है? गुरु को याद आया कि उसे नयी-नयी फ़िल्में भी बनानी होंगी।

उसे 'चौदहवीं का चाँद' का अन्त भी पसन्द नहीं आया था। फ़िल्म का अन्त बदलना होगा। उस फ़िल्म की कहानी में गुरुदत्त अन्त में आत्महत्या कर लेता है। यानी फ़िल्म का हीरो अपने को खत्म कर लेता है। लेकिन गुरुदत्त का मन हुआ कि वह अन्त बदल दे। असल में, वहीदा ही अगर आत्महत्या करती, तो बेहतर अन्त होता। वहीदा रहमान सह-नायिका की भूमिका निभाये। आत्महत्या वह करे—मैं जीता रहूँगा। जीते हुए मैं ज़िन्दगी के हिसाब-किताब की जाँच करूँगा। ज़िन्दगी के आखिरी पल तक डेबिट-क्रेडिट करता रहूँगा। उसके बाद, हँसते-हँसते इस दुनिया को अलविदा कह दूँगा।

विदा लेते हुए मैं कहकर जाऊँगा—'मेरे हिसाब में कहीं कोई भूल नहीं है। मैं गणित में बिल्कुल राइट हूँ! बिल्कुल सही!' मरकर भी ऊँची आवाज़ में कह जाऊँगा—'मैं जीत गया।'

पाली हिल की आँकी-बाँकी राहें पार करके, जैसे ही वह अपने बंगले के सामने

पहुँचा, गाड़ी के इंजन की आवाज़ सुनकर, लाला ने बंगले का गेट खोल दिया। गाड़ी अन्दर दाखिल हुई और पिछवाड़े की तरफ जाकर थम गयी। वहाँ से दौड़ते-दौड़ते गुरु ऊपर आ पहुँचा। कुत्ते ने अपने साहब को देखकर, पूँछ हिलाकर सलाम ठोंका।

लेकिन उसकी तरफ गुरुदत्त की निगाह ही नहीं गयी। वहाँ से सीधे बेडरूम में। बेडरूम खाली था। वहाँ से हॉल में! हॉल में भी कोई नहीं था। उसके बाद आस-पास भी कोई नहीं! गीता कहीं नहीं थी। कोई कहीं नहीं था।

उसने ज़ोर-ज़ोर से आवाज़ लगायी, 'कृष्णा! ओ कृष्णा!'

नौकर, कृष्णा जैसे ही सामने आकर खड़ा हुआ, गुरु ने उसकी तरफ सवाल दागा, 'दीदी कहाँ है?'

'दीदी चली गयी–'

'कहाँ चली गयी?'

कृष्णा ने बुझी-बुझी आवाज में कहा, 'मुझे नहीं मालूम?'

सूर्य लाडिया का ट्रंक कॉल पाते ही, मैंने तैयारी कर ली। उसी दिन सूर्य लाडिया का भाई, बुलू लाडिया मेरे घर हाज़िर हुआ। उसने अगली सुबह ही मेरे जाने का सारा इन्तज़ाम कर दिया। वे तमाम बातें मैं पहले ही बता चुका हूँ। लेकिन उस वक़्त मुझे यह जानकारी नहीं थी कि मैं गुरु की दुनिया में, किन परिस्थितियों में जा पड़ा हूँ।

बाहर से उन दोनों के बीच क्या चल रहा है, यह समझने का कोई उपाय नहीं था। दोनों ही प्राणियों का चेहरा उस समय हँसी-खुशी से भरपूर था। मैं वहाँ किस हालत में पहुँचा, यह भी बता चुका हूँ। मैं ज़रा भी अन्दाज़ा नहीं लगा पाया। हर दिन सुबह होती थी और मैं नींद से जाग जाता था। उसकी गृहस्थी का शोरगुल-हलचल मेरे कानों में पहुँचती रहती थी। रतन रोज़ सुबह आकर चाय-नाश्ता मेरे कमरे में दे जाता। मैं मन ही मन सोचता रहता था–बेहद हँसती-खेलती गृहस्थी है। बिल्कुल चैनभरी, झंझट मुक्त।

लेकिन उस वक़्त क्या मैं जानता था कि कुछ दिनों पहले ही उनकी गृहस्थी में इतना बड़ा हादसा हो चुका है। हर रात हम एक संग खाना खाने बैठते थे, करीब घण्टे भर तक गपशप करते थे। खाना खाने के बाद भी काफी देर तक हम दोनों में चर्चा होती रहती थी।

लेकिन एक दिन जाने कैसे तो बिल्कुल अचानक मेरी नज़र पड़ी। गीता हमारे साथ खाने ज़रूर बैठती थी, लेकिन गुरु के साथ कोई बात नहीं करती थी। खाना निपट जाने के बाद, जब हम हॉल में बैठकर अपनी बातचीत जारी रखते थे, उस वक़्त गीता आकर हमारी महफिल में नहीं बैठती थी। पहले मेरा ख़याल था कि उसे

शायद नींद आने लगती थी और वह अपने कमरे में सोने चली जाती थी। हमारी बातचीत कभी-कभी लम्बे समय तक खिंच जाती थी और बातें करते हुए रात के तीन बज जाते थे। भोर के चार बज जाने के बाद भी हम दोनों को ही समय का ख़याल नहीं आता था।

पहली बार, सप्ताह भर बाद ही मैं कलकत्ता वापस लौट आया। उसके सप्ताह भर बाद, जब दूसरी बार पाली हिल पहुँचा उस वक़्त रात के दस बज रहे थे। उस रात कौन-सी घटना हुई, उसका हवाला भी पहले लिख चुका हूँ।

लेकिन मेरी अनुपस्थिति में जो घटा वह किस्सा भी मैंने रामू सारिया से सुना। वाकई, वह एक मर्मान्तक दाम्पत्य जीवन था। हर रोज सुबह-सुबह ही गुरु स्टुडियो चला जाता था। 'चौदहवीं का चाँद' फ़िल्म की शूटिंग पूरी हो चुकी थी। अब, एडिटिंग की बारी थी। गुरुस्वामी पूरे दिन दफ़्तर में चुपचाप बैठा रहता था। गुरुदत्त तीसरी मज़िल के एडिटिंग-रूम में दत्तचित्त होकर अपने काम में डूबा रहता था। रतन उसके सामने गिलास पर गिलास व्हिस्की हाज़िर करता रहता था।

बीच-बीच में गुरुस्वामी आकर पूछता था, 'गुरु जी, आप घर नहीं जाएँगे?'

गुरु को मानो अचानक होश आता था। उसे याद आ जाता था कि उसका भी एक घर-द्वार है, गृहस्थी है।

'तुम चले जाओ! मैं बाद में जाऊँगा।'

उसके बाद जब सच ही गुरु घर लौटता था, तब वह गुरुदत्त नहीं होता था। किसी भी औरत को ऐसे व्यक्ति की कोई ज़रूरत नहीं हो सकती थी। वह सच ही उस वक़्त तक अपना चरित्र नष्ट कर चुका होता था। उस वक़्त तक वह सच ही गृहस्थी त्याग कर चुका होता था। तब वह सिर्फ आदतवश घर लौटता था। इसके अलावा, और कोई बात नहीं थी। उस वक़्त गीता को भी शायद गुस्सा आ जाता था। आखिर गीता भी तो इन्सान थी। उसमें भी गुस्सा-द्वेष-हिंसा-अभिमान हो ही सकता था। उसके मन में यह सवाल जागता था कि यह उसने किससे शादी कर ली? यह तो वह इन्सान नहीं है, जो उसे दिनोंदिन प्रेम-पत्र लिखा करता था। क्या यह इन्सान, वही गुरुदत्त है, जो अगर एक दिन भी गीता को नहीं देखता था, तो छटपटा उठता था और दौड़कर उसके सान्ताक्रुज वाले घर पहुँच जाता था?

वह दौड़कर उसके कमरे तक चला आता था। 'माँ-माँ!' आवाज़ देते हुए छोटे बच्चे की तरह गीता की माँ के पास बैठ जाता था।

'कितने दिनों से तुम्हें नहीं देखा, माँ! तुम्हें भी मेरी ज़रा भी याद नहीं आती, यही सच है न?'

वह गीता की माँ की गोद में सिर रखकर लेट जाता।

गीता की माँ अत्यन्त स्नेह से उसके बाल सहलाने लगती थी।

गीता अक्सर सोचती थी कहाँ गये वे तमाम दिन? उसके जीवन में वे

प्यार-मुहब्बत के दिन क्या सच ही आये थे? अगर आये थे तो वे सब कहाँ गुम हो गये?

विवाह के बाद पहले छह वर्ष भरपूर सुख में गुजरे थे। उसके बाद ही जो अशान्ति-कलह शुरू हुई, उसका कोई अन्त नहीं था। ख़ैर, अशान्ति की आग में जलते-झुलसते जीए जाना ही, जैसे नियम बन गया है। मानो किसी शर्त पर भी इससे रिहाई नहीं मिलती।

मानसिक अशान्ति ने गुरु की रातों की नींद छीन ली थी। दिन भर की कड़ी मेहनत के बाद, रात को जब वह बिस्तर पर लेटता था, तब जितनी-सी नींद उसे दरकार थी, उतना-सा सुख भी मानो गुरु का प्राप्य नहीं था। हे ईश्वर, तुमने गुरु को सब कुछ दिया था। इन्सान जो कुछ चाहता है, उसे देने में तुमने कोई कंजूसी नहीं की। लेकिन थोड़ी-सी नींद? तुम उसे टुकड़ा भर नींद भी दे देते, तो तुम्हारा क्या नुकसान होता? तुम्हारा दान तो अतुलनीय है। लेकिन तुम जैसे देते हो, वैसे ही वापस भी ले लेते हो। लेकिन गुरु को जब इतना कुछ दिया तो उसकी नींद क्यों छीन ली?

उस रात काफी तकलीफ झेलते हुए गुरु को नींद आयी थी। वह नींद बेहद अनमोल थी।

रात के लगभग दो बजे थे, जब अचानक अपने पाँवों पर किसी का स्पर्श पाकर वह एकदम से चीख उठा, 'कौन? कौन है वहाँ?'

'मैं—!' गीता बोल उठी।

'तुम हो, तो वहाँ क्या कर रही हो?'

उस रात गीता को भी नींद नहीं आ रही थी।

'नींद नहीं आ रही है—' गीता ने कहा।

गुरु का सब्र मानो बर्दाश्त-बाहर हो गया।

'तुम्हें नींद नहीं आ रही है, तो मैं क्या करूँ?'

गुरु की सहनशीलता अब बिल्कुल जवाब दे गयी।

'तुम यहाँ से निकल जाओ—'

'निकलकर कहाँ जाऊँ?'

'जहाँ भी मन करे। निकल जाओ यहाँ से! मुझे ज़रा सोने दो।'

'लेकिन, मुझे जो नींद नहीं आ रही है—'

'तुम्हें नींद नहीं आ रही है, तो मैं क्या करूँ?'

और उसके बाद ही वह मानसिक विपर्यय घट गया। वह चरम दुर्योग! गुरु और गीता के जीवन की चरम दुर्घटना! गुरु को लगा, जैसे किसी ने उसके गाल पर कसकर तमाचा जड़ दिया हो। गुरु सारी रात कमरे में छटपटाता रहा। जो इन्सान नींद के लिए तरस रहा है, जो शख़्स, थोड़ा-सा सो ले, तो बच जाए, उस रात उसकी

बेशक़ीमती नींद, मानो भाप की तरह उड़ गयी। उसके बाद समूची बची-खुची रात उसे नींद नहीं आयी।

लेकिन इसके बावजूद दुनिया थम तो नहीं जाती। इन्सान के सुख-दुःख की परवाह करते हुए दुनिया तो नहीं चलती। वहाँ पहुँचने के अगले दिन ही मैंने गुरु को बख़ूबी पहचान लिया। मैंने गौर किया, आग पर बैठे हुए भी वह कैसे हँसते-हँसते सब कुछ बर्दाश्त कर लेता है।

उसने मुझसे कहा, 'कल हम लोनावाला जा रहे हैं, बिमल बाबू, आप तैयार रहिएगा। वहाँ जाकर महीने भर के अन्दर हम सिनारियो लिख डालेंगे।'

थोड़ा ठहरकर उसने अगला जुमला जोड़ा, 'साथ में कुछ और चीजें ले जाने की ज़रूरत हो तो पहले से ही बता दें, मैं जुगाड़ कर डालूँ–'

इतना कहकर गुरु कमरे से बाहर निकल गया।

उसी दिन दोपहर को मैं और गीता खाना खाने बैठे।

'आप भी चलिए न हमारे साथ, गीता'दी! आपकी भी सैर हो जाएगी।' मैंने कहा।

'वह मुझे नहीं ले जाएगा।'

'क्यों?'

'आप हमारी गृहस्थी का सारा किस्सा नहीं जानते। हम दोनों में आजकल बातचीत बन्द है।'

'अरे! बातचीत क्यों बन्द है?'

'लम्बा किस्सा है! सब बताने बैठूँ, तो काफी वक़्त लग जाएगा। पिछली बार आपसे कहा था न, 'साहब-बीवी-गुलाम' हम दोनों के जीवन की ही कहानी है? हम दोनों में, आपस में कुछ भी नहीं मिलता। शादी के बाद शुरू के छह साल काफी हँसी-खुशी गुज़रे थे। लेकिन, उसके बाद ही गड़बड़ी शुरू हो गयी, जिस दिन से वहीदा रहमान ने स्टुडियो में क़दम रखा।'

उन दिनों फ़िल्मों की दुनिया मेरे लिए नयी-नयी थी। मैं वहाँ किसी को भी नहीं पहचानता था। मैं गीता की बातें ख़ामोशी से सुनता रहा।

गीता बताने लगी, 'आप शायद नहीं जानते, हम तीनों को लेकर पत्र-पत्रिका, अख़बारों में ढेरों फूहड़-फूहड़ बातें छपती रहती हैं।'

'अच्छा? मुझे तो नहीं मालूम।'

सुबह से लंच के समय तक मैं अपना उपन्यास लिखता रहा था। कुछ देर बाद ही स्टुडियो जाना था। गीता की इससे ज़्यादा कहानी सुनने का वक़्त नहीं था।

गाड़ी आते ही मैं सीधे स्टुडियो चला गया। घर में गीता की जुबानी, जितना

कुछ सुनकर गया था, स्टुडियो पहुँचकर, गुरु का चेहरा पढ़ते हुए उसका आभास तक नहीं मिला। उसका वही हँसता हुआ चेहरा! वही कहानियों पर चर्चा! वही गुरुस्वामी से गपशप! अगले दिन, हमें लोनावाला जाना था, उसकी तोड़-जोड़ चलती रही। रतन बार-बार चाय हाजिर करता रहा। लेकिन मैं पाली हिल बंगले में, गीता की ज़ुबानी, कही हुई कहानी में ही डूबा रहा। गुरु का चेहरा देखकर कौन सोच सकता था कि इसी गुरुदत्त ने कलकत्ते में शूटिंग एकाएक बन्द कर दी थी, दिन भर दारू चढ़ाता रहा और वह रात उसने ग्रेट ईस्टर्न होटल में गुजारी थी।

लेकिन जिस दिन मद्रास के क्वीन्स होटल में बैठा-बैठा, गुरुदत्त, एल्बर्ट सिन्हा के साथ ताश खेल रहा था, मैं पीछे छोड़ आये दिनों के बारे में सोच रहा था। गुरु की ज़िन्दगी में इतने वर्षों से इस कदर जुड़ गया था कि जितना-जितना उसे देख रहा था, मैं मन ही मन आश्चर्यचकित हो उठा था।

रात बारह बजे, जब ताश का खेल खत्म हुआ, गुरु दो हज़ार रुपये हार चुका था।

मैंने कहा, 'चलिए! अब और नहीं! अब उठिए।'

गुरु वहाँ से उठकर अपने कमरे में चला आया और एकदम से अपने बिस्तर पर जा लेटा।

मैं बिस्तर पर लेटा-लेटा सोचता रहा, आखिर क्यों यह इन्सान अपनी ज़िन्दगी इस तरह बर्बाद कर रहा है? वह किस पर, इतना अभिमान किये है? अगर यह अभिमान नहीं, गुस्सा है, तो आखिर किसके प्रति इतना गुस्सा है? वहीदा रहमान ने खुद ही उसकी ज़िन्दगी से अपने को हटा लिया है। अब तो वह कभी भूले से भी गुरु से नहीं मिलती। अब तो कहीं कोई दीवार नहीं है। अब गीता और गुरु—दोनों प्राणियों में इतनी अशान्ति, इतनी कलह क्यों है? यह ताश की जुएबाज़ी क्यों? रात-रात भर अनिद्रा क्यों? मुझे बख़ूबी अन्दाज़ा हो गया कि गुरु भी बगल के कमरे में जगा-जगा ऊल-जलूल सोच रहा था। लेकिन, उसे इतनी परेशानी आखिर किस बात की है? उसकी समस्या क्या है? उसे क्या बीमारी है?

अचानक दरवाज़े पर दस्तक हुई।

'बिमल'दा! बिमल'दा।'

मैं अचकचा गया।

फटाफट उठकर मैंने दरवाजा खोल दिया।

'क्या बात है? क्या हुआ?' मैंने पूछा।

'आप सो गये थे क्या?'

'क्यों? आपको नींद नहीं आ रही है?'

गुरु ने असहाय शिशु की तरह जवाब दिया, 'ना—'

'तो बताइए, क्या किया जाए?'

'मेरा ख़याल था, मेरे पास नींद की गोली है। अभी जब लेना चाहा, तो पता

चला, नहीं है। मुझे समझ में नहीं आ रहा है कि मैं क्या करूँ—'

'लेकिन, दिन भर स्टुडियो में कड़ी मेहनत की, उसके बाद उतनी देर तक लोगों से बातें कीं, उस पर से ताश के जुए में दो हज़ार रुपये भी हार आये, खूब-खूब शराब भी पी, फिर भी आपको नींद नहीं आ रही है? आखिर क्यों?'

'पता नहीं, क्यों! लेकिन मेरे साथ अक्सर ऐसा होता है।'

'जबकि डॉक्टर ने भी आपको काफी सावधान रहने को कहा है। इसके बावजूद, आप इतनी सिगरेट, इतनी शराब क्यों पीते हैं? अगर कहीं, यहाँ आपकी तबीयत गड़बड़ हो गयी? अगर फिर पेट में दर्द उठा?'

गुरु हँस पड़ा, 'और क्या होगा? मर जाऊँगा।'

'मर ही गये तो चलो छुट्टी मिल जाएगी, लेकिन उससे पहले की तकलीफ? वह तकलीफ तो आप पहले भी झेल चुके हैं।'

'देखिए, अगर मैं मर जाऊँ, तो किसी को कोई फर्क़ नहीं पड़ेगा। मेरे मर जाने में किसी को आपत्ति कहाँ है? किस बात की आपत्ति? मुझे अगर यन्त्रणा होती है, तो किसी को क्या नुकसान होगा?'

गुरु की बातें किसी स्वस्थ-स्वाभाविक इन्सान जैसी नहीं थीं। वह शायद नशे में टुन्न था, इसीलिए ऐसी बातें कर रहा था।

'अच्छा, आप रुकें। मैं मेडिकल स्टोर से नींद की टैब्लेट खरीद लाता हूँ।' मैंने कहा।

'मैं कौन-सी टैब्लेट लेता हूँ, आप जानते हैं न? सोनारिन! एक पैकेट ले आइएगा। एक पैकेट में अड़तीस टैब्लेट होती हैं।'

उसी रात मैं गाड़ी लेकर दुबारा निकल पड़ा। नया-नया शहर, नयी जगह। पता नहीं कहाँ मेडिकल स्टोर है—मुझे कोई जानकारी नहीं थी। काफी खोजने के बाद, मैंने मेडिकल स्टोर ढूँढ़ निकाला। लेकिन, मैंने पूरा एक पैकेट नहीं, कुल चार टैब्लेट ख़रीदीं।

वे चारों टैब्लेट मैंने गुरु को सौंप दीं। गुरु उस वक़्त भी मेरे कमरे में चुप बैठा हुआ, मेरा इन्तजार कर रहा था।

चारों टैब्लेट उसे थमाते हुए मैंने कहा, 'ये चारों टैब्लेट, आज रात ही मत निगल जाइएगा! आज दो ले लें और फिर कल रात दो लीजिएगा। धीरे-धीरे यह नशा कम कर दें—'

गुरु के चेहरे पर जो हँसी झलक उठी, वह विद्रूपभरी हँसी थी।

'आप नशे की बात कर रहे हैं? दुनिया के तमाम लोग चारों तरफ से, हमें नशा कराने के लिए घात लगाये बैठे हैं। हम क्या करें? हम जैसों का शिकार करने के लिए करोड़ों रुपयों का कारोबार फैला हुआ है। हम आत्मरक्षा आखिर कैसे करें? आप ही बताएँ? सुबह-सवेरे अख़बार पढ़ना, यह भी तो एक क़िस्म का नशा है—' यह

कहते हुए उसने दो टैब्लेट निगल लिये और अपने कमरे में चला गया।

अगले दिन सुबह-सुबह उसकी खैरियत पूछने के लिए, मैं उसके कमरे में पहुँचा। वह उस वक़्त भी नहीं जगा था। जब उसकी नींद टूटी, काफी दिन चढ़ आया था। स्टुडियो से उसे बुलाने के लिए लोग दो-दो बार गाड़ी लेकर आ चुके थे, मगर दोनों ही बार उन्हें लौट जाना पड़ा।

जब वह जागा और तैयार होकर स्टुडियो जाने वाला था मैंने कहा, 'चलिए, हम यहाँ से किसी और जगह जाकर ठहरें।'

गुरु की निगाह मेरे चेहरे पर गड़ गयी, 'किसी और जगह, मतलब?'

'मेरा मतलब है, हम किसी ऐसी जगह जाकर ठहरें, जहाँ से आपको स्टुडियो आने-जाने में सहूलियत हो और कोई आपको तंग भी न करे।'

'सुनिये, एक काम करते हैं। आज स्टुडियो से जल्दी लौट आऊँगा और हम दोनों समुन्दर किनारे चलेंगे। वहीं हम लोग कहानी पर चर्चा करेंगे।'

'हाँ, यही ठीक रहेगा। मैं यहाँ काम करने आया हूँ। इधर-उधर समय बर्बाद किया तो मुझे बोरियत होने लगेगी। ज़रा सोचिए। यहाँ मुझे अपने साथ लाने के लिए आपके कितने सारे रुपये ख़र्च हो गये।'

'चलिए, आज यही बात तय रही—'

इतना कहकर वह स्टुडियो चला गया।

गुरु को शायद सच ही पछतावा हुआ। इससे पहले भी गुरु, और भी दूसरे-दूसरे लेखकों के साथ काम कर चुका था। महीने-महीने ढेरों रुपये भी देता रहा। उसने उन सभी लेखकों से कहा—'आप अपनी मर्ज़ी मुताबिक एक किताब लिख डालें। मैं उस किताब पर फ़िल्म बनाऊँगा।' बम्बई शहर में ऐसा कोई लेखक नहीं था, जिनके पास वह नहीं गया; जिनके साथ बैठकर, उसने कहानियों पर बातचीत न की हो। लेकिन ऐसी बात उसने पहली बार सुनी। अगले दिन वह स्टुडियो से जल्दी लौट आया। मुझे बेहद ताज्जुब हुआ।

मैंने पूछा, 'क्या बात है? इतनी सुबह-सुबह लौट आये? शूटिंग ख़त्म हो गयी?'

'मुझे एक नयी जगह की ख़बर मिली है। यहाँ से तीस मील दूर है, गाड़ी से गये तो हद से हद घण्टे भर लगेगा। उस जगह का नाम है—महाबलीपुरम! चलिए, एक बार वह जगह देख आयें।'

'चलिए—!' मैं राजी हो गया।

हम चल पड़े। उस दिन हमने होटल में नहीं खाया। एकसार तारकोल ढली सड़क। हम घण्टे भर में वहाँ पहुँच गये। महाबलीपुरम का नाम मैं पहले भी सुन चुका था। किसी ज़माने में पल्लव लोगों का मशहूर बन्दरगाह था। उसके बाद लाइट हाउस! उसके भी आगे पक्षीतीर्थ।

'देखिए, हम किसी देश-भ्रमण पर नहीं आये। मैं तो कोई ऐसी निर्जन जगह

खोज रहा हूँ, जहाँ हम दोनों आमने-सामने बैठकर बातें कर सकें। बातें यानी फ़िल्म के लिए कहानी! ऐसी कहानी, जो महान कलापूर्ण भले न हो, लेकिन जो देखकर दर्शक खुश हों। कुछ देर के लिए अपने सारे दुःख-दर्द, समस्या-दुर्दशा, दीन-दुनिया भूल जाएँ। आप ऐसी कोई कहानी लिख सकते हैं? रंगीन फ़िल्म बनाऊँगा यानी अधिकांश दृश्य घर से बाहर, आउटडोर होंगे।'

'आपको ज़रूरत हो, तो ऐसी कहानी भी लिख सकता हूँ। आपने कहा है, इसलिए लिखूँगा। लेकिन, आमतौर पर यह सब लिखते हुए मुझे वितृष्णा होती है। ख़ासकर अपराध-कथा लिखने में मैं हिकारत महसूस करता हूँ।'

'लेकिन, आपने जासूसी कहानियाँ तो पढ़ी ही होंगी?'

'नहीं–'

'बचपन में तो पढ़ी होंगी।'

'ना! ज़िन्दगी में कभी भी मैंने अपराध-कथा नहीं पढ़ी। लेकिन इसमें अगर आपका भला हो, तो मैं उस तरह की कहानियाँ भी लिख सकता हूँ।'

गुरु ने मुझे एक अंग्रेजी कहानी, मुँह ज़ुबानी कह सुनायी। मैंने वह कहानी सुन ली। जैसी सीधी-सादी, खून-खराबे की कहानी होती है, वैसी ही कहानी थी।

मैंने पूछा, 'आपको क्या सच ही यह लगता है कि इस क़िस्म की कहानी पर फ़िल्म बनायें, तो आपकी कम्पनी को खूब मुनाफा होगा?'

'हाँ, होगा।'

'ठीक है, मैं भी लिख दूँगा।'

'तो चलिए, यहाँ के रेस्ट-हाउस में रुक जाते हैं। चलिए, देख लें, यहाँ रहने-खाने का इन्तज़ाम कैसा है?'

खोजते-खोजते हम महाबलीपुरम टूरिस्ट हाउस में जा पहुँचे। मैं वह टूरिस्ट हाउस देखकर विस्मय-विमुग्ध रह गया। मुझे याद नहीं आया कि मैंने ज़िन्दगी में ऐसी कितनी अद्भुत जगहें देखी हैं। सामने असंख्य साइप्रस पेड़ों की क़तारें! पेड़ों के नीचे की जगह बिल्कुल साफ-सुथरी! चारों तरफ रेत ही रेत! सामने विशाल समुन्दर! सिर्फ समुन्दर ही समुन्दर! सिर्फ पानी ही पानी।

मैंने पूछा, 'यहाँ से शूटिंग के लिए जाने में कोई असुविधा तो नहीं होगी?'

'मेरे पास तो हर वक़्त गाड़ी होगी। सुबह निकल जाऊँगा और शाम को लौटूँगा।'

अस्तु, यही तय हो गया। एक मद्रासी होटल में खाना खाकर हम मद्रास लौट गये। अगले दिन लाव-लश्कर समेटकर हम महाबलीपुरम चले आये। मुझे एक बार यह भी ख़याल आया कि मुझे तो यह जगह अच्छी लगी है, लेकिन गुरु क्या इस निर्जन जगह पर रह सकेगा? उसके सामने तो कई-कई समस्याएँ हैं। गीता गाना गाने के लिए लन्दन गयी हुई है। गुरु की साल भर की बेटी, नीना बम्बई में है।

उसकी देखभाल गुरु की माँ कर रही हैं।

एक बेटा, अरुण, अस्पताल में है। वह नेफ्राइटिस रोग से पीड़ित है। ऊपर से हर महीने के अन्त में स्टुडियो का ख़र्च—चालीस हज़ार रुपये। उस पर से इन्कम-टैक्स का झमेला। उसके भी ऊपर मद्रासी-हिन्दी फ़िल्म, फ़िल्मों में नाच-गान, उछल-कूद।

हालाँकि बाहर से देखो तो सब कुछ ठीक-ठाक नज़र आता है। उसकी फ़िल्मों की काफी सारी तस्वीरें छपती हैं। लाखों कमाता है। इन्सान को और क्या चाहिए? उसकी और क्या ज़रूरतें हो सकती हैं? उसकी फ़िल्में देखकर दर्शक हँसते-रोते हैं, तालियाँ बजाते हैं। अनगिनत अख़बारों में उसकी तस्वीरें छपती हैं। समूचे हिन्दुस्तान के लोग, उसे देखते ही पहचान जाते हैं। इन्सान भला और क्या कामना कर सकता है? महाबलीपुरम के वे दिन याद आते ही अभी भी रुलायी छूटती है। ऐसा दीन, ऐसा अभागा और साथ ही इतना महान, इतना उदार इन्सान, मैंने ज़िन्दगी में शायद कहीं नहीं देखा। आइए, वही किस्सा बयान करूँ।

उसके बाद, उस यात्रा के दौरान महाबलीपुरम टूरिस्ट-हाउस में बैठा-बैठा लिखा करता था और गुरु सुबह नौ बजे तक नाश्ता करके स्टुडियो चला जाता था। नाश्ते में और कुछ नहीं होता था, सिर्फ चाय! गुरु के लिए टूरिस्ट हाउस का मैनेजर, मिस्टर चन्द्रगेशम तरह-तरह के व्यंजन तैयार करता था। लेकिन गुरु जब उन सब व्यंजनों को मुँह भी नहीं लगाता था, तो काफी दुःखी होता था। जब मैं मेज़ पर खाने बैठता था, तब वह मैनेजर अपनी व्यथा जाहिर करता था।

'मिस्टर गुरुदत्त तो कुछ भी नहीं खाते। मैंने उनके लिए काफी सारे व्यंजन तैयार किये थे।'

यूँ मिस्टर चन्द्रगेशम काफी अद्‌भुत इन्सान था। बाद में, उस आदमी पर मैंने एक कहानी भी लिखी थी। सुना है, अब वह इन्सान वहाँ नहीं है। अब वह टूरिस्ट हाउस पूरी तरह सरकार की निगरानी में चल रहा है। जैसे और-और सरकारी विभाग चल रहे हैं, वह टूरिस्ट हाउस भी उसी तरह चल रहा है। अब पहले जैसा आराम और सेवा-जतन वहाँ नहीं मिलता।

बहरहाल, मैंने गुरुदत्त से पूछा, 'आप यहाँ कुछ खाते क्यों नहीं? चन्द्रगेशम काफी दुःखी हो रहा था।'

गुरु ने जवाब दिया, 'यहाँ का खाना मुझे पसन्द नहीं है।'

मैं ज़रा ताज्जुब में पड़ गया।

मैंने कहा, 'लेकिन इस क़िस्म का आराम, सेवा-जतन मुझे और कहीं नहीं मिला। मुझे तो लग रहा है, जैसे मैं स्वर्ग में हूँ।'

मेरी बात सुनकर, गुरु खुश हो गया। मैंने हमेशा ही देखा है, यार-दोस्त, आत्मीय-स्वजन, अगर कोई खुश हो जाता था, तो गुरु बेहद खुश हो जाता था। कोई और खुश हो जाता था, तो गुरु की खुशी का अन्त नहीं रहता था।

मेरी सुनकर गुरु ने कहा, 'आपको कोई असुविधा या परेशानी हो तो मुझे बताइएगा।'

'असुविधा की बात न करें। ज़िन्दगी में इतना सुख मुझे कभी नहीं मिला–'

'मेरे साथ पहले भी बहुत से लोग आये हैं, लेकिन ऐसी बात पहले किसी ने नहीं कही।'

वाकई पहले भी बहुत-से लोग आये थे। एक बार तो वह गीता को भी यहाँ लाया था। गीता को यह जगह पसन्द नहीं आयी।

मैंने पूछा, 'क्यों? उन्हें पसन्द क्यों नहीं आयी?'

'पता नहीं! मैं गीता को अपने साथ स्टुडियो भी ले जाता था। जब मैं शूटिंग कर रहा होता था, वह बाहर बैठी रहती थी। उसे सारा मामला काफी बोरिंग लगता था। वैसे यहाँ जो लोग शूटिंग करने आते हैं, सब अपनी बीवी, माँ-बाप को अपने साथ लाते हैं। उन लोगों के रहने-सहने का खर्च यही लोग देते हैं यानी यही–फ़िल्म कम्पनी। मैंने देखा है, कोई-कोई तो शौकिया, अपने प्रिय कुत्ते को भी साथ लाते हैं।'

'क्यों? साथ में कुत्ता क्यों लाते हैं?'

'होटल में रहते हुए आर्टिस्ट का मन-मिज़ाज अगर बिगड़ जाए! मिज़ाज अगर गड़बड़ा जाए, तो अभिनय पर इसका बुरा असर पड़ेगा।'

लेकिन, आमतौर पर गुरु अकेला ही मद्रास आता था। जब आता था, तो कभी पन्द्रह दिन ठहरता था, कभी महीने भर तक रुका रहता था। लेकिन, शूटिंग के बाद बाकी वक़्त वह अकेला कैसे गुजारेगा, इसलिए वह हमेशा ही किसी न किसी को अपने साथ पकड़ लाता था और व्हिस्की की बोतल खोलकर बैठा रहता था। उसके बाद, एक-दो जन के साथ काफी रात गये तक लगातार बोलता-बतियाता रहता या ताश खेलता रहता था या किसी किताब पर चर्चा में डूब जाता था। जब बातचीत का और कोई विषय नहीं होता था, तो भगवान है या नहीं, इसी बारे में बहस छेड़ देता था।

एकमात्र मैं ही समझ सका था कि वह ऐसा क्यों करता है? उसके अन्दर कहाँ दरार है, कहाँ दगा; कहाँ फाँक है और कहाँ फाँकी, वह जितना मैंने समझा था शायद और कोई समझ नहीं पाया। चूँकि लोगों ने उसे समझा नहीं, इसीलिए मैंने उसे बार-बार दोस्त बदलते देखा। जो लोग दारू पीने के लिए उसके पास आते थे, अपना मतलब सिद्ध होते ही उसे छोड़कर चल देते थे। कोई रुपये लूटने के इरादे से उसके पास आते थे, कोई भीख माँगने, कोई ग़लत-सलत दर्द देकर उसका कुछ नुकसान करा जाते थे।

लेकिन, गुरु क्या यह समझता नहीं था?

गुरु उन लोगों को देखकर हँस देता था।

वह कहा करता था, 'लेकिन, बिमल बाबू अगर मैं ऐसा न करूँ, तो वे लोग मेरे पास क्यों आयेंगे? मुझे भी तो बातें करने के लिए कोई चाहिए, मैं भी तो बातें करने के लिए आदमी खोजता फिरता हूँ। लेकिन, गीता भी अगर मेरे साथ आती, तो मैं ऐसे लोगों को प्रश्रय नहीं देता। लेकिन, गीता तो ज़्यादा देर तक मेरे साथ रहना ही नहीं चाहती। मेरे साथ ज़्यादा देर तक रहते हुए, उसे कोफ़्त होने लगती है।'

'आप ग़लत कह रहे हैं! आप भी अगर गीता के साथ ज़्यादा देर रहें, तो आपको ऊब होने लगती है। आप ही बताएँ, आप क्या गीता के साथ ज़्यादा देर रह सकते हैं?'

गुरु मेरी बात सुनकर अचकचा गया। मेरी बातों में उसने जैसे अपने को उपलब्ध किया।

मैंने फिर सवाल किया, 'आप क्या ज़्यादा दिनों तक किसी को प्यार कर सकते हैं? कुछ-कुछ दिनों बाद, सभी लोग आपको उबाऊ लगने लगते हैं! निहायत बोरिंग! आपने तो कितने ही कुत्ते घर में पाल रखे हैं। उन सभी कुत्तों का पहले तो काफी सेवा-जतन करते हैं, लेकिन बाद में कभी एक बार भी उनकी तरफ पलटकर देखा है? उनको खाना मिलता है या नहीं, नौकरों से पूछताछ करके कभी पता किया है?'

गुरु हतप्रभ निगाहों से एकटक मेरा चेहरा निहारता रहा। कुछ देर तक उसकी ज़ुबान से कोई जवाब नहीं निकला।

बस, उसी दिन से हमारा कहानी-सृजन शुरू हो गया। कहानी को नाम दिया—'गुलमोहर'! यह नाम भी गुरुदत्त ने ही दिया था।

गुरु ने बताया, 'मेरे बंगले के बगल वाले मकान का नाम गुलमोहर है, बंगाल में जिसे 'कृष्णचूड़ा' कहते हैं, वही 'कृष्णचूड़ा' यहाँ 'गुलमोहर' बन गया।' बहरहाल, कहानी आधी विलायती थी, आधी देसी। पूरी कहानी वह प्रायः मुँह ज़ुबानी बोल गया। मैं सिर्फ हूँ-हाँ ही करता रहा। लगभग महीने भर की मेहनत के बाद, काफी बातचीत के बाद, कहानी कमोबेश, एक क़िस्म से खड़ी हो गयी। जिस दिन सारी बातचीत पूरी हो गयी, गुरु बेहद प्रसन्न!

उसने कहा, 'बिमल'दा, हर साल आइएगा और एक कहानी लिख जाइएगा—'

मैं आसमान से गिरा!

'भई, पूरी कहानी तो आपने ही बतायी। यह कहानी तो आपकी ही है—'

'लेकिन, आपने जो जगह-जगह 'हाँ', 'ना' कहा—वही तो असली बात है।'

मैं ख़ामोश हो रहा।

गुरु ने फिर कहा, 'मुझे अन्दाज़ा नहीं था कि आप इस क़िस्म की अपराध-कथा भी लिख सकते हैं।'

'यह सब लेखन बायें हाथ का खेल है। ऐसी कहानी तो कोई भी आम आदमी, खेल-खेल में लिख सकता है। सामाजिक उपन्यास लिखना ही कठिन है।'

थोड़ा ठहरकर मैंने फिर कहा, 'लेकिन...आपने ही एक दिन फ़िल्मी कहानी लिखने को मना किया था। आपने कहा था कि मैं अगर फ़िल्मों की कहानी लिखने लगा, तो मेरी कलम चौपट हो जाएगी।'

'हाँ, मना तो किया था; मगर मुझे भी तो अपना स्टुडियो चलाना है। मैंने तो आपको बताया था कि स्टुडियो चलाने का मेरा मासिक ख़र्च, चालीस हज़ार रुपये है। ये चालीस हज़ार रुपये मैं कहाँ से और कैसे जुटाऊँ, इसी चिन्ता-फ़िक्र में मेरी रातों की नींद हराम है। रात-रात भर नींद नहीं आती। अब, देखिए न, मद्रास आकर जो कुछ भी कमाता हूँ, वह सब मेरे स्टुडियो पर ही ख़र्च हो जाते हैं। बचता कुछ भी नहीं।'

यह सच था। आखिरी दौर में गुरु की कमाई में काफी बढ़ोतरी हुई थी। मद्रास से लाखों-लाखों रुपये आने लगे। वह सब बम्बई में खर्च हो जाते थे। गुरु के हाथ में रुपये टिकते ही नहीं थे। हाथ में रुपये आते ही गुरु का मन मचलने लगता था कि इन रुपयों को ख़र्च कैसे करूँ। वैसे गुरु में ख़ामख़याली भी हद दर्जे थी। कभी उसे सनक सवार हुई कि उसे कुछ खरीदना चाहिए। बस, दुकान में जाकर, वह सारे रुपये खर्च करके, पैकेट खाली नहीं कर देता था, तभी वह निश्चिन्त होता था। ज़रूरत न हो, तब भी वह खरीदता था। बारह लुंगियाँ, चौबीस बनियानें।

मद्रास पहुँचने के अगले ही दिन गुरु ने कहा, 'चलिए, कुछेक साड़ियाँ खरीदनी हैं।'

मैं उसके साथ हो लिया।

दुकान में जाकर गुरु ने अपने लिए दर्जन भर लुंगियाँ ख़रीदीं। एक-एक लुंगी की क़ीमत तीस-चालीस रुपये।

उसके बाद वह मुझसे मुखातिब हुआ, 'भाभी जी के लिए साड़ियाँ नहीं खरीदेंगे?'

मैंने अपनी क्षमता मुताबिक एक साड़ी पसन्द की। उसकी भी क़ीमत पूरे चार सौ रुपये! साड़ी की डिज़ाइन गुरु ने ही पसन्द की।

उसके बाद उसने पूछा, 'और अपनी बेटी के लिए साड़ी नहीं खरीदेंगे?'

'उसने अभी साड़ी पहनना शुरू नहीं किया।'

'नहीं पहनती, तो न सही! आप उसके लिए भी एक साड़ी...।'

आखिरकार, मुझे एक और साड़ी खरीदनी ही पड़ी। उस साड़ी का दाम भी लगभग दो सौ रुपये। मैं उन साड़ियों की क़ीमत चुकाने के लिए आगे बढ़ा।

'रहने दें! आपके रुपये तो मेरे पास हैं ही—'

इतना कहकर उसने छह सौ रुपये अपने पर्स से निकालकर भुगतान कर दिये।

मैं यह सब देखकर संकोच में पड़ गया।

'आप भी गीता और माँ के लिए साड़ी नहीं लेंगे?'

'इस बार मैं नहीं लूँगा। हर बार जब भी मैं मद्रास आता हूँ, हर बार उन लोगों के लिए साड़ी ले जाता हूँ। इस बार छोड़ें—'

मैंने आश्चर्यमिश्रित नज़रों से गुरु की तरफ देखा! उस पल मुझे वह इन्सान पहचाना हुआ नहीं लगा। यह कौन है? वह मुझे इस हद तक प्यार क्यों कर बैठा? क्या इसलिए कि मैंने उसके लिए कहानी लिख दी? या मेरे अन्दर उसने ऐसी कोई ख़ास ख़ूबी देख ली है, जिसने उसे आकर्षित किया हो। लेकिन ऐसा भी मैं कैसे कह सकता हूँ? बम्बई में उसके जान-पहचान वालों में खोजने से क्या ऐसा एक भी व्यक्ति मिल जाएगा, जो यह कहे कि गुरु ने उस पर कोई उपकार नहीं किया। भला यह कैसे सम्भव है? इसके अलावा गुरु से मेरा आखिर कौन-सा रिश्ता है? मैं बंगाली हूँ, वह कोंकणी। उससे तो मेरा कोई मेल होना नहीं चाहिए था। हम दोनों, इस ढंग से, एक सूत्र में कैसे बँध गये! क्यों? क्यों? आखिर क्यों?

मद्रास के उस महाबलीपुरम में मैंने पहली बार देखा कि गुरु मन-प्राण से अशान्ति चाहता है। अशान्ति न मिले, तो उसे शान्ति नहीं मिलती या इसे ही अगर घुमाकर कहा जाए, तो वह अशान्ति दूर करने के लिए, अशान्ति को बुलावा देता था।

चन्द्रगेशम के बारे में जो कहानी लिखी थी उसे नाम दिया था—'कहानी न लिखने की कहानी'। 'देश' पत्रिका के सन् 1963 के पूजा अंक में छपी उस कहानी का पात्र मिस्टर चन्द्रगेशम एक विचित्र चरित्र था। शाम को गुरु जैसे ही स्टुडियो से लौटता था, वह फौरन पहली मंज़िल से सीधे मेरी मेज़ के सामने आ बैठता था। टूरिस्ट हाउस की दूसरी मंज़िल पर दो विराट कमरे! रात को मैं और गुरु, उन्हीं दो कमरों में सोते थे। दिन भर मैं अपने कमरे में बैठा-बैठा, 'इकाई-दहाई-सैकड़ा' लिखता था। वह किताब बस ख़त्म ही होने वाली थी। अस्तु, उत्तेजना-आग्रह-उद्वेग चरम पर था। साथ ही, फ़िल्म का सिनारियो लिखने का भी तकाज़ा!

लेकिन गुरु के आते ही मेरा लिखने का काम थम जाता था। वह सीधे मेरे कमरे में चला आता था और कहता था—'आइए!'

'आइए' का मतलब था, गपशप करने आ जाइए। दूसरी मंज़िल पर, दोनों ओर विराट बरामदे और छत! उस बरामदे में कतार-दर-कतार बेंत की कुर्सियाँ बिछी हुई थीं और बीच में एक गोल मेज़! गोल मेज़ के इर्द-गिर्द काठ की ढेरों कुर्सियाँ।

गुरु का चपरासी वहाँ व्हिस्की की बोतल, बर्फ़ और गिलास रख जाता था।

चन्द्रगेशम आते ही एक कुर्सी पर जम जाता था और पूछता था, 'आज आप डिनर में क्या खाएँगे?'

गुरु का मन होता था वह भी चन्द्रगेशम की थोड़ी खातिर-तवाजो करे। उसे थोड़ी व्हिस्की ऑफर करे। लेकिन वह कहीं इसे बेअदबी न समझ ले।

अन्त में एक दिन गुरु ने पूछ ही लिया, 'थोड़ी-सी व्हिस्की लेंगे मिस्टर चन्द्रगेशम?'

अगले ही पल उसने अपनी बात पर ज़ोर देकर दुबारा पूछा, 'थोड़ी-सी व्हिस्की दूँ?'

चन्द्रगेशम ने उसी तरह निस्पृह आवाज़ में कहा, 'दीजिए! मगर थोड़ी-सी!'

चपरासी ने यथारीति थोड़ा-सा सोडा मिलाकर, व्हिस्की का एक गिलास चन्द्रगेशम की तरफ भी बढ़ा दिया।

गिलास पर नज़र पड़ते ही चन्द्रगेशम बोल उठा, 'ए-हे-हे : तुमने तो बिल्कुल सत्यानाश कर दिया।'

'क्यों, क्या हुआ मिस्टर चन्द्रगेशम?' मैंने पूछा।

चन्द्रगेशम ने जवाब दिया, 'हः, व्हिस्की के साथ सोडा मिलाकर मैं कभी नहीं पीता।'

'तो क्या पानी मिलाकर पीते हैं?' सवाल गुरु की तरफ से आया।

'नहीं! नीट व्हिस्की लेता हूँ। न सोडा मिलाता हूँ न पानी।'

गुरु और मैं, दोनों ही अवाक् रह गये।

चन्द्रगेशम ने कहा, 'मैंने ऊटी के यूरोपियन क्लब में बाईस वर्ष तक बार-मैनेजर की नौकरी की है। कभी किसी अंग्रेज साहब को सोडा मिलाकर व्हिस्की पीते नहीं देखा।'

गुरु के हुक्म पर उसी वक़्त नये गिलास में, बिना पानी मिलाये, व्हिस्की उँड़ेल दी गयी। चन्द्रगेशम ने एक ही घूँट में पूरी व्हिस्की गले में उतारकर खाली गिलास मेज़ पर रख दिया।

मैं निर्वाक् विस्मय से वह नज़ारा देखता रहा। अन्त में, मुझसे रहा नहीं गया।

'आप क्या रोज़ व्हिस्की पीते हैं?' मैंने सवाल किया।

'रोज़ कहाँ से पीऊँगा? यहाँ क्या व्हिस्की मिलती है? यह तो 'ड्राइ' जगह है। इसके अलावा व्हिस्की पीने के पैसे कहाँ से लाऊँ? मुझे तो यहाँ कुल दो सौ रुपये महीने तनख्वाह मिलती है।'

'पहले कितने साल पीते रहे?'

'बाईस साल!'

'बाईस साल तक पीते रहे, फिर भी आपको इस नशे की लत नहीं पड़ी?'

वाकई, वह विचित्र चरित्र का इन्सान था।

'यहाँ अगर मैं किसी दिन पार्टी दूँ, तो आप मेरी थोड़ी मदद करेंगे?' गुरु ने पूछा।

ऐसे एक एक्सपर्ट शख्स की जानकारी मिलते ही गुरु मानो उत्साह से भर गया।

आने वाली मुसीबत के अन्देशे से मेरे कान खड़े हो गये।

'आप सच ही पार्टी देने वाले हैं?'

'हाँ, सोच रहा हूँ, एक पार्टी दे डालूँ।'

'इस एकान्त-निर्जन में, हम मजे में तो हैं। आराम से कामकाज भी हो रहा है। हम यहाँ कामकाज करने ही तो आये हैं। पार्टी वगैरह हुई, तो यह परिवेश नष्ट हो जाएगा।'

चन्द्रगेशम जब अपने कामकाज के लिए चला गया, तो गुरु ने कहना शुरू कर दिया, 'मेरा मन काफी खाली-खाली लग रहा है। अगली उन्नीस अगस्त को बेटी नीना का पहला जन्मदिन है। उस दिन मेरी बेटी पूरे साल भर की हो जाएगी। उसकी देखभाल के लिए, माँ को वहाँ रख आया हूँ। नीना को देखने के लिए मेरा मन छटपटा रहा है—'

मैं समझ गया, गुरु इस परिवेश, इस निर्जन एकान्त में अब रह नहीं पा रहा है। इन कुछ ही दिनों में उसके लिए यह माहौल बर्दाश्त-बाहर हो गया है। मुझे यहाँ जितना भला लग रहा है, उसे उतनी ही कोफ़्त हो रही है। कहानी लिखी जा रही है, उधर उसकी शूटिंग भी चल रही है। लेकिन, उसे ताश खेलने का मौका नहीं मिल रहा है। मैंने उसे उन तमाम हंगामों से दूर रखा है।

बातचीत करते-करते गुरु ने झोंक में एक के बाद एक कई गिलास व्हिस्की चढ़ा ली।

उसने उसी आलम में कहा, 'मुझे यहाँ का खाना भी पसन्द नहीं आ रहा है।'

'क्यों?' मैंने पूछा।

'वह किसी एक दिन भी आटे की रोटी नहीं बनाता, दाल भी नहीं पकाता। हमेशा रोस्टेड खाना! सिर्फ चिकन, सिर्फ मटन, मछली, अण्डा-फ्राइ! अब से मैं खुद खाना पकाऊँगा।'

मैं चकित!

'लेकिन, मुझे तो यहाँ का खाना बुरा नहीं लग रहा है, बल्कि काफी अच्छा लग रहा है। चन्द्रगेशम समुन्दर से ताज़ा-ताज़ा मछलियाँ लाकर पकाता है। ऐसा और कहाँ मिलेगा?' मैंने कहा।

'देखिएगा, मैं अपने हाथ से दाल पकाऊँगा, सब्जी की भुजिया बनाऊँगा, वह कितना ज़्यादा बढ़िया लगेगी।'

गुरु को वहाँ खाना अच्छा नहीं लग रहा है, यह बात सच ही मैं शुरू-शुरू में समझ नहीं पाया। लेकिन सुबह जब मैं नाश्ता करने जाता था, मैनेजर चन्द्रगेशम अक्सर उलाहना देता था कि मिस्टर दत्त तो कुछ भी नहीं खाते।

दरअसल, महाबलीपुरम के इस रेस्ट-हाउस में, बोर्डर हम कुल दो ही जन थे। जो लोग वहाँ आते-जाते भी थे, वे लोग घण्टे-दो घण्टे से ज़्यादा रुक नहीं पाते थे। कभी फ्रांस, कभी ब्रिटेन, कभी अमेरिका से, विशाल स्टेशन-वैगन में सवार, बहुत सारे टूरिस्ट आते थे। आते ही वे लोग बरामदे में ही अपना हैम्पर-बॉक्स खोलकर, कुछ भी लंच कर लेते थे। उसके बाद ही स्वीमिंग-कॉस्ट्यूम पहनकर, अधनंगे वेश में समुन्दर में छलाँग लगा देते थे। कुछ देर उछल-कूद करते हुए, डुबकियाँ लगाते थे और उसके बाद कोट-पैंट-गाउन डाटकर, दल बाँधकर चल देते थे। काफी दिनों तक यही रागरंग चलता रहता था। सोलह वर्ष की उम्र से लेकर सत्तर-अस्सी वर्ष के बूढ़े तक यही करते थे। उन दिनों मैं अकेला-अकेला बैठा-बैठा, 'इकाई-दहाई-सैकड़ा' लिखा करता था और बीच-बीच में उन लोगों की केलि-कलाप का नज़ारा किया करता था।

उस दिन गुरु जब स्टुडियो से लौटकर आया, तो मैंने देखा कि चपरासी एक बड़ा-सा कुकर, एक स्टोव और एक टिन किरासिन तेल तथा एक बोतल स्पिरिट उठाये चला आ रहा था।

मैंने दरयाफ्त किया, 'यह सब क्या है?'

'यह सब मेरे सरंज़ाम हैं। आज मैं खुद खाना पकाऊँगा।' गुरु ने जवाब दिया।

इसके बावजूद मेरे पल्ले कुछ नहीं पड़ा।

मैंने फिर पूछा, 'खाना पकाऊँगा—मतलब?'

'दाल-रोटी, सब्जी की भुजिया पकाऊँगा। यहाँ का खाना बहुत बुरा...बहुत बेस्वाद होता है। यह आदमी सिर्फ करी और स्टू और चॉप कटलेट ही बनाना जानता है। वह सब मुझे अच्छा नहीं लगता।'

'लेकिन तरकारी कहाँ है? हरी सब्जी?'

'कल से तीन दिन तक मेरी कोई शूटिंग नहीं है। मुझे स्टुडियो नहीं जाना है। कल मैं बाज़ार जाऊँगा और आलू-बैंगन-पालक साग वगैरह ख़रीद लाऊँगा।'

शुरू-शुरू में, मुझे सच ही विश्वास नहीं हुआ कि गुरु सचमुच खाना पकाएगा। शाम को नियम मुताबिक हमारी बातचीत शुरू हो गयी। यानी कहानी पर चर्चा! गुरु से कहानियों पर चर्चा करना मुझे जितना भला लगता था उतना और किसी के साथ नहीं। मुझे बेहद मज़ा आता था। वैसे कहानी तो बहुतेरे लोग लिखते हैं। कोई-कोई तो उपन्यास लिखने में ही डूबे रहते हैं। लेकिन उन सभी लोगों में कहानी की समझ है, ऐसा नहीं है। आइन्स्टाइन की 'थियोरी ऑफ रिलेटिविटी' जैसे सभी लोगों की समझ में नहीं आता, उसी तरह कहानी भी सबकी समझ में आये, यह ज़रूरी नहीं है। कहानी की समझ के लिए, रस बोध की ज़रूरत होती है। वह रस बोध, मुमकिन है कि यूनिवर्सिटी के प्रोफेसर में भी न हो और ऐसे भी लोग होते हैं, जिनमें रस बोध मौजूद हो, मगर उन्होंने स्कूल-कॉलेज-यूनिवर्सिटी की चौखट भी नहीं लाँघी हो।

कहानी अभूतपूर्व होती है। यह जन्मजात होती है अगर पूर्व-जन्म को हम स्वीकार करें। यह स्कूल-कॉलेज में सिखाने की चीज़ नहीं होती। किन तथ्यों से कहानी बनती है और किन तथ्यों से कहानी नहीं बनती, इस बारे में बहुत सारी किताबें लिखी गयी हैं, इसके बावजूद पढ़े-लिखे लोगों में दिनों-दिन रस बोध से परिचय घटता जा रहा है। कहानियों के रस बोध के बारे में लोगों की अज्ञता पहाड़-समान होती जा रही है। इस बारे में दुःखी होना मैंने छोड़ दिया है और यह सार भी मैंने समझ लिया है कि इस बात को लेकर हताश होने की वजह नहीं है। वजह है—विपुला च पृथ्वीः और अखंड काल! इसीलिए गुरु से मेरी खूब पटती थी।

कहानी के बारे में थोड़ी-सी भी बातचीत की ज़रूरत पड़ती थी, तो मद्रास-बम्बई से गुरु मुझे ट्रंक कॉल करके बुला लेता था।

अचानक वह सवाल करता था, 'आपके पास समय है?'

'क्यों? कोई ज़रूरत है?'

'हाँ! अगर कोई ख़ास काम न कर रहे हों, तो एक बार यहाँ आ सकेंगे? एक काम है—'

मैं उसी दिन गुरु से मिलने चल देता था।

वहाँ पहुँचकर मैं पूछता था, 'क्या काम आ पड़ा?'

'काम कोई नहीं है। बस, बातें करने का मन हो आया—'

जैसे बातचीत करने के लिए उसके घर में और कोई न हो। कहने को गीता थी, तरुण था, अरुण था। इसके अलावा उसकी सैकड़ों जिम्मेदारियाँ थीं। उसके लिए यार-दोस्तों की भी कमी नहीं थी। इसके बावजूद अकेले रहने में उसे डर लगता था। अकेला होते ही वह छटपटाने लगता था। उस मनःस्थिति में वह गाड़ी लेकर कहीं दूर निकल जाता था। उसकी गतिविधियों की जानकारी किसी को भी नहीं होती थी। और कुछ नहीं, तो वह पवई लेकर जाकर, मछलियाँ पकड़ने बैठ जाता था या फिर लन्दन चला जाता था या पैरिस! समूची दुनिया में भटकने के बावजूद उसका अकेलापन ख़त्म नहीं होता था। कभी-कभी उसका मन होता था कि वहीदा रहमान को आवाज़ दे। लेकिन वहीदा रहमान से तो उसने खुद ही रिश्ता तोड़ लिया था। अब वह उसकी छाया तक के भी करीब नहीं जाता था। नहीं, वहीदा रहमान से मिलने-जुलने की वजह से ही अगर तुम लोग मुझे चरित्रहीन कहकर, मेरी बदनामी फैलाओ, तो ठीक है, मैं उससे नहीं मिलूँगा। अगर औरतों से मेलजोल की वजह से, अख़बारों में मेरी बदनामी छपती है, तो चलो, मैं किसी भी औरत से नहीं मिलूँगा।

गीता दूरे से ही गुरु पर कड़ी नज़र रखती थी।

वह रतन को बुलाकर पूछती थी, 'आज साहब कहाँ गये थे, रतन?'

रतन भी उसी तरह का बन्दा! रतन मानो कठपुतला हो। उसकी ज़ुबान से खून निकालना आसान था, लेकिन उसकी ज़ुबान से बात कोई भी नहीं निकाल सकता था।

वह कहता था, 'ना, दीदी, साहब तो कहीं नहीं गये थे।'

गीता दुबारा सवाल करती, 'तो फिर पिछली रात, दो बजे तक साहब कहाँ थे?'

रतन जवाब में कभी कहता था—साहब, के. आसिफ के घर गये थे; कभी कहता था—वे स्टुडियो में ही थे।

लेकिन दुनिया में कोई भी विश्वास नहीं करता था कि गुरु चरित्रवान बन्दा है। हुँः जो शख़्स फ़िल्मों का धन्धा करता था, उसका चरित्र क्या भला हो सकता है? कोई ताँबा-तुलसी आकर भी कसम खाये, तो हम विश्वास नहीं करेंगे।

एक तरफ जहाँ इस क़िस्म के सन्देह सिर उठाते थे, दूसरी तरफ उतना ही प्यार भी था। गीता तो बार-बार गुरुदत्त को खुश करने की कोशिश करती थी। गीता जानती थी, जैसे वह गाने की दुनिया में मशहूर है, गुरुदत्त भी उसी तरह अपने कामकाज के जगत में सुप्रतिष्ठित है। इसलिए वहाँ हिंसा-द्वन्द्व-मुकाबले का सवाल ही नहीं उठता।

गीता कहा करती थी, 'पता है बिमल'दा, शुरू-शुरू में मैं उन सब कहानियों-अफवाहों पर बिल्कुल कान नहीं देती थी। मेरा ख़्याल था कि नाम-धाम होने पर, थोड़ी-बहुत बदनामी तो होती है। लेकिन, बाहरी दुनिया के लोग मेरी आँखों में उँगली डालकर दिखाने लगे। बस, तभी से मेरे मन में शक़ पड़ गया—'

'वे लोग कौन थे?' मैंने पूछा।

'उन सभी लोगों को मैं क्या पहचानती हूँ, जो आपको बताऊँ?'

'वे लोग क्या खुद चलकर आपके घर आते थे और सारी ख़बरें आपको दे जाते थे?'

'हाँ, बहुतेरे लोग तो मुझे पत्र लिखकर भी बताते थे। बेनामी पत्र! कोई लिखता था कि आपके पति को फलाँ लड़की के साथ घूमते हुए देखा। उन दोनों ने फलाँ तारीख को, फलाँ होटल के कमरे में रात गुजारी! ऐसी ही जाने कितनी ही अफवाहें। कितने ही बेनामी ख़त आते रहते थे।'

'आपने उन बातों पर विश्वास कैसे कर लिया?'

'पहले इतनी आसानी से विश्वास करने का मन नहीं होता था। लेकिन धीरे-धीरे सारी बातों पर भरोसा करने का मन हो आया।'

थोड़ा ठहरकर उसने कहा, 'जानते हैं, यहाँ सार्वजनिक दुर्गा पूजा होती है, काफी धूमधाम से। लेकिन, अब वहाँ भी जाने की राह मेरे लिए हमेशा के लिए बन्द हो गयी।'

'क्यों? बन्द क्यों हो गयी?' मैंने पूछा।

'जब मैं वहाँ पहुँचती थी, अचानक बगल से छोकरों का झुण्ड चीख उठता था—वो देखो, गीता दत्त आयी है, गुरुदत्त नहीं आया। अरे, गुरुदत्त ने तो गीता को छोड़ दिया है और फलाँ लड़की के साथ गुलछर्रे उड़ा रहा है।'

'फलाँ लड़की का क्या मतलब? कौन-सी लड़की?'

'उस लड़की का तो नाम भी न लें! सुनिये, ये सब बातें किसी से कहिएगा नहीं।'

गीता ने जिसका नाम लिया, आज उसका नाम नहीं ले सकता। ख़ैर, गीता ऐसी ढेरों बातें बताती थी, यहाँ जिसका ज़िक्र सम्भव नहीं है। वे सभी लोग आज भी ज़िन्दा हैं। अस्तु, उन बातों का ज़िक्र सच ही जोखिम भरा है।

मुझसे बातें करते-करते गीता कभी-कभी रो पड़ती थी और मैं असहाय मुद्रा में उसकी बातें सुनता रहता था और मन ही मन सोचता रहता था कि शायद इसी का नाम—ख्याति है। इसी का और एक नाम, ख्याति की विडम्बना है।

गीता कहती थी, 'यहाँ की फ़िल्मी पत्रिकाएँ, फ़िल्मी अख़बार भी वैसे ही हैं। गुरुदत्त को और एक हीरोइन से जोड़कर ऐसी मिर्च-मसालेदार कहानियाँ लोग प्रचारित करते थे जिन्हें पढ़कर मुझे इतनी शर्म आती थी कि जी होता था कि आत्महत्या कर लूँ।'

'आप गुरु को वे सब पत्रिकाएँ या अख़बार दिखाती क्यों नहीं थीं?'

'दिखाया! लेकिन दिखाने से वह नाराज़ हो जाता था। ऐसा लगा, उसे यह सब पसन्द नहीं था। मुझे ही बरज देता था कि मैं वे पत्र-पत्रिकाएँ न पढ़ा करूँ।'

'वाकई, ऐसी पत्र-पत्रिकाएँ आप पढ़ती ही क्यों थीं?'

'अरे, वाह! वे लोग मुझे पढ़ाने के लिए ही, अपने पास से डाक-खर्च देकर मुझे भेजा करते थे।'

ये तमाम बातें सुनकर आखिर मैं क्या कहता? मुझे याद है, मैं गीता को सिर्फ तसल्ली देने की कोशिश करता था।

मैं उसे समझाने की कोशिश करता था, 'गीता'दी, मैं गुरु को शायद आपसे ज़्यादा पहचानता हूँ। समूची बम्बई में गुरुदत्त जैसे कितने लोग हैं, मुझे नहीं मालूम। लेकिन मैं गुरुदत्त जैसी एक विभूति के साक्षात् संस्पर्श में आया, इसके लिए मैं अपने को धन्य-धन्य मानता हूँ।'

लेकिन गीता के चेहरे से यह बिल्कुल जाहिर नहीं होता था कि उसे मेरी बातें सुनकर तसल्ली हुई है। मेरी बातें सुनकर गीता की आँखों के आँसू पल भर भी नहीं थमते थे। उसकी आँखों से लगातार आँसू झरते रहते थे।

मद्रास में गुरु के सामने बैठा बातचीत करते-करते, पिछली तमाम बातें याद आती रहती थीं। मैं सोचा करता था कि यह जो इन्सान यूँ हँसता है, अभिनय करता है, बातें करता रहता है, यही तो एक विस्मय है। यह इन्सान, जो सो नहीं पाता, यही तो स्वाभाविक है। अगर इसे नींद आ जाती, तो मैं शायद ज़्यादा अवाक् होता।

मैं भी कल्पना कर लेता कि उस इन्सान के दिमाग़ में हज़ारों तरह की चिन्ता-फिक्र विद्यमान हैं। महीने में चालीस हज़ार रुपये ख़र्च कर देता है। फ़िल्म ऐक्टर के तौर पर अपना सुनाम क़ायम रखने का गुरु-दायित्व उसके कन्धे पर है, उस पर से उसे गृहस्थी के कुटिल-जटिल रिश्ते निभाने होते हैं। यह एक ऐसी दुनिया है जहाँ धन-दौलत की कोई कमी नहीं है, लेकिन परमार्थ की आशा-आकांक्षा, आकाश-कुसुम है।

किसी-किसी दिन गुरु के चेहरे की हँसी देखकर मुझे रुलायी छूटने लगती थी। मुझे याद है, वहाँ पिछली रात बारह बजे तक हम हँसी-खुशी बातें करते रहे। उसके बाद हम अपने-अपने कमरे में सोने चले गये। अगल-बगल कमरा।

अचानक मुझे वह सुबह याद आती रही, जब मैं और पत्नी, नींद से जागकर चाय पी रहे थे। सात बजे! आठ भी बज गये! गुरु या गीता का कहीं कोई अता-पता नहीं। मैं उलझन में पड़ गया। यह क्या मामला है? वे दोनों प्राणी क्या अभी तक सोये पड़े हैं?

ऐसा तो पहले कभी नहीं हुआ। हमेशा नींद से जागते ही उन दोनों से भेंट होती थी। गीता आ जाती थी, गुरु भी आ पहुँचता था। कुछ देर बाद मैं और गुरु तैयार होकर स्टुडियो चले जाते थे। उसके बाद मेरी पत्नी और गीता, कभी सान्ताक्रुज का चक्कर लगाने को निकल पड़ती थीं, कभी कमला नेहरू पार्क चली जाती थीं, कभी इस-उसके घर! गुरुदत्त के वे कुछ दिन बड़े आराम से गुज़रे थे। उन दिनों वह बड़े मन से बातचीत करता था, मन लगाकर काम करता था, मन लगाकर अभिनय भी करता था। शाम को हम दोनों घर लौट आते थे और सिनारियो लिखने बैठ जाते थे। लेकिन उस दिन दस बज गये, लेकिन किसी के दर्शन नहीं हुए, यह देखकर मैं अवाक् था और सोचता रहा कि यह क्या मामला है?

अचानक एक गाड़ी हाजिर! बागान के अन्दर आकर खड़ी हो गयी। उस गाड़ी में कोई नहीं था। गाड़ी खाली थी! वह गीता की गाड़ी थी। ड्राइवर सीधे हमारी तरफ चला आया।

उसने कहा, 'भाभी जी, दीदीमणि ने आपको सान्ताक्रुज बुलाया है—'

'दीदीमणि? दीदीमणि यहाँ नहीं हैं?'

ड्राइवर के चेहरे का भाव कैसा तो बदल गया।

'दीदीमणि कल रात दो बजे, यह घर छोड़कर चली गयीं।'

'अरे! क्यों चली गयीं? क्या हो गया था?'

'वह तो मुझे नहीं मालूम! आप दीदीमणि से ही सारा कुछ सुन लीजिएगा।'

इस ख़बर ने हम दोनों को हतप्रभ कर दिया। मुझे बिल्कुल समझ में नहीं आया कि गीता रात को यहाँ से चली क्यों गयी? हालाँकि पिछली रात बारह बजे तक ऐसा कोई पूर्वाभास नहीं मिला। कुछ ही घण्टों में ऐसा क्या घट गया, जिस वजह से गीता

यह घर छोड़कर चले जाने को लाचार हो गयी। अगर गुरु के साथ कोई दाम्पत्य-कलह हुई भी थी, तो रात को तो इसकी कोई आहट नहीं मिली।

पत्नी ने पूछा, 'दीदीमणि इस घर में नहीं आयेंगी?'

'सान्ताक्रुज जाकर आपको सब समझ में आ जाएगा–' ड्राइवर ने जवाब दिया।

बात कुछ और रहस्यमय हो उठी।

पत्नी ने कहा, 'तुम अभी वापस लौट जाओ। घण्टे भर बाद आकर, मुझे ले जाना। मैं नहा-धोकर तैयार रहूँगी।'

ड्राइवर गाड़ी लेकर चला गया। लाला, दरबान, गेट पर ही खड़ा था। गाड़ी बाहर जाते ही उसने गेट दुबारा बन्द कर दिया।

उस दिन जो भयंकर काण्ड हुआ, उसकी याद आते ही तन-बदन सिहर उठता है। रतन को नींद से उठाया गया।

रतन के आते ही गुरु ने हुक्म जारी किया, 'राम जी से कहो, गाड़ी निकाले–'

उसी रात को दो बजे गैरेज से गाड़ी निकाली गयी। बरामदे में बत्ती जल उठी। बगल के बरामदे के कुत्ते ने सिर उठाकर जमुहाई ली और अपने कान खड़े कर लिए। वह इस मकान की नाड़ी-नक्षत्र पहचानता था। एक दिन गुरु ही उसे गोद में उठाकर इस घर में ले आया था और जतन से रख छोड़ा था। आज, अब उसकी तरफ कोई पलटकर भी नहीं देखता। लेकिन वह कुत्ता सब कुछ सुनता था, सब कुछ देखता था।

उस निस्तब्ध रात के वक़्त गीता अचानक चीख उठी, 'चुप करो।'

गुरु भी गुस्से से दहाड़ उठा, 'क्यों? मैं चुप क्यों करूँ?'

'बिमल'दा और भाभी बगल के कमरे में ही हैं–'

'तो रहें न! मैं क्या उन लोगों से डरता हूँ?'

पिछली रात सोने के लिए तड़पते हुए गुरु ने पूरे दम से व्हिस्की की बोतल से घूँट भरी ही थी। गीता ने उसकी वही बेशक़ीमती नींद तोड़ दी थी। उसे गुस्सा तो आना ही था।

तब तक गाड़ी भी तैयार हो गयी। रामसिंह भी गाड़ी की स्टीयरिंग को थामे, बैठा हुआ था।

गुरु हुंकार उठा, 'राम जी, इसे ले जाओ–'

उस वक़्त गुरु के चेहरे पर क्या तेज़ झलक उठा था। उसके तन-बदन में क्या ताकत भर गयी थी! गुरु ने ज़ोर-ज़ोर से धकियाते हुए, गीता को गाड़ी में ठूँस दिया। गीता की बायीं कलाई से खून बह रहा था।

गीता ने दुबारा पूछने की कोशिश की, 'तुम मुझे यूँ घर से क्यों निकाल रहे हो?

मैंने तुम्हारा क्या बिगाड़ा है?'

गुरु ने उसे बीच में ही रोककर कहा, 'तुम रोज़-रोज़ मुझे यूँ ही सताती रहोगी? तुम्हारी वजह से मैं सो भी नहीं सकता? तुम जाओ, यहाँ से चली जाओ। इस घर में अपनी शक़्ल कभी मत दिखाना। यह घर ही तो तुम्हारे लिए ज़हर बन गया है। इस घर की वजह से ही तुम्हारा चैन छिन गया है। तुमने तो कितनी ही बार यह जुमला जड़ा है कि—इस मकान में आने के बाद से ही तुम्हारी किस्मत फूट गयी।'

गीता भी वैसी ही लड़की।

गीता बोल उठी, 'इस मकान ने मेरी तकदीर में आग नहीं लगायी, आग लगायी है तुमने! तुमने और वहीदा रहमान ने!'

वहीदा का नाम सुनते ही गुरु मानो और निर्मम हो आया।

'राम जी, ले जाओ।' वह हुंकार उठा।

गाड़ी स्टार्ट हो गयी और फर्राटे से सड़क पर निकल आयी। लाल सिंह सदर गेट का पल्ला खोलकर खड़ा था। गाड़ी सड़क पर दौड़ गयी। उसके बाद ड्राइवर ने लाल रँग की दोनों हेडलाइट जलायीं, धुआँ छोड़ते ही गाड़ी अदृश्य हो गयी।

यह पूरी घटना रात को घटी थी। लेकिन हम दोनों को कोई सुन-गुन नहीं मिली। लेकिन, सुबह जब गुरु हमारे कमरे में आ धमका, उस वक़्त उसके चेहरे-मोहरे पर पिछली रात के हादसे का नामोनिशान तक नहीं था। वही हँसमुख चेहरा! वही निर्विकार निगाहें। हम दोनों चकराये-से उसका चेहरा निहारते रहे।

मेरी पत्नी ने पूछा, 'गीता'दी को क्या हुआ था?'

'उसकी तबीयत खराब लग रही थी, इसलिए माँ के पास चली गयी है—' गुरु ने जवाब दिया।

कुछ देर बाद गाड़ी दुबारा आ पहुँची। मेरी पत्नी गीता से मिलने चली गयी। मैं और गुरु कहानियों की चर्चा में जुट गये।

इतने दिनों बाद मद्रास के इस टूरिस्ट हाउस में बैठे हुए गुरु शायद वे बातें भूल गया हो। लेकिन मैं नहीं भूल पाया हूँ। गुरु जब खुद अपने हाथों से खाना पकाने के लिए स्टोव, किरासिन तेल, कुकर खरीद लाया तो मुझसे हँसे बिना रहा नहीं गया।

गुरु ने कहा, 'चलिए, बाज़ार घूम आयें—'

गुरु को देखकर, मैं हँसूँ या रोऊँ, मेरी समझ में नहीं आया। गुरु क्या सच ही बाज़ार से सौदा-सुलुफ ख़रीदेगा? आलू-बैंगन-परवल-कुम्हड़-मछली खरीदेगा?

लेकिन गुरु सच ही बाज़ार चल दिया। मैं भी उसके साथ चल पड़ा। बाज़ार कहाँ है, न गुरु जानता था, न मैं, फिर भी हम चल पड़े। ड्राइवर ही हमें ले गया। गाड़ी तूफानी रफ्तार से भागने लगी। लगभग तीस मील या कितनी मील, मुझे पता नहीं चला। समूचा रास्ता तय करने के बाद हम चिंगलीपेट बाज़ार पहुँच गये।

मेरा अपना भी स्वभाव है—बाज़ार घूमना! मैं कुछ खरीदूँ या न खरीदूँ। कभी-कभी

बाज़ार के चक्कर ज़रूर लगाता हूँ। सैकड़ों तरह के लोग, अमीर-गरीब-मध्यवित्त—सभी लोगों को कमोबेश बाज़ार जाना होता है। मरने के बाद, ऐसी साम्यवादी तस्वीर, और कहाँ मिलेगी? इसके अलावा बाज़ार एक ऐसी जगह है, जहाँ जाकर किसी भी देश की असली तस्वीर मिलती है।

मैंने देखा, अन्य सभी देशों के बाजारों की तरह, चिंगलीपेट के बाज़ार में भी गरीब लोगों की संख्या ज़्यादा थी। सामग्रियों की क़ीमत कमोबेश हमारे देश की तरह ही! अलग कुछ भी ख़ास नहीं था। गुरु ने परवल ख़रीदा, प्याज और टमाटर खरीदे, पालक-साग भी खरीद लिया। उसके बाद मछली का बाज़ार।

मैंने पूछा, 'मछली नहीं खरीदेंगे?'

मैंने गौर किया, मछली की तरफ गुरु का ख़ास रुझान नहीं था। लेकिन, मेरे अनुरोध पर उसने थोड़ी-सी मछली भी ख़रीदीं। असल में जो चीज़ खरीदना वह नहीं भूला, वह था धनिया-पत्ता। धनिया-पत्ता गुरु को बेहद प्रिय था। लगभग हर सब्जी में गुरु धनिया-पत्ता डालता था। इसके अलावा उसने तेल, नमक, लाल मिर्च और मसूर दाल भी ख़रीद लिया।

गुरुदत्त मँजा हुआ रसोइया था। मैंने बहुत बार उसके हाथों पकाया हुआ खाना खाया है। सच कहूँ कि ऐसा लजीज़ और बढ़िया खाना ज़िन्दगी में मैंने बहुत कम खाया था। बहुत बार वह किताबें पढ़-पढ़कर व्यंजन बनाता था। जितना उसे खाने का शौक था, उतना ही उसे पकाने का भी शौक था। उसे लोगों को खिलाने में भी मजा आता था।

बहरहाल, बाजार से सौदा-सुलुफ ले लिया गया। अब पकाने की बारी थी। गाड़ी जब दुबारा महाबलीपुरम के टूरिस्ट हाउस में दाखिल हुई, उस वक़्त मिस्टर चन्द्रगेशम, सारा सामान देखकर चकरा गये।

गुरु का खाना-पीना निपट गया। उसके बाद दोपहर को मैं भी अपनी लिखाई में डूबा रहा। ऐन शाम के वक़्त गुरु दुबारा मेरे कमरे में आया।

'चलिए, बिमल बाबू, रसोई की तैयारी कर डालें।'

शाम का मतलब ही था, दिन ढल जाने के बाद! पकाना शुरू करते-करते आखिर देर हो ही गयी। प्रेशर कुकर में एक मुद्रित पुस्तिका भी थी। मैं वह पुस्तिका पढ़ने लगा। उस पुस्तिका में कुकर का इस्तेमाल कैसे किया जाए, इस बारे में छोटे से छोटा विवरण दर्ज था।

गुरु के कमरे में स्टोव जलायी गयी। उसके बाद पुस्तिका पढ़-पढ़कर प्रेशर कुकर चढ़ाया गया। टूरिस्ट हाउस के रसोई-घर से सब्जी काटने की छुरी लाकर सब्जी काटी गयी। पालक-साग का घण्ट और दाल-रोटी! खैर, रोटियाँ तो टूरिस्ट हाउस की रसोई से पकी-पकायी मँगा ली गयीं।

गुरु ने व्हिस्की की बोतल खोल ली। वह अपना गिलास बनाने लगा! मैं

किताब पढ़-पढ़कर उसे सुनाने लगा।

लेकिन जाने तो कितनी देर बाद गुरु ने घोषणा की, 'दाल पक गयी। अब तरकारी चढ़ाने जा रहा हूँ।'

लेकिन कुकर जब खोला गया, तो पता चला, दाल अभी कच्ची है, अभी भी दाने सख़्त थे। पालक-साग का घण्ट भी सही नहीं बना था। गलकर पानी हो गया था।

उधर गुरु नशे की हालत में! उसने व्हिस्की शायद ज़्यादा पी ली थी। उस वक़्त वह बस लेट जाने की हालत में था।

मैंने कहा, 'क्या हुआ? खाना नहीं खाएँगे?'

गुरु की ज़ुबान से उस वक़्त बोल तक नहीं फूट रहे थे।

अचानक मिस्टर चन्द्रगेशम कमरे में हाज़िर हो गये।

'यह क्या? रसोई नहीं बनी?'

'नहीं, सब कुछ बिगड़ गया...'

'आप लोग इतनी तकलीफ उठाकर पकाने ही क्यों लगे? हम लोगों से कहते, हम सारा खाना तैयार कर देते। हमें क्या सिर्फ चॉप-कटलेट ही बनाना आता है? हम रोटी भी बना सकते हैं, पालक का घण्ट भी तैयार कर सकते हैं। मसूर की दाल बनानी भी हमें आती है।'

हम दोनों की हालत देखकर मिस्टर चन्द्रगेशम काफी दुःखी हो आये। लेकिन मिस्टर चन्द्रगेशम को यह मालूम नहीं था कि गुरुदत्त मामूली इन्सान नहीं है। गुरुदत्त अगर मामूली इन्सान होता, तो सारी समस्या ही मिट जाती।

बहरहाल, वह रात किसी तरह गुज़र गयी।

सुबह नींद से जागने के बाद, गुरु फिर बिल्कुल अलग इन्सान!

मेरे कमरे में आकर उसने कहा, 'सुनिये, वह प्रेशर कुकर आप कलकत्ता लेते जाएँ। मुझसे उस कुकर में खाना नहीं पकाया जाएगा। आज मैं उन लोगों की रसोई में जाकर उन लोगों के चूल्हे पर खाना पकाऊँगा।'

गुरु की ख़ामख़्याली देखकर मैं और ज़्यादा ताज्जुब में पड़ गया।

'भई, खाना पकाने की ज़रूरत क्या है? हम आराम से तो हैं! मज़े से खा-पी रहे हैं।' मैंने उसे समझाने की कोशिश की।

'नहीं, मुझे इन लोगों का पकाया हुआ खाना पसन्द नहीं है। मैं खुद पकाकर खाऊँगा।'

उस दिन गुरुदत्त ने सच ही सारा खाना अपने हाथों से तैयार किया। दाल, लटपट भुजिया, और भी कई व्यंजन! असल में खाना पकाना तो उपलक्ष्य मात्र था। गुरु हर वक़्त अपने को व्यस्त रखकर सारा कुछ भूले रहना चाहता था। वह इस दुनिया को भूल जाना चाहता था, गीता को भूल जाना चाहता था। अपने बच्चों को

भूल जाना चाहता था। सब कुछ भूलकर, वह भूतनाथ होने की उम्मीद में कभी खाना पकाने में जुट जाता था, कभी यार-दोस्तों के साथ अड्डा देता था और कभी व्हिस्की की बोतल में आकंठ डूब जाता था।

जो भी हो, मद्रास में हम ख़ासे मज़े में थे। कम से कम मुझे यही लगता था। वह टूरिस्ट हाउस ऐसी जगह स्थित था, जहाँ रहकर दुनिया की दुःख-तकलीफ, पीड़ा-यन्त्रणा याद नहीं रहती थी। इसके अलावा गुरु जब स्टुडियो चला जाता था, मैं अपनी कलम से आँय-बाँय लिखा करता था, जो मेरा काम था। बीच-बीच में जाने कहाँ से अजीबोगरीब देशों से बहुत सारे टूरिस्ट आ धमकते थे। औरत-मर्द-बूढ़े-बूढ़ियों के झुण्ड! गोरा चिट्टा चेहरा! शायद हॉलैंड या फ्रांस या इटली से आते थे। वे लोग आते ही कपड़े-लत्ते उतारकर, स्वीमिंग-कॉस्ट्यूम पहनकर, सीधे समुन्दर में छलाँग लगा देते थे और कुछ देर उछल-कूद मचाते हुए डुबकियाँ लगाते रहते थे। उसके बाद पानी से निकलकर कपड़े पहनते थे और हैम्पर बॉक्स खोलकर अपना-अपना लंच भी निपटा लेते थे। कुछ देर बाद, मोटर का धुआँ उड़ाते हुए, फर्राटे से गायब हो जाते थे। हज़ारों-हज़ारों रुपये खर्च करके वे लोग हिन्दुस्तान देखने आते थे और इसी बहाने वे लोग महाबलीपुरम के भी दर्शन कर जाते थे।

लेकिन गुरु की बात अलग थी।

वह दिन भर 'वाहिनी' स्टुडियो में शूटिंग करता था और उसके बाद मेरे पास चला आता था। सुबह के वक़्त ही मैं बेहद अकेला-अकेला महसूस करता था। कमरे के सामने वाले बरामदे में खड़े-खड़े मैं दूर-दूर तक देखता रहता था, किसी गाड़ी की हेडलाइट नज़र आती है या नहीं। बीच-बीच में बस-सर्विस की हेडलाइट को ही गुरु की गाड़ी की हेडलाइट समझ लेता था। अगले पल ही वह भ्रम भी टूट जाता था। काफी सारा वक़्त गुज़र जाने के बाद गुरु सच ही आ पहुँचता था। दिन भर की कड़ी मेहनत के बाद, थका-हारा गुरु! उसकी थकान दूर करने के लिए दुनिया में कहीं कोई नहीं था। गीता उन दिनों गाने के लिए लन्दन गयी हुई थी। बेटा तरुण अस्पताल में था। वह नेफ्राइटिस का शिकार था। साल भर की नन्ही बेटी, नीना, बम्बई के पाली हिल में थी। सभी लोग बँटे-बिखरे! गुरु रुपये कमाने के लिए मद्रास आया है।

गुरु जब स्टुडियो से लौट आता था, मैं उसका चेहरा पढ़ने की कोशिश करता था।

उस दिन भी उसके लौटते ही मेरी निगाह उसके चेहरे पर गड़ गयी।

'आज आपको लौटने में देर हो गयी—?'

'गपशप करने बैठ गया। परसों मैं यहाँ पार्टी दे रहा हूँ—'

पार्टी? मज़े से एकान्त में पड़ा था! अब पार्टी का हंगामा!

'आप फिरोज़ ख़ान को पहचानते हैं?' गुरु ने पूछा।

'ख़ूब पहचानता हूँ! स्टुडियो में परिचय हुआ था न! देखने में काफी सुदर्शन है।'

'उसकी दो जर्मन गर्लफ्रेंड भी आएँगी। इसके अलावा, कैमरामैन मिस्टर बर्टले और सी. रामचन्द्रम, म्यूज़िक डायरेक्टर—'

इस सबसे अन्दाज़ा लगा, पार्टी में दस-बारह जन आएँगे। पार्टी का मतलब ही था—हो-हुल्लड़! गुरु की पार्टियाँ मैंने पहले भी देखी थीं, जब हम बम्बई, मद्रास या लोनावाला में होते थे। उन पार्टियों में शराब की बाढ़ आ जाती थी। इसीलिए उसकी यह ख़बर सुनकर मैं चिन्तित हो आया।

'अचानक...पार्टी देने की क्यों सूझी?' मैंने पूछा।

'अरे, सब मिल-जुलकर, ज़रा मस्ती करेंगे। इसके अलावा फिरोज़ की दो महिला मित्र आयी हैं, उनकी भी थोड़ी खातिर-तवाजो करनी ज़रूरी है—'

अब क्या उपाय? जो खुद अशान्ति चाहता हो, उसे मैं शान्ति कहाँ से देता?

उसी वक़्त चन्द्रगेशम को तलब किया गया। उसे बारह-तेरह लोगों के खाने का मेनू तैयार करने का काम सौंपा गया। ज़रूरत हो, तो बाहर से कोई कुक और मददगार बुला ले। असल में इस टूरिस्ट हाउस में ओशनिक होटल का मैनेजमेंट ही चलता था। गुरु पार्टी की तैयारी में जुट गया। होटल बाकी सारा इन्तज़ाम कर देगा। ज़रूरत भर की व्हिस्की शहर से मँगा ली जाएगी। मद्रास पूरी तरह ड्राइ-स्टेट था। बिना अनुमति के बूँद भर शराब पीना-पिलाना वर्जित था। वहीं, क्रेट-क्रेट भर बोतलों की आमदनी! अजीब मामला था। ख़ैर, यह मामला मैं बम्बई में भी देख चुका था। अब मद्रास में भी देख रहा था। ख़ैर, कलकत्ता में यह सब बला नहीं है।

लेकिन, मैं अन्दर ही अन्दर कहीं दहशत से भर गया। यह सोच-सोचकर मुझे हौल आने लगा कि फिर एक दिन, एक रात गड़बड़झाले में गुजरेगी। एक बार फिर गुरु की तबीयत ख़राब होगी। अपने को भूलने की साधना में वह दीन-दुनिया को भी भूल जाएगा। उसके बाद फिर उसे पेट-दर्द होगा और सारी-सारी रात जागकर दर्द से छटपटाता रहेगा।

लेकिन, इस चिन्ता-फ़िक्र से आखिर क्या फ़ायदा? दुनिया में ऐसा कोई बन्दा ढूँढ़ निकालना दुष्कर है, जो गुरु को रोक सके। गुरु एक बार जो करने पर आमादा हो जाए, उसे कर गुज़रने के मामले में कोई उसे हिला भी नहीं सकता।

बहरहाल, निर्धारित दिन पार्टी दी गयी। उस दिन सुबह से ही तैयारियाँ शुरू हो गयीं। चन्द्रगेशम सारा कुछ अकेले नहीं कर सकेगा, इसलिए मद्रास शहर से वह एक सहायक भी ले आया। दोनों मिलकर मेहमानों की खातिर-तवाजो करेंगे। कई 'ब्वाय' भी बुला लिये गये। पहली मंजिल पर रसोई और दूसरी मंजिल पर खाना-पीना!

लम्बी-सी मेज़ बिछा दी गयी। उजली-धुली चादर से उसे ढँक दिया गया। गिनकर चारों तरफ बारह कुर्सियाँ डाल दी गयीं। बिल्कुल पक्का इन्तज़ाम! गुरु उस दिन भी शूटिंग करने निकल गया। कार्टन भर बोतलें लेकर उस दिन वह शाम तक लौट आया। व्हिस्की की बोतलें! हम सब शाम से ही तैयार हो लिए।

ऐन शाम के वक़्त तीन-तीन गाड़ियों में आमंत्रित लोग हाज़िर हो गये। वेनस पिक्चर्स के मिस्टर बर्टले और उसकी गर्लफ्रेंड! म्यूज़िक डायरेक्टर, सी. रामचन्द्रम! एक आभिजात्य नेपाली सज्जन और उसकी पत्नी। इनके अलावा, फिरोज़ खान। फिरोज़ काफी खुशदिल, मिलनसार नौजवान! जितनी ख़ूबसूरत शक्ल-सूरत, उतना ही प्यारा बर्ताव! उसके साथ दो जर्मन महिला-मित्र! उन सबके साथ था तमिल नौजवान!

हो-हुल्लड़ शुरू हो गया। सबसे पहले, महाबलीपुरम सागर-तट की सैर! उसके बाद हँसी-मज़ाक, गपशप! सिगरेट! मैंने गौर किया, सिगरेट एक ऐसी चीज़ है, जो साम्यवाद में सहायक होती है। इसके मुँह से, उसके मुँह में आग लगाना! मर्द और औरत, अलग-अलग प्राणी हैं, यह अहसास भी मिट गया। उसके बाद पार्टी शुरू हो गयी।

डिनर में जो व्यंजन थे, वे सब तो थे ही। फटाफट व्हिस्की की बोतलें खुल गयीं। गिलासों में शराब उँड़ेली जाने लगी। इन सबमें कहीं कोई भूल-त्रुटि न हो, इसकी देखरेख के लिए लोगों की कमी नहीं थी। बस, गिलास खाली होने भर की देर थी।

कुछ देर में डिनर भी निपट गया। उसके बाद कुर्सी छोड़कर खुली छत पर महफिल लगायी गयी। आसमान में असंख्य सितारे! सामने धरती पर दूर-दूर तक फैला हुआ सागर! हमारे आस-पास अनगिनत साइप्रस पेड़ों की गूँजती हुई साँय-साँय!

जाने किसने तो इस बीच, बरामदे की एकमात्र बत्ती भी बुझा दी! उस निविड़ नीलिमा में बाहरी आसमान और मन का आसमान एकाकार हो उठा। ऐसा लगा, जैसे हम महाबलीपुरम में नहीं हैं। हम किसी सुदूर द्वीप में पहुँच गये हैं। वहाँ सिर्फ हँसी है, सिर्फ कहानी-किस्से हैं, सिर्फ और सिर्फ आनन्द है। उस वक़्त मेरी आँखों को आगे-पीछे, आस-पास, कहीं कोई नज़र नहीं आ रहा था। सिर्फ बातों की आवाज़ें सुनायी दे रही थीं। सिर्फ सिगरेट की सुलगती हुई नोकें नज़र आ रही थीं। औरत-मर्द–सब एकाकार हो गये थे। कभी-कभी आग की दो बूँदें अगल-बगल देखकर, यह आभास भी हो जाता था कि दो लोग आमने-सामने करीब आये हैं। उसी अँधेरे में ही छत पर नाच शुरू हो गया। जोड़ियों में नाचते हुए! कभी जोड़ियाँ टूट जाती थीं, कभी नये रूप में जुड़ जाती थीं। लेकिन उन लोगों के चेहरे नज़र नहीं आ रहे थे। जर्मन लड़की ने अपना ट्रांजिस्टर ऑन कर दिया था। अनावृत्त आकाश तले उस बाताश में तैरता हुआ संगीत जीवन मूर्तियों का कोरस नृत्य शुरू हो गया।

उस अँधेरे में मेरी आँखें गुरु को ढूँढ़ निकालने की कोशिश करती रहीं। लेकिन, वहाँ कोई भी मेरी पहचान में नहीं आया। मैंने अपनी अगल-बगल निगाह डाली। मेरी बगल में जो शख़्स बैठा हुआ था, मैंने उसे पहचानने की कोशिश की। वह भी पहचान में नहीं आया। लेकिन, आकार-प्रकार देखकर यह अन्दाज़ा हो गया कि वे सी. रामचन्द्रम थे। वे भी मेरी तरह अकेले, निःसंग थे।

अचानक किसी ने प्रस्ताव दिया, 'चलें, समुन्दर में नहा आयें।'

इतनी देर बाद मुझे गुरु की आवाज़ सुनायी दी। वह छूटते ही राज़ी हो गया।

मैंने उसके करीब जाकर कहा, 'इतनी रात के वक़्त, आप सागर की तरफ न जाएँ। रात के बारह बज चुके हैं। आप बीमार हो जाएँगे।'

'अरे, नहीं, कुछ नहीं होगा! चलिए, आप भी चलिए।'

मैं नहीं गया। सी. रामचन्द्रम भी नहीं गये।

हम दोनों निहायत बेरसिक की तरह बैठे रहे। बाकी जो लोग, जिस भी पोशाक में थे, उसी में झूमते-हहराते हुए समुन्दर में कूद पड़े।

मैं कल्पना जगत में अपने को गुम करके उन सभी लोगों को देखता रहा। लेकिन रात के वक़्त की दुनिया बेहद अँधेरी, बेहद निबिड़, बेहद भयावह हो उठी थी। मैं डर गया, कहीं कोई दुर्घटना न हो जाए। गुरु कहीं डूब न जाए। गुरु की देखभाल करने वाला कोई नहीं है।

मैं और सी. रामचन्द्रम टूरिस्ट हाउस की छत पर बैठे रहे। मैंने वहीं से उन लोगों में हिलमिल जाने की कोशिश की। मैं सोचता रहा, इन लोगों के साथ गुरु भी बह गया है, लेकिन मैं ऐसा नहीं कर पा रहा हूँ। मेरे मुक़ाबले गुरु की ज़िम्मेदारी क्या कम है?

मुझे यह सोच-सोचकर अत्यन्त अचरज होता रहा कि गुरु इन सबमें हिलमिलकर कैसे मग्न रहता है। यह तो मेरे बूते के बाहर है। मैं तो ऐसी पार्टियों से दूर ही रहना चाहता था। ऐसे सस्ते हो-हुल्लड़ से, मैं तो छुटकारा पाना चाहता था। लेकिन गुरु को इसमें एतराज़ था, इसलिए यह सम्भव नहीं हो पाया। इन सब मौज-मस्ती और अड्डेबाजी में अपने को खो देने का ख़तरा होता है, इसीलिए ऐसे मामलों में, मैं अपने को पीछे ही रखता हूँ। लेकिन गुरु तो फिरोज़ खान के साथ काफी एकमेक हो गया है।

वैसे, और कोई भले न जाने, लेकिन मैं जानता हूँ, गुरु के कन्धों पर कितनी-कितनी जिम्मेदारियाँ हैं। गुरु का बेटा अस्पताल में है, बीवी लन्दन में। इसके अलावा उस पर अपने स्टुडियो की भी जिम्मेदारी है। सारा कुछ मिलकर गडमड हो गया है। गुरु क्या वे तमाम जिम्मेदारियाँ भूल जाना चाहता है? सब कुछ भुला

देने के लिए ही, गुरु यूँ रात के एक बजे दल-बल समेत समुन्दर में उतर गया है?

रात का डेढ़ बज चुका था। लोग समुन्दर से बाहर आ गये। औरत-मर्द, सभी लोग पानी से निकल आये। उन लोगों के चेहरे देखकर मैं अवाक् रह गया। सभी पानी में तर-ब-तर! औरतों के गाउन, मर्दों के पायज़ामे-कुर्ते—कुछ भी भीगने को बाकी नहीं था।

मैंने गुरु को सावधान किया, 'जाइए, कपड़े बदल लीजिए। सर्दी लग जाएगी।'

'अरे, छोड़िए, बदन पर ही सूख जाएगा।—' गुरु ने लापरवाही से कहा।

मैंने ज़ोर-ज़बर्दस्ती उसके भीगे हुए कपड़े बदलवाने का इन्तज़ाम किया। गुरु ने लुंगियाँ निकालकर सबको दीं। उतनी लुंगियाँ, गुरु के पास नहीं थीं। मैंने भी अपना लुंगी-कुर्ता निकालकर दिया। औरतों को उस वेश में देखना, विचित्र लगा। औरतों ने भी मेरे दिये हुए अद्धी के कुर्ते और रेशमी लुंगी पहनीं। समूची आबोहवा मानो परी-कथा की दुनिया में परिणत हो गयी। घण्टे भर में लोगों के कपड़े-लत्ते सूख गये। तब जाकर लोगों को होश आया कि सोना भी ज़रूरी है।

फिरोज़ खान ने कहा, 'अब देरी नहीं करनी चाहिए। ढाई बज रहा है।'

सबने अपने-अपने कपड़े पहन लिए। गुरु उन लोगों को विदा देने के लिए, नीचे पोर्टिको तक गया।

लेकिन फिरोज़ ने उसे पकड़ लिया, 'तुम भी हमारे साथ चलो, गुरु! ओशियन होटल! चलो, हमारे साथ!'

गुरु का भी जाने का मन हो आया। लेकिन, कल सुबह आठ बजे से शूटिंग फिर शुरू होने वाली थी। यहाँ से, वहाँ तक पहुँचने में भी घण्टे-डेढ़ घण्टे लग जाते। इससे तो बेहतर ही था कि रात ढाई बजे ही निकल चलें। होटल पहुँचकर, वह सो लेगा। बाद में उठकर स्टुडियो चला जाएगा।

गुरु ने मुझसे पूछा, 'मैं चला जाऊँ?'

'हाँ, चले जाइए न!'

'तो फिर, मैं चला जाता हूँ। कल शाम को मैं लौट आऊँगा।'

मैंने गौर किया, गुरु का सोलहों आने-जाने का मन था।

वह दल-बल छोड़ने का उसका मन नहीं था। मैं भी उसे भला क्यों रोकता?

गुरु फटाफट तैयार हो गया और गाड़ी में जा बैठा। वहाँ तीन गाड़ियाँ मौजूद ही थीं। एक, मिस्टर बर्टले की। चार गाड़ियाँ एक साथ चल पड़ीं। इसका मतलब यह हुआ कि रात साढ़े तीन बजे तक वे लोग मद्रास सिटी पहुँचेंगे। वे सब लोग, वहाँ होटल में ही रहेंगे। उसके बाद, सुबह आठ बजे तक गुरु उठ जाएगा। कल उसकी शूटिंग है। शूटिंग तो फिरोज़ की भी है।

मैं उस निर्जन रेस्ट हाउस में, अपने कमरे में चला आया। उस वक़्त भी कमरे में सोडा और व्हिस्की की बोतलें लुढ़क-पुढ़क रही थीं। चारों तरफ सिगरेट के पैकेट

बिखरे हुए! माचिस की जली हुई तीलियाँ कूड़े की शक्ल में जमा थीं।

कूड़े के उस ढेर में मुझे किसी हाल में भी नींद नहीं आयी। मैं सिर्फ गुरु के ख़यालों में डूब गया। जो शख्स, अगर ज़रा रो ले, तो उसकी जान बच जाए, वही ऐसी सस्ती मौज-मस्ती में अपने को कैसे मग्न कर लेता है? तो क्या सारा कुछ गुरु की ऐक्टिंग भर है। स्टुडियो के बाहर भी वह क्या महज अभिनय ही करता फिरता है? या मुझे ही कोई ग़लतफहमी हो गयी है? जितना-जितना मैं उसके बारे में सोचता रहा, उतना ही अवाक् होता रहा।

अगली शाम गुरु जब वापस आया, उसे देखकर मैं विस्मित रह गया। गुरु का चेहरा-मोहरा बेहद सूखा और मुरझाया हुआ था।

'क्या हुआ? तबीयत तो नहीं ख़राब है?'

'कल रात बिल्कुल भी नींद नहीं आयी। मैं बिल्कुल नहीं सो सका।'

'क्यों? आप तो सोने ही गये थे वहाँ।'

गुरु हँस पड़ा।

'हाँ, गया तो था, लेकिन होटल पहुँचकर, कौन किस कमरे में समा गया, खोजने पर भी नहीं मिले।'

'खोजने पर भी नहीं मिले? क्या मतलब? वे लोग ही तो आपको ज़ोर-ज़बर्दस्ती ले गये? इतनी ज़िद की, तभी तो आप गये?'

'हाँ, चला तो गया। सोचा था, सब मिलकर मौज-मस्ती करेंगे। लेकिन, जब होटल पहुँचा, तो वे मिले ही नहीं।'

'उसके बाद? फिर क्या हुआ?'

'उसके बाद उस होटल से बाहर निकल पड़ा। वहाँ से सीधे स्टुडियो चला आया। 'वाहिनी' स्टुडियो में भी ताला पड़ा हुआ था। दरबान गेट पर ताला चढ़ाकर जाने कहाँ जाकर सो गया था। उतनी रात गये, दुबारा चीख-पुकार मची। वह तो शुक्र है कि दरबान मिल गया। उससे दरवाज़ा खुलवाया गया।'

गुरु जब अपने मेकअप रूम में पहुँचा और वह बिस्तर पर लेटा, तब सुबह के छह बज चुके थे। यानी जिसे दिन कहते हैं। अस्तु, उसके बाद नींद नहीं आयी। पिछले सारे दिन कड़ी मेहनत, रात को अड्डेबाजी; उसके अगले दिन सुबह नौ बजे से ही दुबारा शूटिंग शुरू हो गयी।

'काफी थकान लग रही है न?' मैंने पूछा।

'अब इन सबकी आदत पड़ चुकी है मुझे।'

'सिर-दर्द तो नहीं है?'

'कहा न, हर क़िस्म की तकलीफ सहने की मुझे आदत पड़ चुकी है। इसके अलावा, पहली बार तो ऐसा हुआ नहीं है। सच तो यह है कि इन्हीं सब में मैं ठीक-ठाक भी रहता हूँ। अकेला होते ही, दुनिया भर की चिन्ता-फिक्र, बेचैनी दिमाग़

में कुलबुलाने लगती है।'

यह तो सच था! सैकड़ों तरह की चिन्ता-फिक्र के साथ, उसे फ़िल्मों में हँसते हुए अभिनय करना पड़ता है। हिन्दी फ़िल्मों में तो नाचना भी पड़ता है।

गुरु फिर बोतल लेकर बैठ गया।

'कल तो इतनी पी थी। आज न चढ़ाएँ, तो चलेगा।'

'मैंने अपने इन्कम-टैक्स वकील को ख़त लिखकर यहीं बुला लिया है। वह कल आ रहा है।'

'वे क्या यहीं ठहरेंगे?'

'आपको कोई परेशानी नहीं होगी। मिस्टर गोले बेहद भलामानस है। उससे मिलकर आप खुश होंगे। मिस्टर गोले अगर न होते, तो इतना सब कौन करता, बताइए? अर्से तक, किसी अच्छे इन्कम-टैक्स वकील के बिना, कितनी तकलीफें उठाता रहा। अब जाकर भला-सा इन्कम-टैक्स वकील मिला है, तो मैं ज़रा निश्चिन्त हुआ हूँ।'

अबरार आल्वी जैसे गुरु के सिनारियो से जुड़ा हुआ था, गुरुस्वामी जैसे स्टुडियो देखता था, उसी तरह मिस्टर गोले, गुरु के इन्कम-टैक्स का मामला देखता था। असल में, कोई भी मामला तुच्छ नहीं होता। चैन से जीने के लिए, सभी को कुछ न कुछ जिम्मा सौंपना पड़ता है, वर्ना अकेले तो खुद सब कुछ करना सम्भव नहीं है।

गुरु ने कहा, 'मिस्टर गोले सिर्फ एक दिन के लिए आ रहा है। उसके बाद, वेनस पिक्चर्स से बातचीत करके चला जाएगा।'

मैं मन ही मन सोच रहा था, अब तक आराम से निश्चिन्त मन, वक़्त गुज़र रहा था। अब कोई बाहरी आदमी आकर हमें परेशान करेगा।

गुरु ने कहा, 'देखिए, मेरे पास ज़्यादा दौलत नहीं थी, मैं काफी चैन से था। दो हाथों से रुपये लेता था, दोनों हाथों से ख़र्च करता था। अब, धन अगर ख़र्च करना हो या रुपये लेना हो, इन्कम-टैक्स के वकील से सलाह-मशविरा कर लेना ज़रूरी हो गया है। सच्ची, ये लोग ही मुझे खा-डकार जाएँगे। ये अटर्नी और इन्कम-टैक्स के लोग ही मुझे निगल जाएँगे।'

मुझे अन्दाज़ा हो गया, गुरुदत्त तन-मन-धन से लोगों के साथ अड्डेबाज़ी क्यों करता है? जब वह यार-दोस्तों के साथ मौज-मस्ती करता है तब वह भूल जाना चाहता है कि घर में बीवी गैरहाज़िर है, बेटा अस्पताल में नेफ्राइटिस रोग झेल रहा है या लाखों रुपये सरकार को टैक्स देना है। स्टुडियो की फिक्र तो खैर है ही! ऊपर से कहानी की चिन्ता, आर्टिस्ट की चिन्ता! सबसे बढ़कर–अनिद्रा! लेकिन उसे निद्राहीन किसने किया है? किसने उसकी रातों की नींद छीन ली है? क्यों, किस वजह से उसे रात-रात भर नींद नहीं आती?

हज़ार कोशिशों के बाद भी मैं उसकी ज़ुबान से इसका जवाब नहीं पा सका।

गुरु ने गिलास से घूँट भरकर कहा, 'बस, इसी तरह ज़िन्दगी के बचे-खुचे दिन कट जाएँ, काफी है।'

'पिछली दो रातों से आप सोये नहीं हैं। फटाफट खाना खाइए और सो जाइए। मैं उन लोगों से खाना लगा देने को कहता हूँ।'

'कहा न, मुझे इन सबकी आदत है, बिमल'दा! एक बार मैं लन्दन गया था। वहाँ लगातार पाँच दिन, पाँच रात नहीं सोया। आइए, आपको वह किस्सा सुनाता हूँ—'

गुरु जब, बर्लिन फ़िल्म फेस्टिवल में 'साहब-बीवी-गुलाम' फ़िल्म लेकर गया था, उस बार नींद की जितनी सारी टैब्लेट ले गया था, सब काम आ गयीं। वहाँ से वह लन्दन पहुँचा और डॉ. पटेल के यहाँ ठहरा था। डॉ. पटेल, सतीश भटनागर के श्वसुर थे। सतीश भटनागर ने डॉ. पटेल की बेटी शिरीन से विवाह किया था। उन दिनों सतीश भटनागर शिरीन के साथ बम्बई में था।

गुरु जब भी लन्दन जाता था, अपने भाई आत्माराम के यहाँ ठहरता था। आत्माराम उन दिनों लन्दन में वर्मा-शेल कम्पनी की डॉकुमेंटरी फ़िल्मों का डायरेक्टर था। आत्मा का दोस्त था—सतीश! सतीश भटनागर! गुरु जब भी लन्दन जाता था, भटनागर के यहाँ अड्डा ज़रूर जमाता था। सतीश काफी ख़ानदानी इन्सान था। सतीश और उसकी बीवी शिरीन!

एक दिन सतीश ने ही बताया कि अब वह लन्दन में नहीं रहना चाहता, इण्डिया वापस लौट जाना चाहता है।

गुरु एकदम से बोल उठा, 'यह तो अच्छी बात है! मेरी कम्पनी में नौकरी ले लो। काम होगा—स्क्रिप्ट लिखना। हिन्दी स्क्रिप्ट!'

उसी सिलसिले में शिरीन के घर भी गया। वहाँ उसके पिता से भी परिचय हुआ। डॉ. पटेल काफी खुशमिज़ाज और मिलनसार इन्सान थे। लन्दन में ही प्रैक्टिस करते थे। उनकी पत्नी अंग्रेज थी। अब उसका निधन हो चुका था।

फेस्टिवल से लौटते हुए, रास्ते में वह डॉ. पटेल के यहाँ ठहर गया। गुरु के लिए डॉ. पटेल के घर का दरवाज़ा हमेशा खुला रहता था। गुरु उनके यहाँ ठहर गया। वहाँ उसे बेहद आराम मिलता था। मेहमाननवाज़ी में भी कोई कमी नहीं होती थी। जितने भी दिन चाहो, रहो, खाओ, सोओ, मुझे कोई एतराज़ नहीं।

लेकिन, पहली रात उसे नींद नहीं आयी। गुरु ने सोचा, अगली रात उसे ज़रूर नींद आ जाएगी। दिन-भर घूमने-फिरने के बाद, रात को वह अपने बिस्तर पर सोने चला गया। लेकिन, आँखों में बिल्कुल भी नींद नहीं उतरी। पूरे अड़तालीस घण्टे गुज़र गये, वह नहीं सोया। उसकी अगली रात भी वही हाल। उसके भी बादवाली, अगली

रात भी निद्राहीन! अन्त में, उसके दिमाग में जैसे आग धधकने लगी। आग धधकने का ज़िक्र करना भी शायद कम कहना होगा! एक शब्द में अगर कहा जाए, तो दिमाग़ में 'दावानल-विस्फोट' होने लगा।

'मुझे लगा, मैं पागल हो जाऊँगा।' गुरु ने बताया।

लेकिन, उस वक़्त आखिर उपाय क्या था? लन्दन जैसा बर्फीला देश, उस वक़्त 'अफ्रीका' बन गया। अन्त में जब उसका सिर चकराने लगा, पाँव लड़खड़ाने लगे। वह रोते-रोते डॉ. पटेल की शरण में पहुँचा।

'डॉक्टर, मुझे नींद की गोलियाँ लेने का नशा है। चाहे जैसे भी हो, आप कहीं से मुझे नींद की गोलियाँ ला दें, वर्ना मेरी जान निकल जाएगी।'

डॉ. पटेल हँस पड़े।

'इसमें तुम्हें शर्माने की क्या बात है, भई? इस ज़माने में नींद की गोली, हर कोई लेता है। मैं तुम्हें अभी ला देता हूँ।'

टैब्लेट्स मुँह में डालकर गुरु पूरा एक गिलास पानी पी गया और फौरन अपने कमरे में जाकर बिस्तर पर लुढ़क गया। पता नहीं, कब तो वह सो गया।

'उसके बाद क्या हुआ।' मैंने धड़कते दिल से पूछा।

'उसके बाद, तीन दिन, तीन रात मैं बिस्तर से उठा ही नहीं। सूरज कहाँ उगा, कहाँ डूब गया, मुझे पता ही नहीं चला। लगातार बहत्तर घण्टे सोने के बाद मैं स्वस्थ हो उठा।'

'सच्ची, आपको नींद आखिर क्यों नहीं आती?'

गुरु हँसने लगा।

'यह सवाल आप मुझसे न पूछें, आधुनिक सभ्यता से पूछें। मुमकिन है, वही इसका सटीक जवाब दे सके। इसका जवाब और किसी के पास नहीं है।'

शायद गुरु की ही बात सच थी। वाकई, निद्राहीनता के लिए वर्तमान सभ्यता को ही जिम्मेदार ठहराना चाहिए। इस ज़माने में और ज़्यादा ख्याति, और ज़्यादा धन-ऐश्वर्य और ज़्यादा जोखिम और ज़्यादा प्रतियोगिता और ज़्यादा प्रतिष्ठा चाहिए। चौबीस घण्टों का दिन होता है। हमारा इसमें भी काम नहीं चलता। इसके बजाय अगर अड़तालीस घण्टे या बहत्तर घण्टे का भी दिन होता, तो भी नहीं चलता। हम सब कुछ पाकर भी अतृप्त रहते हैं। सारा कुछ भोगते हुए भी दुखी होते हैं। कभी-कभी यह भी ख़याल आता है कि इतने-इतने वर्षों पहले, भारत के ऋषि-मुनि लोग, शायद आज की ही बात सोचकर लिख गये हैं—त्यक्तेन भुञ्जी थाः। त्याग करो और उसका भोग करो। सुख में विगतस्पृह रहो, दुःख में निरुद्विग्न-मन हो।

लेकिन, अब, इस ज़माने में शायद यह भी सम्भव नहीं है। हम सब अनिद्रा झेलेंगे और नींद की गोलियाँ निगलते रहेंगे, यही हमारी निर्धारित नियति है। मैंने एक और चीज़ भी गौर की है कि इन सबके बारे में मैं जितनी गम्भीरता से सोचता

था, गुरु उन बातों से सर्वथा उदासीन था।

गुरु कहा करता था, 'इन सबके बारे में मैं बहुत सोचता था, लेकिन अब उन सबके बारे में सोचना छोड़ दिया है। मैंने यह तय कर लिया है कि इन सबको साथ लेकर ही मुझे ज़िन्दगी जीनी होगी। इन सबसे मेरी मुक्ति नहीं है।'

शायद इसीलिए गुरु इतना लापरवाह हो पाया था। शायद इसीलिए गुरु ज़रूरत से ज़्यादा शराब पीता था। रात पर रात अड्डेबाज़ी में गुज़ार देता था। लाखों रुपये जुटाने का खेल खेलता था और इसीलिए गुरु मुझे इतना प्यारा लगता था।

जैसे बांग्ला साहित्य में शरतचन्द्र!

एक दिन जाने किसने तो कहा था, 'यह तुम क्या कह रहे हो, जी? आवारा हो जाना क्या इतना आसान है? दुनिया में महात्मा बुद्ध की तरह राज-पाट छोड़कर, अरण्य में जाना जितना मुश्किल है, लाज-संकोच त्याग करके, आवारा बन जाना भी उतना ही मुश्किल है। लेकिन दुनिया में रहते हुए पूरी तरह निरासक्त होना भी आसान नहीं है, इसीलिए बीच-बीच में इन्कम-टैक्स, वकील-एटॉर्नी को लेकर बेहद परेशान भी होता था।'

बहरहाल, एक दिन वही इन्कम-टैक्स के वकील, मिस्टर गोले, उसी वजह से महाबलीपुरम आ पहुँचे। वे गुरु के रुपये-पैसे, आय-व्यय के हिसाब-किताब की देखरेख करते थे। गुरु के मद्रास की फ़िल्म कम्पनी से लेन-देन के बारे में बातचीत करने आये थे। लेकिन मैं उस दिन अजब फज़ीहत में फँस गया था। मुझे 'इकाई-दहाई-सैकड़ा' की आखिरी किस्त, 'घरवा' के लिए भेजनी थी। उपन्यास का अन्त ही तो कहानी का असली कथ्य होता है।

मैंने गुरु से कहा, 'अब मैं अपने उपन्यास की आखिरी किस्त लिखने के बाद ही आपके लिए कहानी लिखूँगा।'

'लिखने में कितने दिन लगेंगे?' उसने पूछा।

'दो दिन–' मैंने जवाब दिया।

'लिख डालिए। तब तक मैं मिस्टर गोले से अपने इन्कम-टैक्स के मामले में कोई फैसला कर डालूँ–'

वैसे मिस्टर गोले गुरुदत्त के सिर्फ इन्कम-टैक्स वकील ही नहीं थे, वे उसके दोस्त भी थे।

सन् 1962 में जब मैं बम्बई गया था, तब गुरुदत्त ने एक दिन मुझसे कहा था–'जानते हैं, मेरे इन्कम-टैक्स की देखरेख के लिए, मुझे भला-सा आदमी मिल गया है–'

वह इन्कम-टैक्स ही गुरु के गले में फाँस बनकर अटकी हुई थी। जब वह कहानी के बारे में सोच रहा होता था या फ़िल्म की सोच में डूबा होता था, ऐसे में अचानक इन्कम-टैक्स की नोटिस! वह बेतरह झुँझला जाता था। उसके तमाम

स्वप्न-कल्पनायें टूट-फूटकर चकनाचूर हो जाते थे। सन् तिरसठ की बात है। मैं यथारीति वहाँ पहुँच गया। कई दिनों तक कहानी पर जोर-शोर से बातचीत, विचार-विमर्श होता रहा।

अचानक एक दिन दोपहर को गुरु ने कहा, 'आज रात, आपको ज़रा तकलीफ करनी होगी।'

मुझे उसकी बात समझ में नहीं आयी।

मैंने सवाल किया, 'कैसी तकलीफ?'

'आज आपको ज़रा अकेले रहना होगा।'

मैं चकित! अकेला रहना क्या वाकई तकलीफदेह होता है? चौबीस घण्टों में ज़्यादा वक़्त तो लिखने-पढ़ने में गुज़र जाता है। लिखने-पढ़ने का काम यूँ भी अकेले हुए बिना नहीं किया जा सकता।

मैंने कहा, 'अकेले रहने में मुझे कोई तकलीफ नहीं होती। मेरे लिए आप अपने काम का नुकसान न करें। अगर मेरी वजह से आपके काम का नुकसान हुआ, तो मुझे ज़रूर तकलीफ होगी।'

गुरु ने कहा, 'नहीं, आज शाम को एक बार मिस्टर गोले के यहाँ जाना होगा, इन्कम-टैक्स के मामले में–'

मुझे याद है, उस शाम गुरु मुझे घर में छोड़कर अकेले ही बाहर निकल गया। दो घण्टे बाद जब वह लौटा उसका चेहरा काफी गम्भीर था। घर लौटकर, वह सीधे मेरे कमरे में दाखिल हुआ।

'जानते हैं, ये वकील-एटॉर्नी मुझे खा डालेंगे। अगली मार्च के अन्दर मुझे कम्पनी की तरफ से तीन लाख और अपनी तरफ से डेढ़ लाख रुपये चुकाने होंगे। इन सभी लोगों ने मिलकर मेरी जान हलाकान कर दी है।'

बहरहाल, वही मिस्टर गोले महाबलीपुरम तशरीफ लाये। गुरु उनके साथ पूरे दिन स्टुडियो में व्यस्त रहा। इस बीच, मैं भी अपने उपन्यास 'इकाई-दहाई-सैकड़ा' की अन्तिम किस्त लिखने बैठ गया। लेकिन कुल एक दिन में पूरा लिखना सम्भव नहीं हुआ। अगर अगले दिन थोड़ा सा भी वक़्त मिल जाता तो वह उपन्यास पूरा हो जाता। लेकिन, सुबह से ही मिस्टर गोले गपशप करने बैठ गये। उस जमघट में मुझे भी रहना पड़ा। अब अगर दोपहर, साढ़े बारह बजे के अन्दर, अगर मैंने पोस्ट नहीं की, तो उस हफ्ते की 'घरवा' पत्रिका में अन्तिम किस्त छपने से रही। मैं बेचैनी के सागर में ऊब-डूब करता रहा। गुरु की भी शूटिंग उस दिन बन्द थी। अपना काम-काज निपटाकर मिस्टर गोले करीब नौ बजे चले गये।

रह गये गुरु और मैं।

'आपका लिखना पूरा हुआ?' गुरु ने पूछा।

'कुल दो पन्ने बच रहे हैं। दो पन्ने लिख लूँ, तो उपन्यास पूरा हो जाएगा।'

'तो लिख डालें। मैं बैठता हूँ—'

मेरे सामने एक जन उद्ग्रीव बैठा रहे कि कब मेरा लिखना पूरा होगा, ऐसे में क्या मेरा लिखना अच्छा हो सकता है?

बहरहाल, मैं लिखने बैठ गया। लेकिन मन को तृप्ति नहीं मिल रही थी।

गुरु बेसब्र हो उठा।

अकेले रहना उसकी जन्मपत्री में नहीं था।

वह एक किताब पढ़ता रहा और रह-रहकर मेरी तरफ देखकर पूछता रहा—'हो गया?'

आखिरकार घड़ी ने जब बारह बजाये, मेरा लिखना पूरा हुआ। 'इकाई-दहाई-सैकड़ा' का आखिरी अध्याय! मैं अजीब ऊहापोह में पड़ा हुआ था। जैसे उपन्यास का अन्त मेरे मनलायक नहीं हुआ। इसके बावजूद मैंने वह किस्त लिफाफे में रखकर, 'घरवा' का ठिकाना लिखकर, पोस्ट ऑफिस भेज दी।

गुरु मेरे करीब चला आया। अब बातचीत करने का मौका पाकर, जैसे उसकी जान बची हो।

उस दिन मेरा 'इकाई-दहाई-सैकड़ा' पूरा हो गया। अब महाबलीपुरम के टूरिस्ट हाउस में अकेले-अकेले पड़े रहने का मन नहीं हुआ।

गुरु ने कहा, 'चलिए, मेरे साथ स्टुडियो चलें—'

'वाहिनी' स्टुडियो अन्दर से बेहद अजीब जगह है। एक विशाल बगीचे के अन्दर फूस की छोटी-छोटी झोपड़-झुग्गियाँ! वही आर्टिस्टों का मेकअप रूम थीं। समूचे बगीचे में नारियल के छोटे-छोटे पेड़ लगे हुए! मेकअप करके गुरु तैयार हो लिया। वह जहाँ-जहाँ शूटिंग के लिए जाता था, वहाँ-वहाँ अपना निजी मेकअप मैन ले जाता था। इसके लिए एक और सहयोगी भी होता था, उसके बालों की देखभाल करता था।

स्टुडियो में दिन भर शूटिंग चलती रही। मैं स्टुडियो के बाहर बैठा-बैठा, कम्पनी के पार्टनर गोविन्दराजन बाबू से विविध विषयों पर गपशप करता रहा।

फ़िल्म का नाम—बहूरानी! डायरेक्टर—टी. प्रकाश राव! मैंने सुना कि टी. प्रकाश राव, इस अंचल के मशहूर डायरेक्टर हैं। उनकी बहुतेरी फ़िल्मों ने, फ़िल्म-मालिक को ढेर-ढेर दौलत कमा कर दी है। फिरोज खान उस क्षेत्र के एकछत्र अभिनेता! उनके बारे में पहले ही बता चुका हूँ।

लेकिन, जिस घटना की वजह से मैं इस प्रसंग का ज़िक्र कर रहा हूँ, वह मुझे बेहद अजीबोग़रीब लगी।

शाम के वक़्त, बातचीत के दौरान गोविन्दराजन बाबू ने कहा, 'चलिए, अब

तक जितनी शूटिंग हुई है, फ़िल्म का वह हिस्सा दिखाऊँ।'

'आप फ़िल्म देखिए, मैं होटल जा रहा हूँ।' गुरु ने कहा।

मैंने फ़िल्म का वह हिस्सा देखा। बांग्ला फ़िल्म, 'स्वयंसिद्धा' का हिन्दी चित्ररूप! फ़िल्म देखने में शाम के प्रायः सात-आठ बज गये। फ़िल्म जब चल रही थी, उसी वक़्त, किसी तरफ से कानाफूसी की आवाज सुनायी दी। सुनने में आया है कि गुरु अब यह फ़िल्म पूरी नहीं करेगा। शूटिंग बन्द हो जाएगी।

मैं चकरा गया।

'क्यों? गुरु फ़िल्म पूरी क्यों नहीं करेगा?' मैंने पूछा।

शुरू-शुरू में कोई कुछ भी बताने को तैयार नहीं हुआ। मैंने वहाँ कई लोगों से पूछा। मैंने गौर किया फ़िल्म के मालिक-पक्ष का चेहरा बेहद गम्भीर था। वे सभी लोग काफी चिन्तित नज़र आये। लेकिन, कोई कुछ भी बताने को राजी नहीं हुआ।

अन्त में गोविन्दराजन ने कहा, 'हमसे एक भूल हो गयी है–'

'कैसी भूल?'

गोविन्दराजन ने जवाब दिया, 'सभी पोस्टरों पर, सबसे ऊपर, बड़े-बड़े अक्षरों में, फ़िल्म की नायिका माला सिन्हा का नाम छपा है। उसके नीचे, गुरुदत्त का! उस पोस्टर पर गुरु की नज़र पड़ गयी।'

'अब, उपाय?'

उपाय और क्या होना है? सभी लोग मिलकर फटाफट होटल की तरफ रवाना हो गये। गुरु तब तक होटल पहुँच चुका था और अपने कमरे में दारू की बोतल खोले बैठा था। वह गिलास में दारू डाल-डालकर, लगातार पीये जा रहा था। उसका चेहरा गम्भीर! बार-बार फोन उठाकर, कलकत्ता की लाइन माँग रहा था। कलकत्ता ट्रंक कॉल करके, डिस्ट्रिब्यूटर, डागा से उसने यह जानना चाहा कि कलकत्ता के पोस्टरों में, बड़े-बड़े अक्षरों में, सबसे ऊपर किसका नाम छापा गया है? गुरुदत्त का या माला सिन्हा का? गुरु का चेहरा देखकर उस वक़्त भी कहने की हिम्मत नहीं हुई। लेकिन मुझे बेहद ताज्जुब हो रहा था कि इस बात को लेकर गुरु इतना विचलित क्यों है? गुरु तो ऐसा बन्दा नहीं था।

मुझे याद है कि अगले ही दिन सवेरे-सवेरे हम महाबलीपुरम के टूरिस्ट हाउस से चले आये। गुरु मद्रास स्टुडियो की बात भूल ही गया। कल, वह इतने बुरे मूड में था, गुरु पल भर में भूल गया। उसके चेहरे पर कहीं कोई भाव नज़र नहीं आया, यह देखकर मुझे अच्छा लगा। अगले दिन से गुरु फिर से सहज-स्वाभाविक हो उठा।

गुरु के चरित्र का यही पक्ष मुझे बेहद भला लगता था, क्योंकि इसी बिन्दु पर, मेरे और गुरु के चरित्र में कहीं कोई मेल नहीं था। मेरा अपना स्वभाव बेहद बुरा है। मुझे सब कुछ याद रहता है। किसने मुझे कब प्यार किया, किसने कब मुझे चोट पहुँचायी–मुझे सब याद रहता है। मैं कुछ भी, किसी हाल में भी, कभी नहीं भूलता।

मैं किसी शर्त पर भी यह सब अपने मन से मिटा नहीं सकता।

धीरे-धीरे मद्रास के दिन समाप्त होने को आये। उन दिनों मेरा मन कलकत्ता में पड़ा था। 'इकाई-दहाई-सैकड़ा' की तरफ। लिखकर तो भेज दिया था। यह किताब मेरे उपन्यास-चतुष्टय का आखिरी खण्ड था। बचपन से ही, दो सौ सालों का इतिहास लिखने की जो साध मैं पालता रहा था, यह किताब उसका आखिरी खण्ड था। इसलिए मुझे विचलित करने के लिए इतना ही काफी था।

आखिरी दिन से एक दिन पहले गुरु ने कहा, 'अब, दो दिनों के लिए चलिए, बम्बई चलते हैं। उन्नीस अगस्त को मेरी बिटिया का जन्मदिन है। उस दिन मुझे बम्बई में रहना ही होगा, क्योंकि गीता भी वहाँ नहीं है और मैं भी नहीं रहूँगा—यह ख़याल मुझे बिल्कुल भला नहीं लग रहा है।'

सच ही, गीता की दुलारी बेटी—नीना! कुल दो ही बेटे थे। लेकिन, बेटी नहीं थी। गुरु और गीता, दोनों ने ही बेटी चाही थी। वे दोनों ही सोचते थे कि जब तक एक बेटी न हो, तो जीवन व्यर्थ है। उस पर से तरुण उन दिनों अस्पताल में था। वह नेफ्राइटिस का मरीज था और बिस्तर पर पड़ा हुआ था। इधर नीना का पहला जन्मदिन। उन्नीस अगस्त को उसकी उम्र का एक साल पूरा हो जाएगा। उस दिन अनगिनत आत्मीय-स्वजन, यार-दोस्त आयेंगे। वहाँ बेटी के माँ-बाप, अगर दोनों ही गैरहाज़िर हों, तो दोनों के लिए बुरा होगा।

गुरु ने कहा, 'दो दिन बम्बई में गुज़ारकर मैं पंजाब जाऊँगा। आप चलेंगे?'

'क्यों? पंजाब क्यों जाएँगे?'

'पंजाब के बैक ग्राउण्ड में एक फ़िल्म बनाने का मन है। अद्‌भुत परिवेश होगा; विचित्र-विचित्र कॉस्ट्यूम होंगे।'

यह तो सच है कि गुरु की बेहद इच्छा थी कि वह पंजाब जाकर एक फ़िल्म बनाये। लेकिन वह फ़िल्म क्यों नहीं बनी, यह कहानी बाद में बताऊँगा। बहुत-से लोगों में बहुतेरी महान इच्छाएँ होती हैं, लेकिन सबकी, सभी इच्छाएँ क्या पूरी होती हैं?

ख़ैर, दो दिनों बाद ही हम महाबलीपुरम का वह टूरिस्ट हाउस छोड़ आये। महाबलीपुरम अब कभी आना होगा या नहीं, पता नहीं। लेकिन गुरु की यादों के साथ, महाबलीपुरम की यादें भी मेरी ज़िन्दगी में अनमिट बनी रहेंगी।

इसके बाद मैं कलकत्ता चला आया। फिर वही लेखन! लेखन! मैं लिखने में दुबारा डूब गया। चारों तरफ से लिखने के तकाजे। दिन-दिन भर लिखना; रात-रात भर लिखना! यही मेरा रोज़ का रुटीन बन गया।

इसी बीच, फिर एक दिन गुरु का फोन आ पहुँचा।

'बिमल'दा, चले आइए।'

'कलकत्ते में लिखने का ढेरों काम बाकी है। बम्बई जाऊँ भी तो आपके साथ एकान्त तो मिलता नहीं, जो आपसे कहानियाँ सुनूँ।' मैंने कहा।

'हाँ, सो तो है! लेकिन, आप बम्बई चले आइए। बाद में हम दोनों लोनावाला चले जाएँगे।'

गुरु ने जब लोनावाला जाने का ज़िक्र किया, तो इसका मतलब है, वह मुझसे कहानी लिखवाना चाहता है।

मैं बम्बई पहुँच गया।

मैंने जो अन्दाज़ा लगाया था, बिल्कुल वही सच हुआ।

उस बार जो गुरु लोनावाला ले गया, इसके पीछे उसका उद्देश्य और कुछ नहीं, सिर्फ कहानी लिखवाना था। मुझसे कहानी लिखवाये बिना गुरुदत्त को चैन नहीं आता था। यह बात मैं पहले ही बता चुका हूँ कि लोनावाला जगह, बम्बई से प्रायः नब्बे मील दूर थी। पहले भी कई बार उस रास्ते पर गया हूँ। शुरू-शुरू में 'ख़रीदी कौड़ियों मोल' वहीं लिखना शुरू किया था। वहाँ गुरु का एक घर था; चारों तरफ धान-खेत थे और बीचोंबीच छोटा-सा बंगला! उस बंगले में टेलीफोन था, बिजली से चलने वाला डायनामो था। गृहस्थी में रोजमर्रा के कामकाज चलाने के लिए जिन-जिन चीज़ों की ज़रूरत होती है, वहाँ सब कुछ मौजूद था।

'चलिए, इस बार किसी होटल में चलते हैं।'

मैंने एतराज़ जताया। इससे तो यह बंगला बेहतर है। बिल्कुल एकान्त! निःसंग माहौल में कहानी लिखना! मैं और गुरु; सिर्फ दो जन! हम दोनों के अलावा, कहीं कोई नहीं। न गीता, न वहीदा रहमान, न स्टुडियो, न इन्कम-टैक्स।

मैं काग़ज़-कलम लेकर बैठ गया। गुरु खाने का इन्तज़ाम करने चला गया। रसोई की झख उसे हमेशा से थी। खाने का उसे शौक हो या न हो, लेकिन पकाना उसका शौक था। एक बार वह रसोई की तरफ जाता था, एक बार मेरे करीब आ बैठता था।

'कितनी दूर बढ़ा—?' वह बार-बार पूछता रहा।

लेकिन गुरु अगर करीब न बैठा हो, फ़िल्मी कहानी लिखने में मज़ा नहीं आ रहा था और गुरु का मन रसोई में पड़ा हुआ था। उतने थोड़े-से समय में गुरु ने काफी कुछ पका डाला। उसने भात का एक अद्‌भुज व्यंजन भी पकाया था। वह भात, बम्बई के बोहरा मुसलमानों की स्टाइल से पकाया गया था। साथ में मछली! मछली का कलिया! गुरु का ख़याल था कि हम बंगाली, मछली बिना खाना नहीं खा सकते। इसीलिए मेरे खाने का ख़याल रखते हुए, वह मछली-मांस पकाता था। उस दिन भी गुरु ने बाक़ायदा कई व्यंजन तैयार किये। करीब एक बजे उसका पकाना पूरा हुआ। उसने सारे व्यंजन मेज़ पर सजा भी दिये।

मैं खाना खाने बैठ गया।

'आप भी...खायें न!' मैंने कहा।

'नहीं, आप खा लें! मेरी तबीयत ज़रा ढीली लग रही है। मैं ज़रा ठहरकर खाऊँगा।' गुरु ने कहा।

इतना कहकर वह बिस्तर पर जा लेटा। खाते-खाते मैंने गौर किया, गुरु मानो दर्द से सिकुड़ा जा रहा था। मुँह घुमाकर, वह गोलाकार हो आया। कुछेक पलों में वह छटपटाने लगा। उसके मुँह से भीषण आह-कराह निकलने लगी। मैं डर गया। मेरे सामने रहने से, गुरु को और ज़्यादा परेशानी न हो, यह सोचकर मैं कमरे से निकलकर बाहर बरामदे में आ बैठा। उस वक़्त भी उसकी आह-कराह मेरे कानों तक पहुँच रही थी। मैं बेतरह डर गया। इस प्रवास में गुरु की देखभाल कौन करेगा? यहाँ मुझे डॉक्टर कहाँ मिलेगा?

मैं उठकर फिर कमरे में गया। गुरु अपने बिस्तर पर तड़प रहा था। मारे दर्द के वह छटपटा रहा था।

मैंने दरयाफ़्त किया, 'डॉक्टर बुलाऊँ?'

गुरु ने पहले तो हाथ हिलाकर मना किया–'ना!'

मैंने उसे परेशान नहीं किया। मैं दुबारा बाहर बरामदे में आ बैठा। वहाँ चुपचाप बैठा रहा। मैं सोचने लगा, गुरु का दर्द अगर बढ़ गया, अगर उसकी हालत और बिगड़ गयी, तब क्या होगा? ऐसी हालत में मैं क्या करूँगा? गुरु की माँ-बीवी-भाइयों को मैं क्या जवाब दूँगा?

कुछ देर बाद कमरे के अन्दर से, गुरु ने आवाज़ दी।

उसके करीब जाते ही गुरु ने कहा, 'बिमल'दा, चलिए, बम्बई लौट चलें।'

'ऐसी हालत में आप जा सकेंगे? काफी लम्बा रास्ता है–'

'हाँ, जा सकूँगा–'

इसी मुताबिक इन्तज़ाम किया गया। हम सुबह ही आये थे, शाम को ही लौटना पड़ा। जो सामान वगैरह ख़रीदा गया था, वह सारा कुछ गाँव के लोगों में बाँट दिया गया। चावल-दाल, तेल-घी के साथ-साथ और भी जाने कितना कुछ! गुरु ने बड़े प्यार से खाना पकाया था, वह भी अनछुआ पड़ा रहा।

कुछेक घण्टों में ही समूची आबोहवा अतिशय भारी हो आयी।

इस बीच झमाझम बारिश शुरू हो गयी। यह अगस्त महीने की बारिश थी, वह भी बम्बई इलाके की ख़ास बारिश! एक बार शुरू हो जाती थी, तो रुकना नहीं जानती थी। गाड़ी भी छोटी थी–स्टैंडर्ड हेराल्ड। गाड़ी के कुल दो ही दरवाजे। गाड़ी ड्राइवर चला रहा था। हम दोनों पिछली सीट पर बैठे हुए थे। दोनों तरफ के काँच चढ़े हुए। चेहरा बाहर निकालकर, थूकने तक की गुंजाइश नहीं थी। गुरु दर्द से सिमटा-सिकुड़ा, सीट की पीठ से टिका लेटा हुआ था।

सड़क की ऊँची ढलान से नीचे उतरना था। पहाड़ से हम समतल पर उतर

रहे थे। आँकी-बाँकी सड़क! गाड़ी ज़रा-सी फिसली नहीं कि हम सबकी हड्डी-पसली टूटकर चूर-चूर हो जाती। पता नहीं, और कितनी देर थी। थोड़ी ही देर में अँधेरा उतर आया। हमने हेडलाइट जला ली थी और उसी की रोशनी में, ढलानभरी सड़क पर नज़रें गड़ाये, सावधानी से उतर रहे थे। उसी अँधेरे में ही मैंने अपनी घड़ी देखने की कोशिश की। अब, और कितनी देर?

अचानक गुरु ने ड्राइवर से कहा, 'गाड़ी रोको!'

सड़क के किनारे गाड़ी रुक गयी। मैंने देखा, गुरु गाड़ी से उतरकर सड़क के किनारे बैठ गया। काफी देर तक वह जस का तस बैठा रहा। उसने उठने का नाम ही नहीं लिया। वह बैठा-बैठा वहाँ क्या कर रहा था? बीमारी में जाने कैसी तो लाचारी घेर लेती है। उस लाचारी की वजह से, दूसरों के सामने शर्मिन्दगी महसूस होती है, हालाँकि उस दूसरे स्वस्थ व्यक्ति की मदद की भी ज़रूरत होती है। लेकिन उन पलों में भी, हमारी कोशिश होती है कि हमारी लाचारी पर किसी की नज़र न पड़े। किसी को मेरी अशक्त हालत का पता न चले।

काफी देर बाद गुरु उठ खड़ा हुआ और दुबारा गाड़ी में आ बैठा। गाड़ी फिर चल पड़ी। इस बार वह सामने की सीट पर बैठा।

'आप बुरा न मानें, बिमल'दा, मैं सामने की सीट पर बैठता हूँ—' उसने बमुश्किल कहा।

'यह सब आप न सोचें, बस, आराम करने की कोशिश करें। आप सड़क पर जाकर क्यों बैठ गये?'

'लग रहा था, उल्टी होगी। काफी कोशिश की, फिर भी उल्टी नहीं हुई।'

गाड़ी आगे बढ़ती रही।

रात घड़ी ने जब नौ बजाये, उस मूसलाधार बारिश में गाड़ी पाली हिल के बंगले के सामने जा खड़ी हुई।

पाली हिल के बंगले में पहुँचकर, मैंने राहत की साँस ली। गुरु जिस हद तक बीमार था, मैं पूरी राह बेतरह डरा हुआ था। अन्त में, मैं उसे सही-सलामत लेकर बम्बई उसके घर तक पहुँच सका, इस ख़याल से मैंने अपने को थोड़ा हल्का महसूस किया।

बहरहाल, कुछ ही दिनों में गुरु स्वस्थ हो उठा। उसने दुबारा स्टुडियो जाना शुरू कर दिया। मैं भी निश्चिन्त हो आया।

उन दिनों गुरु अत्यन्त खुश था। चारों तरफ से फ़िल्मों में नायक की भूमिका निभाने के आमन्त्रण आ रहे थे। के. आसिफ के 'लव ऐंड गॉड' फ़िल्म में उसकी शूटिंग शुरू हो गयी थी। उसके निजी स्टुडियो में भी पूरे दम से कामकाज जारी था। उन सभी फ़िल्मों की एडिटिंग के काम में, उसे दम लेने की भी फुर्सत नहीं थी।

इसके बावजूद उसे जब भी, ज़रा-सी भी फुर्सत मिलती, वह कहता था, 'चलिए, बिमल बाबू, ज़रा सैर कर आयें—'

सैर का मतलब था, राम जी गाड़ी चलाता और हम दोनों पिछली सीट पर बैठे-बैठे दुनिया भर के साहित्य और कहानियों पर चर्चा किया करते थे। उसके बाद किसी मनपसन्द खाली जगह या उसके किसी दोस्त के घर चले जाते थे।

उन्नीस अगस्त आ पहुँचा। गुरु की बेटी, नीना का पहला जन्मदिन!

बेहद खुशी का दिन! सुबह से ही गुरु फोन पर लगातार कुछ लोगों को अनेक चीजों का ऑर्डर देने में जुटा रहा। किसी को फूलों का ऑर्डर, किसी को केक का ऑर्डर, ड्रेस का ऑर्डर, सजावट का ऑर्डर! काफी विराट बन्दोबस्त!

मैं चुपचाप बैठा-बैठा गुरु को देखता रहा।

अचानक गुरु मुझसे मुखातिब हुआ, 'बस, ज़रा देर और रुक जाइए, बिमल'दा, मेरा काम निपट चुका है। बस, और तीन जगह फोन करना बाकी रह गया है। ज़रा वे फोन कर लूँ, फिर आता हूँ, आपके पास!'

'अरे, नहीं, नहीं, आप अपना काम कीजिए। अकेले ही आपको कितना कुछ सँभालना पड़ रहा है। कितना-कितना काम है आपके जिम्मे! मैं ठीक हूँ।'

सच ही, गुरु के जिम्मे कितना-कितना काम था। गीता तो गाना गाने लन्दन गयी हुई थी। उन दोनों को कितना शौक था, कितने सपने थे कि उनकी एक बेटी भी हो। हैरत है, आज गीता कहाँ है और वह बेटी कहाँ है।

शाम को होटल से ढेर सारा खाना आ पहुँचा। मिठाइयाँ भी आ गयीं। गुरु आगत् मेहमानों की खातिर-तवाजो में जुट गया। उस दिन गुरुदत्त फ़िल्म स्टुडियो के तमाम लोग आ पहुँचे। पत्नी समेत शचिन देववर्मन, के. आसिफ साहब, देवानन्द, वहीदा वगैरह के साथ और भी बहुत सारे अपरिचित लोग। गुरु ने हर किसी से मेरा परिचय करा दिया, हालाँकि उस सारे परिवेश में मैं ज़रा सकुचाया रहता हूँ। बहरहाल, मैं, शचिन देववर्मन, नवेन्दु घोष, एक कोने में बैठकर गपशप करने लगे। मैंने देखा, गुरु दूर एक मेज के सामने अपने यार-दोस्तों के साथ हो-हुल्लड़ मचाता हुआ, शैम्पेन की बोतल खोले बैठा हुआ था। चारों तरफ फूलों की खुशबू। जगमगाती रोशनी। इन सबके बीच गुरु का परितृप्त चेहरा देखकर मेरा भी मन खुशी से भर उठा।

अगली सुबह मैंने गुरु से दरयाफ्त किया। 'कल रात लन्दन से गीता' दी का कोई फोन वगैरह आया था?'

गुरु ने जवाब दिया, 'वह फोन करेगी? गीता को क्या याद भी होगा कि कल नीना का जन्मदिन था?'

वैसे बाद में, गुरु की माँ ने बताया कि पिछली रात, दस बजे, उनके पास गीता का फोन आया था। काफी देर तक वह बेटी के बारे में, पार्टी के बारे में, घर के सभी लोगों के कुशल-समाचार पूछती रही।

अचानक एक दिन गुरु ने कहा, 'चलिए, बिमल'दा घर पर अच्छा नहीं लग रहा है। किसी और जगह चलें वहीं कहानी वगैरह पर बातें होंगी।'

मैं तो अवाक्!

गुरु को यह क्या सूझी? इतना खूबसूरत बंगला छोड़कर वह कहाँ जाएगा? ऐसा विशाल बंगला! सजी-सजायी फैशनेबल गृहस्थी। यहाँ उसका मन क्यों नहीं लग रहा है? यहाँ उसे परेशानी क्या है? आखिर उसे क्या समझाये? वह जो फैसला कर ले, किसकी मजाल, जो उसे हिला-डुला सके?

बहरहाल, सच ही, जुहू होटल में एक कमरा किराये पर लिया गया। किराया, पूरे साठ रुपये। समुन्दर किनारे! ख़ासी एकान्त जगह। कमरे में दो बेड, बिस्तर, तकिये! हमारे साथ कोई माल-पत्तर नहीं था। हम यहाँ कहानी का प्लॉट बनाने आये थे। यह भी मेरे लिए एक नया तजुर्बा था। ज़िन्दगी में मैंने इतनी कहानियाँ-उपन्यास लिखे, लेकिन यूँ घण्टा बजाकर, धूप-धूना दिखाकर, ढाक-ढोल पीटकर, रुपइय्ये ख़र्च करके, प्लॉट लिखने का काम कभी नहीं किया।

गुरु ने पूछा, 'बताइए, कैसी कहानी बनायी जाए?'

मैंने गुरु के सवाल का कोई जवाब नहीं दिया। उस वक़्त मैं कुछ और सोच रहा था। इतना बड़ा मकान, इतनी फुर्सत, इतने बड़े-बड़े कमरों के रहते हुए, गुरु ने होटल में कमरा किराये पर क्यों लिया? अपने घर में कौन-सी अशान्ति है? गीता लन्दन गयी हुई थी। अब, वह लौट आयी है। बाहर-बाहर से देखो, तो कहीं कोई अशान्ति नहीं है। दो बेटे, एक बेटी!

मुझे याद है, एक दिन गुरु ने मुझसे कहा, 'आज आपको करीब दो घण्टे अकेले रहना होगा।'

'तो क्या हुआ? आप, अपना काम कीजिए न!'

गुरु ने कैफियत देने के लहजे में कहा, 'वही! इन्कम-टैक्स के वकील... एटॉर्नी...मुझे खा-चबा डालेंगे।'

मैंने उसे नहीं रोका।

उस शाम स्टुडियो से लौटकर मैं होटल के कमरे में अकेला ही बैठा था। अचानक गीता मेरे कमरे में दाखिल हुई।

'आइए, आइए, बताइए, कैसी हैं?'

लन्दन से वापस आने के बाद, यूँ एकान्त में गीता से मेरी पहली मुलाक़ात हुई थी।

गीता ने जवाब दिया, 'आराम से ही कट गया।'

'आपकी बेटी के जन्मदिन के उत्सव में हम सबने खूब जश्न मनाया। खूब मौज-मज़ा किया। खूब पेट भरकर खाया।'

गीता उस प्रसंग के आस-पास भी नहीं गयी।

'जानते हैं, बिमल'दा, लन्दन से मैं लगभग पच्चीस हज़ार रुपये कमाकर लायी थी। लेकिन, अब मेरे हाथ में एक भी रुपया नहीं है।'

'पच्चीस हज़ार रुपये, आपने इन थोड़े-से दिनों में ख़र्च डाले?'

'क्या करूँ? मेरे हाथ में रुपये टिकते ही नहीं।'

'तो भी...एक साथ पच्चीस हज़ार रुपये उड़ा डाले? क्या किया उतने सारे रुपयों का?'

'जिसने माँगा, दे दिया। ज़िन्दगी में ढेरों रुपये कमाये। जीवन में किसी-किसी साल, पूरे पचास हज़ार रुपये, इन्कम टैक्स में चुकाने पड़े। लेकिन, आज मेरे हाथ में एक रुपल्ली तक नहीं।'

'वे लोग कौन हैं, जिन्हें आपने रुपये दिये?'

'बन्धु-बान्धव! कोई पति से लड़-झगड़कर अलग हो गयी है; किसी का बेटा बीमार है; किसी की गृहस्थी नहीं चलती। गाने गाकर, मैंने इतने सारे रुपये कमाये, यह सुनकर सभी मुझसे उधार माँगने लगे। मैं भी उन लोगों को मना नहीं कर पायी।'

मुझे याद है उस दिन गीता की बातें सुनकर मेरे मन में उसके लिए हमदर्दी नहीं जागी। संवेदना भी नहीं हुई। पता नहीं क्यों तो मुझे लगा, गीता दरअसल गृहिणी बनने के लिए पैदा ही नहीं हुई। वह कलाकार है। वह सिर्फ कलाकार का धर्म ही निभा रही है। उसे ठीक राह चलाने के लिए किसी एक जन की ज़रूरत है। वह जन उसे कहाँ मिलेगा? कैसे मिलेगा? गुरु खुद ही जितना बेहिसाबी है, गीता भी अगर उतनी ही बेहिसाबी बन गयी है, तो इनकी गृहस्थी कैसे चलेगी?

लोगों का कहना है कि गुरुदत्त के जीवन का सबसे बड़ा अभिशाप बन गया, गीता से उसका विवाह! लेकिन यह कितनी बड़ी ग़लतफहमी है, यह मैं आखिर कैसे समझाऊँ? दरअसल, वहीदा रहमान तो एक उपलक्ष्य मात्र थी। काश, गीता थोड़ी-सी भी हिसाबी होती; अगर वह ज़रा सख़्त हाथों से गुरु की ज़िन्दगी की बागडोर थामे रहती, तो शायद मुझे यूँ रात जाग-जागकर, विनिद्र यानी 'नींद नहीं आती' की कहानी नहीं लिखनी पड़ती।

बहरहाल उस दिन मैं जल्दी सो गया।

अगले दिन सुबह जब मेरी नींद खुली, मैंने देखा, गुरु बेसुध सोया हुआ है। मैंने ही उसे आवाज़ देकर जगाया।

अचानक गुरु हड़बड़ाकर उठ बैठा।

उसने अपने मैनेजर, गुरु स्वामी को फोन किया।

शायद उसे अचानक अपनी बाहरी दुनिया, घर की दुनिया, गीता, स्टुडियो वगैरह याद आने लगे थे। फोन पर वह देर तक ढेर-ढेर बातें, धाराप्रवाह बोलता रहा। मेरे पल्ले कुछ भी नहीं पड़ा।

इसी बीच, बैरा आकर दो प्लेट लंच सजा गया।

एकाध निवाला ही मुँह में डालकर, गुरु ने वह प्लेट भी एक ओर खिसका दी।

'अच्छा नहीं लग रहा है! कुछ भी अच्छा नहीं लग रहा है। चलिए, चलें—'

'और कहानी? कहानी क्या हुई?'

'यहाँ मन नहीं टिक पा रहा है। यह जगह उतनी अच्छी नहीं है। चलिए, कल पवई लेक जाकर, मछलियाँ पकड़ेंगे। मछलियाँ पकड़ते-पकड़ते ही गपशप करेंगे। उस जगह भी काफी एकान्त है। चलिए, अब उठा जाए।'

मैं उठ खड़ा हुआ।

गाड़ी फिर पाली हिल की तरफ लौट चली।

इस बीच, पूरे साठ रुपये भी खर्च हो गये। दस रुपये बख़्शीश ऊपर से।

अगले ही दिन पवई लेक जाने की जोड़-तोड़ शुरू हो गयी। रतन मछली पकड़ने की बंसी ले आया। मछली का चारा भी लाकर रख दिया। सुबह-सुबह फटाफट नाश्ता करके, राम जी को साथ लेकर, हम दोनों निकल पड़े।

गाड़ी बढ़ चली। मैं दोनों ओर की सड़क निहारता हुआ मन ही मन अपने ख़यालों में डूबा रहा—यह हम कहाँ जा रहे हैं कौन जाने! हम कहानी पर चर्चा करने के लिए जा रहे हैं। मुझे तो कहानी लिखने के लिए एकान्त कमरा पसन्द है। लेकिन गुरु का ख़याल है कि पवई लेक में मछली पकड़ते-पकड़ते कहानी का प्लॉट सोचा जाए।

'इस बार 'बहारें फिर भी आयेंगी' फ़िल्म स्क्रिप्ट पर काम शुरू कर दूँगा। उसके बाद, आपके साथ मिलकर जो कहानी तय करूँगा 'पूजा' के बाद, उस पर हमारी-आपकी लम्बी बातचीत होगी। पूजा के बाद, आप हाथ में ज़रा ज़्यादा वक़्त लेकर बम्बई आइएगा।' गुरु ने कहा।

'कोशिश करूँगा। लेकिन मेरे दिमाग में एक और बड़े उपन्यास का प्लॉट घूम रहा है। वह उपन्यास भी धारावाहिक रूप से लिखने की सोच रहा हूँ।'

पवई लेक पर, दो-चार लोग नाव लेकर घूम-फिर रहे थे। वे लोग भी शायद मछलियाँ पकड़ने ही आये थे। नाव से सैर करते हुए मैंने देखा दूसरी नाव में जॉनीवाकर का भाई भी अपने दोस्त के साथ मछली पकड़ने आया था। अन्य नाव में शचिन देववर्मन घूम रहे थे। हमें देखकर, वे अपनी नाव हमारी नाव के करीब-करीब खेने लगे। कहाँ निर्जनता? कहाँ एकान्त? हमारी कहानी का प्लॉट धरा का धरा रह गया। हम फिर अपने पाली-नाके पर लौट आये। उसके बाद, मैंने सोच देखा, अब बम्बई रुकने का कोई फायदा नहीं है। चाहे जिस भी वजह से हो, गुरु का मन अभी भी काफी बेचैन और भटका हुआ है, हालाँकि आपात-दृष्टि से फिलहाल उसे कोई परेशानी नहीं है। गीता लन्दन से लौट आयी थी। बेटा तरुण, स्वस्थ होकर घर लौट आया था। लेकिन गुरु के दिल की बात, एक ऊपर वाले के अलावा अन्य

किसी के लिए भी जानना सम्भव नहीं था।

दो दिन बाद ही मैं कलकत्ता लौट आया।

हम दोनों में यह बात तय हुई थी कि 'पूजा' के बाद, गुरु मुझे दुबारा बम्बई बुलायेगा। लेकिन, उस दिन मुझे इसका आभास भी नहीं हुआ कि वह हमारी आखिरी मुलाकात थी। उसके बाद ज़िन्दगी में हम कभी नहीं मिलेंगे।

पूजा के बाद, दुबारा मेरा बम्बई जाना नहीं हुआ। गुरु भी शायद फुर्सत नहीं निकाल पाया। कम से कम मैंने नहीं सोचा था, लेकिन बाद में पता चला, वह अपनी पारिवारिक अशान्ति में ही उलझा हुआ था।

सन् 1964 की 10 अक्तूबर की सुबह भी, अन्य दिनों की तरह ही आयी थी। उस वक़्त भी किसी को यह ख़बर नहीं थी कि भयंकर हादसा हो गया है। मुझे एक बजे की न्यूज़ में ख़बर मिली।

गुरुदत्त का उस दिन सुबह, साढ़े पाँच बजे इन्तकाल हो गया। डॉक्टरों को शक़ था कि आत्महत्या का मामला है। अत्यधिक मात्रा में नींद की गोलियाँ निगल जाने की वजह से यह हादसा हुआ। यह ख़बर सुनने के बाद मैं काफी देर तक पथराया हुआ, स्तब्ध बैठा रहा। दिमाग़ में भयंकर सनसनाहट! साँय-साँय की आवाज़ें।

यानी आखिरकार गुरु ने आत्महत्या ही कर डाली। इससे पहले भी वह तीन-तीन बार आत्महत्या की कोशिश कर चुका था। अन्तिम बार, तब...जब 'साहब-बीवी-गुलाम' की शूटिंग लगभग पूरी हो चुकी थी। बस, चन्द सीन ही बाकी रह गये थे। उन्हीं दिनों, अचानक एक दिन उसने इतनी सारी नींद की गोलियाँ खा ली थीं कि उसके हाथ-पाँव बर्फ की तरह, एक बारगी ठण्डे पड़ चुके थे। उसे तत्काल नानावती अस्पताल में दाखिल कराना पड़ा। वहाँ वह तीन दिन 'कोमा' में रहा और गज़ब है, जिस पल वह स्वस्थ हुआ और उसने आँखें खोलीं, सबसे पहले उसने गीता को खोजा था। इतना-इतना प्यार, फिर भी इतना झगड़ा! इनके दाम्पत्य जीवन में कितनी विपरीतता थी; कितनी प्रतिकूलता! आज वह सच ही चला गया। मेरा एक सच्चा शुभाकांक्षी चला गया। बेहद कम समय में ही उसने मुझे बेहद अपना बना लिया था।

बार-बार बम्बई जाने का मेरा मुख्य आकर्षण था, सच्चा इन्सान—गुरुदत्त! गुरु मुझे 'साहब-बीवी-गुलाम' की फ़िल्म स्क्रिप्ट लिखने के लिए बुलाया करता था और बाद में फ़िल्म की कहानियों पर चर्चा के लिए बुलाता रहा। लेकिन वह वजह मेरे लिए बिल्कुल गौण थी। मैं तो इन्सान गुरुदत्त को देखने-जानने और उसका सामीप्य पाने को जाता था। कोई इन्सान, ज़िन्दगी में सब कुछ पा लेने के बावजूद, इतना निःस्व, इतना रिक्त हो सकता है, मैं नहीं जानता था।

रामू सारिया ने एक बार कहा था, 'बिमल'दा गुरुदत्त को सिर्फ ऊपर-ऊपर से देखकर, उसका चरित्र आप नहीं समझ पाएँगे। उससे बेहद गहराई से मिलने-जुलने के बाद ही आप समझ पाएँगे कि उसका मन किस क़दर दर्द से जर्जर हो चुका है, किस कदर क्षत-विक्षत है वह इन्सान!' सच ही, गुरु को मैंने अगर न देखा होता, तो उसकी ज़िन्दगी का यह पक्ष मेरे लिए हमेशा-हमेशा के लिए अजाना रह जाता।

सन् 1963 के मध्य में गुरु ने पाली हिल का बंगला तोड़-फोड़कर ढहा दिया था और करीब ही पाली-नाका में एक एपार्टमेंट में, एक फ्लैट किराये पर लेकर, वह अपने पूरे परिवार के साथ रहने लगा था। मुझे यह ख़बर मिल चुकी थी। गीता की बात सोचकर ही वह शायद इस नये मकान में चला आया था।

गीता ने कहा था, 'इस बंगले में किसी भूत का वास है, जिसने हमारी ज़िन्दगी अशान्ति से भर रखी है।'

मैंने भी सोचा था—चलो, अच्छा ही हुआ। अब, नयी जगह, नये सिरे से ज़िन्दगी शुरू करने के बाद उन दोनों की ज़िन्दगी शायद ठीक-ठाक चलने लगे। लेकिन, सुख तो गुरु की किस्मत में ही नहीं था। वहाँ भी झगड़े शुरू हो गये। इस बार, वे झगड़े इस हद तक जा पहुँचे कि गुरु वह घर भी छोड़कर चला गया और पेडर रोड में एक फ्लैट, किराये पर लेकर, निचाट अकेला रहने लगा। उसके साथ, सिर्फ उसका नौकर, रतन और कुक—इब्राहिम।

जब अबरार आल्वी से मेरी भेंट हुई, मैंने दरयाफ़्त किया था, 'हाँ, तो पेडर रोड के फ्लैट में जाकर, गुरु को क्या थोड़ी-बहुत शान्ति मिली?'

'ऐसा भला कहीं होता है, बिमल'दा? अकेले-अकेले रहकर भला कोई आराम से जी सकता है? उन दिनों, 'बहारें फिर भी आयेंगी' की शूटिंग चल रही थी। स्टुडियो से घर लौटकर वह रात-रात भर ड्रिंक करता था और साथ में चेन-स्मोकिंग! हम सभी लोग जानते थे कि वह कैसे जानलेवा मानसिक अवसाद में, अपने दिन गुजार रहा है, लेकिन हमारे लिए करने लायक कुछ भी नहीं था। लेकिन हमें बिल्कुल भी यह अन्दाज़ा नहीं था कि वह दुबारा आत्महत्या की कोशिश करेगा।'

वैसे अबरार आल्वी की हमेशा यही कोशिश रही कि वह गुरु के साथ-साथ रहे। वह उसे काम-काज में, बातचीत में व्यस्त रखने की यथासम्भव कोशिश करे। अबरार सन् 1964 में अधिकांश समय फ़िल्मों के काम से मद्रास में ही रहा। सितम्बर में वह बम्बई लौटा। गुरु पेडर रोड में अकेला है, यह सुनकर, वह सीधे गुरु के फ्लैट में चला आया और दो-तीन हफ्ते गुरु के साथ ही रहा। अपने घर वापस लौट जाने के बाद भी, वह हर रोज शाम, गुरु के फ्लैट में बैठा-बैठा, घण्टों-घण्टों फ़िल्म स्क्रिप्ट के बारे में बातचीत किया करता था। यह उसका दैनिक नियम बन गया था।

अपनी मौत से एक दिन पहले शाम के वक़्त वह मानसिक तौर पर अत्यन्त परेशान था। अबरार यथारीति 'बहारें फिर भी आयेंगी' की स्क्रिप्ट लिख रहा था।

लेकिन उसकी निगाह गुरुदत्त पर ही लगी हुई थी। गुरु भयंकर रूप से अनमने मूड में था। उस दिन अबरार, रात एक बजे तक, गुरु के घर पर ही बना रहा। उस दिन, शाम से लेकर रात एक बजे तक, यानी जब तक वह गुरु के पास था गुरु ने हाथ में बोतल थाम रखी थी। गुरु को ड्रिंक करने से मना करना भगवान के लिए भी असम्भव था।

अबरार ने बताया, 'गुरु जब बिस्तर पर जाकर लेट गया, तब मैं घर लौट आया। लेकिन, काश, मुझे ज़रा भी आभास होता कि उस रात गुरु भयंकर काण्ड करने वाला है, तो मैं हरगिज वहाँ से वापस नहीं लौटता। हरगिज नहीं।'

असल में गुरु का मन कछुए जैसा था। एक बार जब वह अपनी खोल में घुस जाता था, तो कोई लाख कोशिश कर ले, उसका ओर-छोर नहीं पा सकता था। उसके मन में ऐसी कौन-सी अशान्ति या बेचैनी थी? उसे कौन-सा ऐसा दर्द था? क्यों थी इतनी यन्त्रणा? जब तक वह खुद नहीं बताता था, किसकी मजाल थी, जो समझ सके? इसीलिए तो अगर किसी ने, उसे कभी समझने की कोशिश की भी, तो वह समझ नहीं सका।

जब 'साहब-बीवी गुलाम' पर फ़िल्म बन रही थी, उन दिनों गुरु और गीता के रिश्ते चरम स्थिति में पहुँच चुके थे। जिस वहीदा रहमान को लेकर गुरु के नाम तमाम पत्र-पत्रिकाओं में दुबारा ख़बरें छपने लगीं; वही वहीदा रहमान भी 'साहब-बीवी-गुलाम' की शूटिंग खत्म होने के बाद गुरु को हमेशा-हमेशा के लिए छोड़कर चली गयी। उसके बाद, गुरु के जीवन में वह कभी नहीं आयी। इसके बावजूद जाने किस अज्ञात कारण से गुरु की ज़िन्दगी में शान्ति नहीं आयी, रातों को नींद नहीं आयी।

मेरे लिए गुरुदत्त का जाना, कभी न पूरा होने वाला नुकसान है। अब, मैं जितने भी दिनों जिन्दा हूँ, गुरुदत्त को एक दिन के लिए भी भुला नहीं पाऊँगा। हम दोनों ही दो अलग-अलग दुनिया के लोग थे। इसके बावजूद, हम दोनों में कहीं अतिशय मेल था। वह था—किताबें पढ़ना! जैसे मुझे देश-विदेशों की सैकड़ों किस्म की किताबें पढ़ने का नशा है, मैंने देखा, गुरु को भी किताबें पढ़ने का नशा था। वह जगह-जगह से किताबें मँगाता था और रात-रात जागकर, वे सब किताबें पढ़ता रहता था। यहाँ तक कि जिस दिन गुरु का इन्तकाल हुआ, उस दिन भी, उसके बिस्तर पर, अधूरे पढ़े हुए हिन्दी उपन्यास का पन्ना खुला हुआ था। किताबें पढ़ने के इस नशे ने ही हम दोनों को प्रीति के अटूट बन्धन में बाँध दिया था।

फ़िल्म के मामले में गुरु 'परफेक्शनिस्ट' था! एडिटिंग के समय छोटे से छोटे मामले में अथक मेहनती था। उसमें जन्मजात, सहज प्रतिभा थी। अभिनय के वक़्त भी वह मन का समूचा प्यार, समूची ममता उँड़ेल देता था। अपना सर्वस्व अर्पित कर देने के बाद भी, जब उम्मीद के मुताबिक उस फ़िल्म को सफलता नहीं मिलती थी,

तब दर्द से बिखरकर धज्जी-धज्जी हो जाता था।

इसके बावजूद भारतीय फ़िल्मों में गुरुदत्त एक प्रातःस्मरणीय नाम है। गुरु ने क्या कभी सोचा था कि उसकी निर्मित फ़िल्में, सिर्फ देश में ही नहीं, देश से बाहर विदेशों, यूरोप में भी 'गुरुदत्त फ़िल्म फेस्टिवल' नाम से, भरपूर श्रद्धा के साथ बार-बार प्रदर्शित की जाएँगी? क्या उसने कल्पना भी की थी कि दर्शक भी उसके अभिनय-प्रतिभा की मिसाल देखने के लिए भीड़ की शक्ल में उमड़ने लगेंगे? देश-विदेशों में चारों तरफ, आज उसका नाम फैल चुका है। हाँ, उसकी प्रतिभा को स्वीकृति मिली है। उसे योग्य समादर मिला है।

मुझे लगता है, गुरु बहुत जल्दी चला गया। बेहद असमय! वह कुछ देर और सब्र नहीं कर सका। महज उन्चास वर्ष की उम्र में चल देना—आज, अगर वह ज़िन्दा होता, तो और भी जाने कितनी महान कीर्ति छोड़कर जाता। बेहद-बे-हद अफसोस होता है।

सितारों भरी रात के आकाश की ओर नज़रें गड़ाये, मैं ऊपर वाले जीवन दाता से प्रार्थना करता हूँ—'हे ईश्वर, गुरु को थोड़ी-सी शान्ति प्रदान करना। उसकी आँखों को थोड़ी-सी नींद ज़रूर देना! वह अर्से से जगा हुआ, विनिद्र इन्सान था। वह असहनीय दर्द की आग में जलता रहा था। काल के सीने पर, सफल कीर्तिमान का हस्ताक्षर रखने के बावजूद, वह जीवन की लड़ाई में हार गया। मौत के बाद, उसे राहत देना, प्रभु! उसे शान्ति देना, भगवन्—'

ॐ द्यौ शान्तिअन्तरिक्षः शान्तिः
पृथ्वी शान्तिरूपः शान्तिरोषधयः शान्तिः
वनस्पतयः शान्तिर्विश्वेदेवाः शान्तिर्वृक्षः शान्तिः
सर्वः शान्ति शान्तिरेव शान्तिः सा मा शान्तिरेधि
ॐ शान्तिः शान्तिः शान्तिः।।

❑❑❑